Handbuch Aquaristik

Grundlagen für Einsteiger und Fortgeschrittene

Back to Nature

HANDBUCH AQUARISTIK

Grundlagen für Einsteiger und Fortgeschrittene

von

Kjell Fohrman

*Deutsche Überarbeitung:
Dr. Gertrud Konings*

ISBN 3-921684-95-1

Copyright © 2000
Fohrman Aquaristik AB
Alle Rechte vorbehalten.

Deutsche Ausgabe:
Dähne Verlag GmbH
Am Erlengrabe 8
D-76275 Ettlingen
www.daehne.de

Inhalt

Vorwort. 6
Das Aquarium. 8
Die Aquarieneinrichtung 11
Wasser 16
Pflanzen 21
Algen 24
Aquarientechnik 25
Futter 31
Pflege 35
Zucht 37
Krankheiten 39
Fischkauf 44
Einleitung zum Fischteil 47
Lebendgebärende Zahnkarpfen 48
Karpfenähnliche Fische 53
Salmler 66
Killifische 86
Labyrinthfische 90
Regenbogenfische 96
Welse 100
Südamerikanische Buntbarsche 120
Mittelamerikanische Buntbarsche 134
Malawibuntbarsche 140
Tanganjikabuntbarsche 152
Sonstige Buntbarsche 161
Sonstige Fische 167
Planzenarten 178
Weiterführende literatur 187
Index 188

Umschlagfotos, S. 1, und S. 4 von Michael Prasuhn.
Foto S. 3 von Kjell Fohrman.

Vorwort

Es gibt nur wenige Möbelstücke, die mit einem Aquarium um Schönheit konkurrieren können. Der Aufbau eines Aquariums ist Geschmackssache. Eines ist aber sicher: es gibt ein Aquarium für jeden Geschmack! Ein schön mit Pflanzen und einem großen Schwarm Salmlern dekoriertes Aquarium, ein Aquarium mit Felsen und leuchtend gefärbten Malawibuntbarschen, ein Aquarium mit prächtigen Diskus und friedlichen Welsen — für jeden Geschmack ist etwas vorhanden. Ein Aquarium ist nicht nur ein Stück Möbel, sondern auch ein Stück Natur in der Wohnstube. Immer passiert etwas im Becken — einige Fische sind beim Brüten, andere kämpfen miteinander, einige sind vielleicht sogar gerade am Sterben. Dies alles sind natürliche Vorgänge und für Kinder und Erwachsene zugleich lehrsam.

Ein Aquarium einzurichten ist, unter anderem, auch eine Verantwortung, nämlich für die Fische die richtige Umgebung zu schaffen, damit sie gesund und zufrieden darin leben können. Das ist nicht immer einfach. Im Laufe der Jahre habe ich mehr als tausend Aquarien eingerichtet und dabei gelernt, daß keine zwei Becken identisch sind. Wie alle anderen Aquarianer habe ich vier Phasen durchlaufen:

1. Das Anfängerstadium — man weiß nicht viel, ist aber bemüht eine Menge zu lernen.

2. Das "Experten"-Stadium — Man glaubt, man weiß alles (man hat ein Buch gelesen und besitzt ein Aquarium, das perfekt arbeitet, bis ...).

3. Das Anfängerstadium zweiter Teil — (Algen breiten sich im Aquarium aus, die Fische werden krank und sterben). Ein Stadium, durch das jeder Aquarianer früher oder später hindurch muß; man beginnt zu begreifen, daß das perfekte Aquarium größtenteils eine Illusion ist.

4. Der Aquarianer — der gelernt hat, daß das biologische Gleichgewicht, das er im Aquarium anstrebte, gestört werden kann — auch wenn er alles richtig gemacht hat. Dieser Liebhaber lernt beständig, wird aber immer noch zeitweise Rückschläge erleiden (jedoch nicht so häufig wie am Anfang). Der echte Aquarianer entwickelt allmählich „nasse Finger"

(entsprechend dem „grünen Daumen" des Gärtners), d.h. er entwickelt ein instinktives Gefühl dafür, was für das Aquarium richtig ist. Er bekommt einen Blick dafür, ob ein Fisch dabei ist, krank zu werden oder das Aquarienwasser aus dem Gleichgewicht gerät, usw.

Es gibt keine goldene Regel für Aquarien, nichts, das garantiert, daß wenn man alles auf eine bestimmte Art und Weise macht, der Erfolg immer garantiert ist. Im Gegenteil, es gibt viele Wege, zum Ziel zu kommen: zu einem schönen, interessanten Aquarium.

In dieser kleinen Einführung werde ich beschrieben, wie es bei mir geklappt hat, und ich werde versuchen, einige Hinweise und Ratschläge zu geben. Ich möchte jedoch empfehlen, daß Sie auch noch andere Bücher lesen, um Ihr Wissen zu vergrößern, oder eine Aquariumzeitschrift abonnieren und einem (örtlichen) Club beitreten, sowie hin und wieder gute Aquaristikgeschäfte besuchen sollten.

Dieses Buch basiert auf meiner eigenen Erfahrung aus 25 Jahren im Aquarienhandel. Was ich im Laufe der Jahre gelernt habe, wurde mir, wie es so oft der Fall ist, zum größten Teil von anderen Aquarianern weitergegeben. Ich habe ihre Bücher gelesen und ihre Artikel in Aquariumzeitschriften, habe mir ihre Vorträge angehört und mit ihnen auf Veranstaltungen gesprochen. Wenn ich beim Schreiben dieses Buches, etwas von diesem Wissen an Sie, lieber Leser, weitergeben kann, werde ich dies bereitwillig tun. Betrachten Sie dieses Buch jedoch nicht als endgültigen Führer zum Erfolg für Ihr Aquarium. Im Gegenteil, lesen Sie es kritisch und wenden Sie die Ratschläge auf Ihre eigene, spezifische Situation an, um Ihr Aquarium genau so zu gestalten, wie Sie es haben möchten.

Dieses Buch ist nichts mehr als ein generelles Anleitungsbuch für ein Aquarium mit tropischen Fischen; möchten Sie sich aber nach einer bestimmte Richtung hin spezialisieren, sollten Sie noch andere relevante Titel aus der Back to Nature Serie erwerben, oder andere Bücher, die sich insbesondere mit den Fischen beschäftigen, die Sie in Ihrem geplanten Aquarium pflegen möchten.

Zum Schluß möchte ich noch einigen Aquarianern meinen Hochachtung erweisen, die mir halfen, diese Buch zu schreiben. Zum Beispiel enthält das Buch nur wenige Fotos, die mir gehören, Mark Smith, Ad Konings und Ole Pedersen lieferten die meisten, jedoch haben auch noch andere Aquarianer Fotos zugesteuert. Danke an alle für ihre schönen Fotos. Ich bin auch Lasse Forsberg, Claus Christensen, Mary Bailey und vor allem meiner Frau Hjördis für ihre Hilfe sehr dankbar, die alle Teile des Textes gelesen haben und natürlich auch einige Fehler korrigierten. Ich hoffe, daß nicht zu viele übriggeblieben sind!

Mit aquaristischen Grüßen
Kjell Fohrman

Das Aquarium

Ein kurzer Geschichtsüberblick

In Asien (vor allem in China und Japan) herrscht die Tradition, Fische in Becken zu halten – nur zum Vergnügen, sie zu beobachten – die mehrere hundert Jahre zurückreicht, wobei hauptsächlich der Goldfisch und Karpfen von Interesse sind. Historisch wurden die Fische nicht in Glasbecken gepflegt, sondern in Behältern, von einfachen Tongefäßen bis zu speziellem Chinaporzellan.

Glasbecken sind eine Erfindung der westlichen Welt, die in der Mitte des 19ten Jahrhunderts populär zu werden begann. Anfangs waren sie recht exklusiv und für wohlhabende Aquarianer reserviert. Diese ersten Aquarien bestanden aus Glasscheiben, die in einen Rahmen unter Verwendung von Kitt eingepaßt wurden. Die ersten Heizausrüstungen waren z. B. Kerosin- und Alkohollampen, die unter das Aquarium gestellt wurde.

Diese Rahmenaquarien waren bei weitem nicht sicher, und Lecks kamen recht häufig vor. Deshalb war es ein großer Fortschritt, als in den Sechziger Jahren, Silikon als Bindemittel zur Herstellung der „Ganzglas"-Aquarien eingeführt wurde. Dank des Silikons entwickelte sich während der letzten Jahrzehnte das Hobby Aquaristik außergewöhnlich stark, und der damit einhergehende Preisrutsch ermöglichte Becken auch für den kleinen Geldbeutel. Es gab viele Neue-

Ein Aquariumtransport von Scholze & Pötzschke in Berlin zum öffentlichen Aquarium in Bergen, Norwegen.

rungen bezüglich der Filter; es gibt heutzutage sehr wirksames Filtermaterial auf dem Markt und Wasseraufbereiter, um jedes Wasser zu behandeln, so daß es den Ansprüchen der verschiedenen Fischen entspricht; nahrhaftes Futter von hoher Qualität wurde entwickelt, usw. Zusätzlich hat sich auch das Angebot an Fischen immens vergrößert, teilweise wegen verbesserter Verbindungen zu abgelegenen Gegenden der Erde, hauptsächlich jedoch wegen der vielen Fische, die heutzutage in Gefangenschaft gezüchtet werden — vor allem in Asien, aber auch in anderen Teilen der Welt.

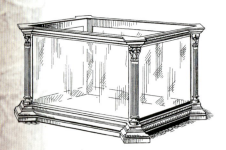

Ein Beispiel eines gewöhnlichen Aquariums von 1930, in einem Versandkatalog der deutschen Firma Scholze & Pötzschke.

Die Form des Aquariums

Jahrelang sah das Aquarium eigentlich immer ziemlich gleich aus, d.h. es war eine rechteckige Glasschachtel. Erst während der letzten zehn Jahre begann sich die Form zu verändern. Heute gibt es Eckaquarien, Becken mit einem schrägen Vorderglas und aufgesetzten Ecken, usw. Heute sind das Becken, sein Aufsatz und seine Abdeckung oft in ein einziges Möbelstück eingebaut. Es gibt Becken für jede Wohnung und jeden Geschmack. Die Form hängt lediglich von der persönlichen Bevorzugung ab.

Das sog. Goldfischglas würde ich nicht empfehlen, da es viel zu klein ist, weshalb es unmöglich ist, ein biologisch ausgewogenes Klima darin zu schaffen.

Die Größe des Aquariums, das Sie auswählen, hängt natürlich davon ab, wieviel Platz Sie zur Verfügung haben und welche Fische Sie darin pflegen möchten. Generell gilt, daß es viel leichter ist, in einem großen Aquarium ein stabiles Gleichgewicht zu halten. Je größer das Becken ist, desto größer ist der Sicherheitsfaktor gegenüber dem Entstehen von Problemen. Ich würde ein Becken von mindestens 100 Litern Kapazität empfehlen, vorzugsweise jedoch von 150-200 Litern (oder noch mehr).

Es ist viel schwieriger, ein gut ausgeglichenes kleines Aquarium einzurichten, als ein großes.

Wo sollte das Aquarium plaziert werden?

1. Ein Aquarium ist recht schwer (ein 150-Liter, voll ausgestattetes Aquarium wiegt etwa 200 kg) und sollte deshalb auf einem stabilen Aufsatz stehen.

2. Das Aquarium sollte an einer Stelle stehen, wo es keinem direkten Sonnenlicht ausgesetzt ist, da dies Probleme mit Algen bringen kann.

3. Auch sollte es an einer relativ ruhigen Stelle stehen.

4. In der Nähe einer Steckdose und, wenn möglich einer Wasserleitung (vor allem, wenn es ein großes Aquarium ist).

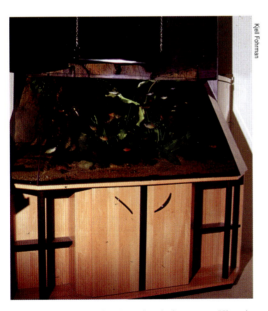

Viel hat sich im Aquariumdesign getan. Hier ein Eckaquarium mit schrägen Vorderplatten und Mansardenecken, das Regenbogenfische beherbergt.

Der chinesische Kampffisch, *Betta splendens*, ist ein beliebter, aber aggressiver Aquarienfisch.

5. Es sollte auch so aufgestellt werden, daß es leicht ist, den Filter, das Glas, usw. zu reinigen.

6. Vergessen Sie nicht, daß der Boden unter und um das Becken gelegentliches Wasserspritzer während der Pflege aushalten muß.

7. Das Aquarium muß auch eben aufgestellt sein. Der häufigste Grund für Glasbruch ist die Mißachtung dieser Regel.

8. Ist das Glas des Aquariums nicht durch einen Rahmen geschützt, muß zwischen das Aquarium und den Untergrund eine dünne (etwa 1 cm dicke) Styroporauflage gelegt werden.

Bau eines eigenen Aquariums

Angenommen, Sie möchten ein Aquarium irgendwo in ihrer Wohnung aufstellen, wo ein lieferfertiges nicht hinpaßt. In diesem Fall müssen Sie Ihr Aquarium selbst bauen. Dies ist ohne Erfahrung nicht einfach. Ich würde vorschlagen, erst einmal mit einem Aquarienverein Kontakt aufzunehmen, wo Sie Experten finden können. Ein Wasserleck kann sehr teuer werden, und die Hausratversicherung wird den Schaden, wenn Sie Ihr Aquarium selbst gebaut haben, wahrscheinlich nicht bezahlen. Vielleicht sollten Sie sich erst bei Ihrer Versicherung erkundigen, ob es spezielle Regelungen für Aquarien gibt.

Wenn Sie Ihr eigenes Becken bauen möchten, sollten Sie auch den Silikontyp sorgfältig auswählen. Es gibt viele unterschiedliche Qualitäten, und die meisten eignen sich nur für kleine Aquarien. Auf der Verpackung sollte angegeben sein, ob die bestimmte Sorte für Aquarien verwendet werden kann. Die meisten Silikonkleber sind für Badezimmer gedacht und enthalten Pilzmittel, die für Fische tötlich sind. Silikon, der in Aquaristikgeschäften angeboten wird, sollte sicher sein.

Ein Jacuzzi, eine Flasche Champagner und ein Aquarium mit Malawicichliden, ist eine gute Art, das Leben zu genießen.

Die Aquarieneinrichtung

Man kann ein Kapitel über Gestaltung von Aquarien so lang machen, wie man möchte. Es ist ein unerschöpfliches Thema, mit dem man die Seiten mehrerer Bücher füllen könnte. Welche Dekoration Sie schließlich wählen, hängt davon ab, was Ihnen gefällt, wie groß das Becken ist, welche Fische darin gepflegt werden sollen und so weiter. Vielleichten möchten Sie auch einen bestimmten Biotop nachbauen. Entschließen Sie sich aber dazu, ein Biotopaquarium zu schaffen, sollten Sie jedoch erst einmal andere Bücher, die in der Back to Nature Serie veröffentlicht wurden, lesen.

Hier wollen wir uns mehr auf die generellen Aspekte der Aquariumdekoration beschränken. Meine eigenen Regeln bei der Gestaltung eines Aquariums sind (1) versuche, die Natur nachzuahmen, (2) stimme das Aquarium auf die Bedürfnisse der Fische ab, und (3) schaffe einen schönen Anblick. Leider sind die meisten Standardaquarien aber schwer zu dekorieren, da sie meistens höher als breit sind; umgekehrt wäre bezüglich der Dekoration einfacher.

Rückwand

Der Hintergrund im oder hinter dem Aquarium ist für die Schaffung eines schönen Anblicks und ein harmonisches Bild (für Sie als Betrachter und für die Fische als Bewohner des Aquariums) äußerst wichtig. Vor sechs Jahren wurden die sogenannten Back to Nature Rückwände auf dem Markt eingeführt, für die Liebhaberei ein gewaltiger Sprung nach vorne (nach den vielen nachträglichen Imitationsversuchen zu urteilen). Diese Rückwände sind genaue Replikationen einer Felswand oder einer Wurzel. Heute gibt es viele Nachbildungen dieser Back to Nature Rückwände, jedoch kommt keine dem Original gleich. Diese Rückwände werden ins Aquarium gestellt, was

Die Back to Nature Rückwände sind echte Nachbildungen von Felswänden oder Felsen.

sie kontrovers macht. Von Vorteil ist, daß man einen großen Filter und/oder eine Heizung hinter der Rückwand verbergen kann (es gibt kaum etwas Unnatürlicheres und Unattraktiveres als eine sichtbare Heizung oder Filter im Aquarium). Von Nachteil ist, daß sie den vorhandenen Schwimmraum der Fische einengt.

Möchten Sie jedoch nicht so viel Geld für eine Rückwand ausgeben, gibt es auch noch andere Möglichkeiten, z.B. kann man das Rückwandglas in einer dunklen Farbe anstrei-

11

Die besten Plastikbildrückwände sind einfarbig wie in dieser Abbildung.

chen. Eine andere Alternative bieten kommerziell erhältliche Papier- oder Plastik- Bildhintergründe. Am besten eignen sich jedoch einfarbige Gegenstände, z.B. Felsen, als Hintergrund. Künstliche Hintergründe mit abgebildeten Pflanzen oder gar Korallenriffen, machen einen zu verwirrenden Eindruck. Die Entscheidung ist jedoch letztendlich persönlich — dem Fisch ist sie relativ gleichgültig!

Kies

Ist der Boden zu hell, werden die Fische meistens scheu. Deshalb sollte man besser eine recht dunkle Kiessorte auswählen. Die Korngröße hängt davon ab, ob Pflanzen im Aquarium wachsen sollen, aber auch wel-

Einige Fische, wie *Satanoperca leucosticta*, lieben es, Sand durch ihre Kiemen zu sieben und bevorzugen deshalb feinkörniges Bodensubstrat.

che Fische Sie haben möchten. Einige Fische mögen es, Sand durch die Kiemen zu sieben, oder sie sammeln den Kies auf, um freßbare Partikeln darin zu finden. Beispiele solcher Fische sind einige Buntbarscharten (z.B. *Geophagus*) und eine Anzahl Welse (z.B. *Corydoras*). Diese Arten bevorzugen eine Korngröße von maximal 2 mm. In einem bepflanzten Aquarium sollte der Kies nicht gröber als 2 bis 3 mm sein.

Wie dick die Kiesschicht sein soll, hängt davon ab, ob sich Pflanzen im Becken befinden oder nicht. In einem bepflanzten Aquarium sollte die Kiesschicht 6-10 cm dick sein, ansonsten genügen 3-6 cm. Manche Kiessorten enthalten Kalzium (z.B. zermahlener Marmor- oder Korallenkies), das das Wasser alkalisch macht. Dies sollte man jedoch möglichst vermeiden (außer, wenn das Wasser extrem weich ist — vgl. WASSER). Im Zweifelsfall können Sie selbst nachprüfen, ob Kalzium im Kies vorhanden ist, indem sie Salzsäure darüber (oder auf einen Stein) gießen. Schäumt es, ist Kalzium darin enthalten. Haben Sie keine Salzsäure zur Verfügung, können Sie auch einen Kalkrandentferner (wie er für Kaffeemaschinen oder Badezimmer verkauft wird) oder auch einfach Essig verwenden. Der Schäumungseffekt ist bei diesen schwächeren Säuren weniger deutlich, jedoch werden auch diese Ihnen den Hinweis liefern.

Große Sorgfalt sollte bei der Handhabung starker Säuren verwendet werden — tragen Sie Gummihandschuhe und eine Schutzbrille! Waschen Sie jeden Spritzer sofort mit viel Wasser ab, und suchen Sie, wenn nötig, einen Arzt auf.

Beim Dekorieren eines Aquariums sollten Sie die Kiesschicht hinten im

Der Guppy ist ein sehr anpassungsfähiger Fisch und ist deshalb gut für Gesellschaftsaquarien.

Alle *Corydoras* (Foto *Corydoras schwartzii*) benötigen feinkörnigen Sand (max 2 mm). Der Sand in dem hier abgebildeten Becken is normalerweise zu grob für *Corydoras*.

Buntbarsche aus dem Malawi- oder dem Tanganjikasee oder Lebendgebärende aus Mittelamerika beherbergt. Auch sollten Sie niemals selbst Holz im Freien suchen — kaufen Sie es lieber in einem Aquaristikgeschäft. Dann können Sie nämlich ziemlich sicher sein, daß es für die Fische harmlos ist. Kaufen Sie aber nicht zu viel davon. Es könnte den pH-Wert des Wassers verändern und das Wasser bräunlich färben, vor allem am Anfang.

Ein anderes Problem mit Holz ist, daß es nicht sofort absinkt. Es für einige Wochen in Wasser zu legen und mit Steinen zu beschweren, ist der einfachste Weg, dieses Problem zu lösen. Jedoch sollte man mit dem Beschweren vorsichtig sein, da ganz trockenes Holz voll Luft ist und deshalb einen enormen Auftrieb entwickelt. Wenn die „Gewichte" herunterfallen, kann das Holz Einiges auf dem Weg nach oben zerstören.

Aquarium höher anlegen und nach vorne zur Vorderscheibe hin schräg abfallen lassen. Dies kann man leicht zu erzielen, wenn man kleine Terrassen aus Steinen oder Holz baut.

Holz

Holz kann in einem Aquarium sehr dekorativ wirken und wird manchmal auch absolut benötigt, z.B. für einige Welse. Jedes Holzteil muß jedoch bereits eine Zeitlang "tot" sein, da „frisches" Holz giftige Substanzen enthalten kann. Eigentlich enthält jedes Holz etwas Tanninsäure, und da diese das Wasser ansäuert, sollte man nicht zu viel Holz in ein Aquarium legen, vor allem nicht, wenn dieses

13

Felsen

Man kann viele schöne Felsen in Aquaristikgeschäften finden, aber man kann auch in der Natur danach suchen. Stellen Sie jedoch sicher, daß es kein Kalkstein ist (wenn Ihre Fische kein alkalisches Wasser vertragen). Kalkstein und Marmor setzen beträchtliche Mengen an Kalzium frei; Lavagestein, Basalt und Granit enthalten kein Kalzium. Seien Sie auch vorsichtig mit Schiefer! Einige Felssorten können Öl oder Metalloxyde enthalten, die ins Aquarienwasser eindringen können.

Verwenden Sie auch keine unterschiedlichen Felsarten in Ihrem Aquarium; am Besten benutzen Sie nur eine Art (oder nicht mehr als zwei verschiedene Sorten, die sich ziemlich ähnlich sind). Gedenken Sie viele Felsen ins Bekken einzubringen, sollten Sie eine 1 cm dikke Schicht Styropor auf den Boden des Aquariums legen, u.z. unter den Kies. Dies ist nötig, weil die Fische oft graben und dabei den Fels untergraben, was manchmal verheerende Folgen haben kann. Legen Sie deshalb immer zuerst die Felsen auf den Boden des Aquariums, bevor mit Kies aufgefüllt wird.

Anderes Dekorationsmaterial

Natürlich gibt es unterschiedliches Material, das zum Dekorieren eines Aquariums verwendet werden kann. Im Herbst kann man Buchenblätter vom Boden sammeln (wenn sie nicht absinken, können Sie sie kurz in heißes Wasser legen). Zusätzlich kann auch Bambus und anderes Material verwendet werden.

Ich habe absichtlich keine Taucher, Schatztruhen, Skelette, usw. erwähnt. Als ich noch ein Aquaristikgeschäft besaß, dekorierte ich einmal ein Aquarium mit scharlachrot gefärbtem Kies, neonfarbenen Pflanzen, Miniaturtauchern und Schatztruhen. Die Fischpopulation bestand aus schleierschwänzigen Goldfischen mit Blasenaugen und gigantischen Flossen. Es war als Abschreckungsbeispiel gedacht, wie man sein Aquarium nicht dekorieren sollte. Leider war das jedoch eine Fehlentscheidung, denn jeder wollte so ein Aqua-

Die Felsen müssen vom Beckenboden aus aufgebaut werden, damit die Fische sie nicht untergraben können, was ein großes Desaster werden kann.

rium kaufen! Ich mußte es schnell wieder abbauen. Ich finde, der Aquarianer sollte versuchen, die natürliche Umgebung nachzuahmen.

Zutaten wie die oben genannten schaden zwar dem Fisch nicht, jedoch ziehen die echten Aquarianer ästhetische Vergnügungen, die eine

Viele südamerikanische Welse, wie dieser *Scobiancistrus aureatus*, sind bei den Aquarianern sehr beliebt geworden.

Einer der schönsten Aquarienfische ist der Zwerg-Gourami, *Colisa lalia*, den es in sieben Farbmorphen gibt.

Nachbildung der Natur darstellen, bei Ihren Aquarien vor. Aber auch hier gilt: die Geschmäcker sind verschieden. Ich bin sicher, daß es Leute gibt, die Eis mit Ketchup mischen. Wenn diese Mischung auch niemandem schadet, halte ich sie persönlich jedoch nicht für gut.

Wasser

Auch wenn eine bestimmte Wasserqualität und Wasserchemie für Menschen akzeptabel sein mag, bedeutet dies jedoch nicht notwendigerweise, daß solches Wasser auch für ein Aquarium geeignet ist. Die verschiedenen Fische stammen aus unterschiedlichen Biotopen, mit unterschiedlichen Wasserbedingungen, von relativ saurem Wasser im Regenwald Südamerikas (mit einem pH unter 7,0) bis zu alkalischem Wasser in den großen ostafrikanischen Seen (mit einem pH über 7,5); und die Ansprüche der Fische ans Wasser ändern sich von Art zu Art. Viele Aquarienfische passen sich jedoch sehr leicht an, jedoch sollten die Wasserparameter so konstant wie möglich gehalten werden, da die Fische besonders empfindlich auf große und schnelle pH-Wert Veränderungen reagieren.

Der pH-Wert ist eine Messung für den Säuregrad des Wassers und wird auf einer Skala von 0 bis 14 gemessen, wobei pH 7 neutral darstellt; oberhalb von 7 ist das Wasser alkalisch und unterhalb von pH 7 ist es sauer. Der pH-Wert hängt davon ab, ob Substanzen im Wasser gelöst sind — Mineralien, organisches Material — die alkalisch oder sauer sind, und in welcher Konzentration solche Substanzen vorhanden sind.

Ein weiterer, wichtiger Parameter des Wassers, der gemessen werden sollte, ist die Härte, ein Maß für die Menge eines bestimmten, gelösten Minerals (Salz). Verschiedene Wassersorten enthalten unterschiedliche Arten gelöster Kalzium- und Magnesiumsalze, und je mehr davon vorhanden sind, desto härter wird das Wasser. In der Praxis wird die Wasserhärte durch Messungen der generellen oder totalen Härte des Wassers bestimmt (GH, gemessen in Grad – dGH) und/oder als Karbonathärte (KH, auch in Graden gemessen –

Diese Tanganjiikacichliden, *Cyphotilapia frontosa*, *Neolamprologus sexfasciatus* und *N. pulcher*, brauchen alkalisches Wasser.

dKH). Natürliche Gewässer mit einer hohen Wasserhärte sind in der Regel alkalisch, während weiches Wasser (geringe Härte) normalerweise neutral oder sauer ist. Das bedeutet jedoch nicht, daß auch Leitungswasser immer dieser Regel folgt.

Leitungswasser variiert von Stadt zu Stadt und von Land zu Land. Ich lebe in einer Stadt, in der das Leitungswasser einen hohen pH-Wert hat (um 8), und gleichzeitig ist das Wasser weich (KH um 1). Weiches Wasser (KH von 3 und darunter) besitzt eine geringe Pufferkapazität, d.h. der Mangel an Mineralien bedeutet, daß der pH unstabil ist und leicht stark abfallen kann (innerhalb weniger Tage), mit tragischen Konsequenzen für die Fische. Die Pufferkapazität ist für die Fische nicht so wichtig wie der pH-Wert, jedoch kann ein Mangel an Pufferkapazität sich indirekt auf die Fische auswirken.

Diese und einige andere Wasserparameter können leicht mit Hilfe verschiedener Testkits, die auf dem Markt erhältlich sind, gemessen werden.

Wie ich in der Einleitung zu diesem Kapitel erwähnt habe, stellen die verschiedenen Fische unterschiedliche Anforderungen, auch wenn sie sich relativ leicht anpassen. Auf die geeigneten pH-Werte wird im zweiten Teil des Buchs bei der Vorstellung der verschiedenen Fischarten, speziell hingewiesen werden.

Im Laufe der letzten Jahre wurden verschiedene Produkte entwickelt, die helfen, die geeigneten Wasserwerte einzustellen: Alles, von verschiedenen Flüssigkeiten (z.B. Eichenextrakt) über Umkehrosmosesysteme bis zu Torfkügelchen (kaufen Sie Sorten von guter Qualität; die billigsten haben nur einen sehr kleinen und kurzzeitigen Effekt).

Im Folgenden werden einige Beispiele aufgezählt, wie das Wasser auf unterschiedliche Weise eingestellt werden kann.

Erhöhung der Karbonathärte:
1. Verwende kalkhaltigen Kies (z.B. Marmorschnipsel oder Korallenkies) als Filtermaterial.

Wasser mit einem pH-Wert zwischen 6 und 7 liefert gute Bedingungen für ein Pflanzenaquarium mit Roten Neons (*Paracheirodon axelrodi*).

Diese siamesischen Kampffische tolerieren Wasser mit pH-Werten zwischen 6 und 8.

Eine Umkehrosmoseeinheit macht das Wasser sehr weich.

2. Verwende Wasseraufbereiter aus dem Aquarienhandel.

Senkung der Härte:
1. Gebe Umkehrosmosewasser, vermischt mit Leitungswasser (kein reines Umkehrosmosewasser), ins Aquarium.
2. Verwende Wasseraufbereiter aus dem Aquaristikhandel.

Senkung des pH-Wertes:
1. Ist das Wasser nicht weich genug — füge CO_2 (Kohlendioxid) hinzu, und zwar unter Verwendung einer regulierbaren Zufuhr.
2. Torffiltrierung (wirkt am besten bei weichem Wasser).
3. Verwende ein Wasseraufbereitungsmittel aus dem Aquaristikhandel (z.B. Eichenextrakt).

Erhöhung des pH-Wertes:
1. Füge Bikarbonat hinzu (man kann es als Backpulver im Lebensmittelgeschäft kaufen).
2. Eine kräftige Wasserzirkulation im Aquarium — um die Übersättigung von gelöstem Kohlendioxid aufzuheben, indem man es auf diese Weise in die Atmosphäre treibt — kann manchmal den pH anheben. Die Wirksamkeit dieser Methode hängt auch von der Menge an Ausscheidungsprodukten im Aquarium ab.
3. Verwende Wasseraufbereitungsmittel aus dem Aquaristikhandel.

P.S. Erhöhe niemals den pH-Wert ohne zuerst einen Teilwasserwechsel vorzunehmen.

Wenn man den pH anhebt, verwandeln sich Ammoniumionen im Wasser in toxischen Ammoniak. Wenn man einen Teilwasserwechsel vornimmt, verdünnt man den Anteil an Ammonium im Wasser.

Bei Verwendung unterschiedlicher Behandlungsmittel zur Einstellung der Wasserparameter sollten Sie immer erst die Wirkung des Mittels auf den pH-Wert testen (messen Sie ihn

Auch wenn die meisten Pflanzen weiches Wasser bevorzugen, wachsen eine Reihe auch gut in alkalischem Wasser, wie diese *Nymphea lotus* (rote Form).

hin und wieder mit Hilfe eines pH-Testkits), bis sich der Wert stabilisiert hat.

Wasserkonditionierung

In vielen Städten enthält das Leitungswasser Chlor (Chlorgas, Chlordioxid), das die Schleimhaut und das Kiemengewebe der Fische schädigen kann. Den größten Teil des Chlors kann man eliminieren, indem man einen Teilwasserwechsel vornimmt und das frische Wasser unter hohem Druck (z.B. durch einen Duschkopf) zufügt, wodurch das Gas in die Atmosphäre getrieben wird. Leider fügen einige Wasserbetriebe nicht nur Chlorgas/Chlordioxid-Gemische zum Wasser, sondern auch Ammoniumsulfate, die zusammen Chloramine bilden und die fast nicht zu eliminieren sind. Für die Fische können diese Salze, selbst in geringen Konzentrationen, tödlich sein (Sie sollten deshalb bei ihrer lokalen Wassergesellschaft besser nachfragen). Ist dies der Fall, müssen Sie einen Aufbereiter zum Entchloren verwenden, und nicht mehr als 20% des Aquarienwassers wöchentlich wechseln.

Wasseraufbereiter können dazu verwendet werden, Chlor und Chloramine, sowie einige Metalle im Leitungswasser zu entfernen und enthalten manchmal sogar auch noch Substanzen, die Schleimhaut der Fische schützen. Beim Starten eines Aquariums oder wenn ein größerer Wasserwechsel vorgenommen wird, sollte immer ein Wasseraufbereiter verwenden werden. Planen Sie jedoch nur einen normalen Teilwasserwechsel, ist diese Maßnahme nicht immer nötig.

Beim Starten eines Aquariums sollte man nur wenige Fische einsetzen, da noch keine nützliche und vitale Bakterienkultur aufgebaut ist. Schritt für Schritt können dann weitere Fische zugefügt werden. Im ersten Monat sollte man auch mit dem Füttern sehr vorsichtig sein, da es fast einen Monat dauert, bis sich im Aquarium ein Gleichgewicht eingestellt hat. Wird diese Regel nicht eingehalten,

Der Bunte Platy (*Xiphophorus maculatus*) ist einer der beliebtesten Aquarienfische, vor allem weil er schön ist, aber auch weil er einfach zu pflegen ist.

Dermogenys pusillus ist kein Fisch für den Anfänger, da er aggressiv, empfindlich ist, Lebendfutter benötigt und Brackwasser bevorzugt.

entstehen Nitrite im Aquarienwasser (ein Produkt im Stickstoffzyklus des Abbaus von Ausscheidungsprodukten), und alle Fische können daran eingehen.

Man kann den Aufbau einer guten Bakterienpopulation beschleunigen, indem man eine bestimmte Bakterienkultur, die man im Aquaristikgeschäft kaufen kann, einsetzt. Eine andere, fast genauso effektive Methode, ist es, einfach eine Handvoll Kies aus einem bereits etabliertem Aquarium in ein neu gestartetes zu übertragen (der Kies sollte jedoch nicht vorher gereinigt werden). Auch kann man etwas Filtermedium von einem etablierten Filter in den neuen geben.

1. Halten Sie im ersten Monat nur eine geringe Anzahl Fische (es können jedoch mehr sein, wenn eine Bakterienkultur zugefügt wird).
2. Füttern Sie die Fische wenig (vor allem im ersten Monat).
3. Vergrößern Sie die "Bestückung" des Aquariums nicht zu schnell (d.h. geben Sie nicht zu viele Fische auf einmal hinein).
4. Fügen Sie eine Bakterienkultur hinzu.

Wie man Nitrite entfernen kann:
1. Wasserwechsel — füllen Sie beim Wasserwechsel jedoch mit Wasser aus einem anderen Aquarium auf — nicht mit Leitungswasser.
2. Geben Sie eine Bakterienkultur hinein.
3. Fügen sie Meersalz oder Steinsalz hinzu (verringert den schädlichen Effekt der Nitrite, entfernt sie jedoch nicht).
4. Wasserwechsel mit Leitungswasser — die Verwendung von Leitungswasser kann die Situation nur noch verschlimmern, da Nutzbakterien, die an kleinen Partikeln im Wasser festhaften, dabei verlorengehen. Bei Verwendung von Leitungswasser, sollten Sie mehrmals täglich nur geringe Menge auswechseln (etwa 5%) und immer eine Bakterienkultur verwenden.

Testkits

Wie aus dem oben Erwähnten hervorgeht, benötigen Sie einige grundlegende Wassertestkits, die alle im Fachhandel zu finden sind. Beim Start eines Aquariums sollte man mindestens folgende Kits zur Verfügung haben: pH, KH, NO_2 (Nitrite).

Das Wasser sollte anfangs recht häufig getestet werden; nach etwa einem Monat genügt ein wöchentlicher Test.

In diesem Buch habe ich versucht, einfache Wege zu beschreiben, wie man mit den verschiedenen Problemen der Aquarienpflege fertig werden kann und wie man sie lösen kann. Die Wasserchemie eines Aquariums ist jedoch ein kompliziertes Thema, und ich rate jedem, der mehr über dieses Thema wissen möchte oder spezielle Anforderungen hat, die Spezialliteratur zu diesem Thema zu studieren.

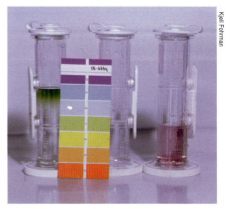

Wenn Sie Ihr Aquarium aufbauen, benötigen sie folgende Testkits: pH, KH, NO_2 (Nitrite).

Pflanzen

Pflanzen im Aquarium sollten nicht nur schön aussehen, sondern auch eine biologische Funktion erfüllen, nämlich Sauerstoff zu produzieren. Sie nehmen Nährstoffe aus dem Wasser auf (z.B. Ausscheidungsprodukte der Fische) und halten so das Aquarium sauber. Die Pflanzen haben auch andere positive Effekte, z.B. bieten sie kleinen Fischen Versteckmöglichkeiten und vielen Arten Ablaichplätze.

Ob Sie Pflanzen ins Aquarium einbringen sollten, hängt davon ab, welche Fische Sie auswählen und/oder welchen Biotop Sie nachbauen möchten. Einige Arten (viele verschiedene Buntbarscharten und Goldfische) fressen Pflanzen oder graben viel, und sind deshalb für bepflanzte Aquarien nicht geeignet. Möchten Sie in Ihrem Aquarium die Natur nachahmen, gehören Pflanzen jedoch meistens nicht zur direkten Auswahl. In den Großen Seen Malawis und Tansanias und in einigen Biotopen Südamerikas (z.B. dem Fundort des Diskus), gibt es fast keine Pflanzen (außer den Uferpflanzen, die an Wurzeln sitzen und vom Ufer ins Wasser hängen). Aquarien mit diesen Arten kann man jedoch wunderschön mit Felsen, Holz und einer schönen Rückwand dekorieren. Ein wirksamerer Filter ersetzt die biologische Funktion der Pflanzen.

Es gibt jedoch wenige Aquarien, die mit der Schönheit eines gut gepflegten bepflanzten Aquariums konkurrieren können, auch wenn dies harte Arbeit bedeutet. Hier möchte ich einige Punkte auflisten, die berücksichtigt werden müssen, wenn man ein

Wenn die richtigen Bedingungen im Aquarium herrschen, können Pflanzen beträchtlich wachsen, wie diese *Microsorium pteropus,* die aus dem Aquarium genommen wurde, um ihre Größe zu zeigen.

Nymphea lotus (grüne Form).

bepflanztes Aquarium aufbauen möchte.

1. Licht — Pflanzen brauchen viel Licht (vgl. AUSRÜSTUNG — Beleuchtung) auch wenn dies für verschiedene Pflanzenarten unterschiedlich ist (vgl. Information zu den unterschiedlichen Pflanzen).

2. Wasser — die meisten Pflanzen entwickeln sich gut in Wasser, das weder zu hart noch zu weich ist (KH 5-12°) und neutral (pH 6,5-7,2).

3. Bodenheizung — Pflanzen können an "kalten Füßen" leiden (vgl. AUSRÜSTUNG - Heizung).

4. Das Bodensubstrat — eine 6-10 cm dicke Kiesschicht, die kein Kalzium enthält, mit einer Korngröße von 2 mm, ist ideal dafür.

5. Nährstoffe (Punkt 1) — anfänglich sind vielleicht keine ausreichenden Nährstoffe für die Pflanzen im Wasser enthalten. Es gibt jedoch ausgezeichnete Produkte auf dem Markt, die Sie unter den Kies mischen können, oder man kann auch Dünger an verschiedenen Stellen auf dem Kies auftragen.

6. Transporttöpfe — einige Aquariumpflanzen werden in kleinen Plastiktöpfen gezüchtet, die mit Mineralwolle gefüllt sind. Dadurch wird das Beschädigungsrisiko beim Transport verringert. Vergessen Sie jedoch nicht, die Mineralwolle und den Topf vor dem Einpflanzen zu entfernen.

7. Wie viele? — Pflanzen Sie viele Pflanzen in ein Aquarium ein, das gerade gestartet wurde.

8. Das Einpflanzen — schneiden Sie beschädigte Blätter und Pflanzenteile am Stengel ab. Breiten Sie die Wurzeln weit aus, und wenn sie zu lang sind (über 3 cm) — stutzen Sie sie einfach. Setzen Sie die Pflanzen sehr sorgfältig ein, so daß die Wurzeln nicht beschädigt werden.

9. Nährstoffe (Punkt 2) — manche Pflanzennährstoffe, z.B. Eisen und verschiedene Spurenelemente, fehlen vielleicht in Ihrem Wasser. Verwenden Sie deshalb einen kompletten Dünger für Aquariumpflanzen (ist Produkten, die nur Eisen enthalten, vorzuziehen), der in Aquaristikgeschäften erhältlich ist. Verwenden Sie den Dünger jedoch sparsam dosiert, sonst gedeihen nur die Algen gut.

10. Hauspflanzen — Es werden eine Reihe Hauspflanzen (z.B. *Spathiphyllum wallisii*) im Aquarienhandel angeboten. Diese können im Aquari-

Spathiphyllum wallisii ist keine Aquarienpflanze und sollte besser in einem Topf gehalten werden.

um nicht überleben und sollten vermieden werden.

11. Regelmäßiger Wasserwechsel — Pflanzen und Fische genießen einen regelmäßigen Wasserwechsel.

12. CO_2 — ein gutes CO_2 (Kohlendioxid)-System fördert das Pflanzenwachstum und ermöglicht ihre schnelle Fortpflanzung, da CO_2 ein notwendiger Baustoff im Stoffwechsel der Pflanzen ist. Zusätzlich stabilisiert CO_2 den pH auf einem Wert, der gut für die Pflanzen ist. Man sollte jedoch immer daran denken, daß wenn die Pufferkapazität des Wassers gering ist (z.B. ein KH von 3° oder darunter), der pH-Wert schnell absinken kann, wenn CO_2 ins Wasser gegeben wird. Dies könnte für die Fische gefährlich werden, weshalb man immer den KH auf 4-5° erhöhen sollte, z.B. unter Verwendung von Kalzium (vgl. WASSER), wenn man CO_2 anwenden möchte.

Heutzutage gibt es ein reichliches Angebot der unterschiedlichsten Aquarienpflanzen auf dem Markt - etwas für jeden Geschmack.

Man kann hierbei dieselbe Regel wie beim Kauf der Fische anwenden (vgl. FISCHEINKAUF): kaufen Sie nur wenige unterschiedliche Pflanzensorten, entsprechend aber eine größere Stückzahl von jeder Art. Pflanzen Sie jede Art in einer getrennten Gruppe an. Man kann auch Pflanzen an einem Stück Holz oder Fels angewachsen kaufen; diese sind sehr dekorativ und handlich. So etwas ist jedoch leicht herzustellen, indem man eine geeignete Pflanze (z.B. *Anubias*, *Microsorum*, und/oder *Vesicularia*) mit einem Gummiband oder einem Nylonfaden an einem Stück Holz oder einem Fels festbindet.

Es gibt eine Menge guter, schöner und recht widerstandsfähiger Pflanzen; einige davon sind auf den Fotos am Ende dieses Buches abgebildet.

Es gibt Pflanzen zu kaufen, die an einem Stück Holz oder an einem Fels angewachsen sind, wie diese *Microsorium pteropus* auf diesem Foto.

Algen

Für viele Liebhaber stellen Algen ein ernsthaftes Problem dar. Jedes Aquarium ist einzigartig und man kann keine zwei Aquarien unter identischen Bedingungen aufstellen. In einem Aquarium stellt man vielleicht ein beträchtliches Algenwachstum fest, im anderen wachsen vielleicht gar keine Algen. Es gibt jedoch einige Regeln, die man beachten kann.

Wie ich bereits früher erwähnt habe, sollte das Aquarium so aufgestellt werden, daß es keinem direkten Sonnenlicht ausgesetzt ist. Es ist auch nicht schlecht, gleich am Anfang schon einige algenfressende Fische, z.B. *Otocinclus* Arten, *Crossochelius siamensis*, zusammen mit *Ancistrus* Arten, zu erwerben. Letztere können jedoch auch die Pflanzen beschädigen, wenn nicht genug Algen vorhanden sind, um sich davon zu ernähren. Andere Arten, die für größere Aquarien geeignet sind, sind *Hypostomus plecostomus* und, für sehr große Aquarien, *Glyptoperichtys gibbiceps*. Gemeinsames Merkmal aller algenfressenden Arten ist, daß sie normalerweise nur Grünalgen fressen.

Ein sehr guter Trick, Algenwachstum zu verhindern, ist das Einpflanzen von schnellwachsenden Pflanzen gleich beim Start des Aquariums, z.B. *Hygrophila polysperma* und *H. diformis*, *Ceratophyllum*, *Sagittaria*, *Ceratopteris* und *Vallisneria*. Diese Pflanzen werden recht schnell das ganze Aquarium einnehmen. Die langsamer wachsenden Pflanzen können diese dann nach und nach ersetzen.

Beabsichtigen Sie jedoch nicht, Pflanzen ins Aquarium einzubringen, können Sie das Algenwachstum unterdrücken, indem Sie zeitweise das Licht ausschalten. Dies geht aber nur, wenn keine Pflanzen im Aquarium sind, da diese dabei eingehen würden.

Die häufigste Ursache für Probleme mit Algen sind zu viele Nährstoffe im Aquarium und/oder keine regelmäßigen Wasserwechsel. Deshalb ist es besser, anfangs nur wenige Fische im Aquarium zu haben (vorzugsweise Algenfresser) und diese nicht oft zu füttern.

Es gibt auch Algenmittel auf dem Markt. Man sollte diese jedoch nur als letzten Ausweg anwenden. Diese Mittel verhindern zwar das Algenwachstum, bereinigen jedoch nicht die Ursache des Algenwachstums, weshalb die Algen bald wieder nachwachsen werden. Manchmal verringern solche Algenmittel nicht nur das Algenwachstum, sondern auch das der Pflanzen.

Der Plecostomus ist ein guter Algenfresser für große Aquarien.

Aquarientechnik

Ausrüstung— z.B. Filter, Immersionsheizung, Beleuchtung, usw. — benötigen Sie, um das Aquarium zu betreiben und eine für die Fische geeignete Umgebung zu schaffen. Die meiste benötigte Ausrüstung ist elektrisch, und die Kombination von Wasser und Elektrizität ist immer äußerst gefährlich. Deshalb sollten Sie immer aus Sicherheitsgründen kontrollieren,

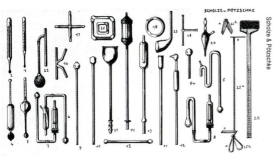

Vor 70 Jahren war die Ausrüstung für ein Aquarium etwas anders als heute, oder...?

ob die Produkte für den Aquariumgebrauch sicher und genehmigt sind. Aus dem gleichen Grund sollten Sie auch einen Unterbrecher verwenden, der die Stromzufuhr unterbricht, wenn etwas verkehrt läuft.

Ein besonderes Problem der Ausrüstung ist, daß sie nicht schön aussieht, wenn sie im Aquarium sichtbar ist. Ein Filter, der am Rückwandglas angebracht ist, ist nicht gerade besonders hübsch, und was mich betrifft, finde ich ihn nicht schöner als einen Plastiktaucher! Haben Sie eine Rückwand in Ihrem Aquarium, können sie die Ausrüstung wahrscheinlich dahinter verbergen; ansonsten sollten Sie versuchen, die Ausrüstung hinter einem Fels, einem großen Holzscheit oder einer Pflanzengruppe anzubringen.

Filter

Ob Sie einen Filter für Ihr Aquarium verwenden sollten und wie groß dieser sein muß, hängt sehr davon ab, wieviele Fische Sie haben und wie groß diese sind und ob Sie Pflanzen ins Aquarium einbringen möchten.

Ein Aquarium kann sehr gut ohne Filter betrieben werden. Ein guter Freund von mir hatte für ein 250-Liter Becken lange keinen Filter. Er fütterte die Fische nur wenig (sie lebten

Um einen *Catoprion mento* im Aquarium pflegen zu können, benötigen Sie ein sehr großes Becken (min. 250 cm) mit einem sehr effektiven Filter.

Rhadinocentrus ornatus ist ein friedlicher, lebhafter Schwarmfisch, hat sich jedoch als empfindlich erwiesen.

25

hauptsächlich von Algen) und ersetzte nur das Wasser, das verdunstete. In diesem Aquarium befanden sich nur zwei Fische (ein *Chalinochromis brichardi*- Paar), die 8 cm groß waren. Wenn sie brüteten, wurden die Jungen aus dem Aquarium entfernt.

In den meisten Fällen möchte man jedoch mehrere Fische ins Aquarium einsetzen, und deshalb benötigt man auch einen Filter. Grund dafür ist einmal die mechanische Entfernung von Partikeln, die das Wasser trüben, aber auch die Aufrechterhaltung eines biologischen Gleichgewichts im Wasser, wozu eine große Oberfläche am Filtermaterial benötigt wird, auf der Stickstoff-verwertende Bakterien wachsen können. Diese Bakterien bauen organische Verunreinigungen im Wasser ab

Der Filter kann auch dazu benutzt werden, eine angemessene Sauerstoffzufuhr sicherzustellen. Dies ist besonders wichtig für Arten, die in freier Natur in schnellfließenden oder stark bewegten Gewässern leben (z.B. viele Buntbarsch- und Welsarten), und die deshalb an Wasser mit einem hohen Sauerstoffgehalt gewöhnt sind. Man kann Wasser von hohem Sauerstoffgehalt produzieren, indem man den Filterausgang unmittelbar über der Wasseroberfläche anbringt. Es ist ein allgemeiner Trugschluß, daß die Blasen eines Luftsteins viel Sauerstoff produzieren würden. Dies ist einfach falsch. Die Blasen bringen die Wasseroberfläche in Bewegung, was die Aufnahme von Sauerstoff aus der Luft ins Wasser erleichtert. Viel wirksamer als die Verwendung eines Luftsteins ist es, den Ausfluß der Pumpe unmittelbar über der Wasseroberfläche anzubringen.

Es gibt zwei Hauptarten von Filter: interne und externe.

Eine Aquariumpumpe von 1930 im Versandkatalog von Scholze & Pötzschke.

Die Vorteile interner Filter sind ihr vergleichsweise niedriger Preis, ihre einfache Anbringung im Becken und leichte Reinigung. Nachteile sind, daß sie im Becken viel Platz einnehmen und häufiger gereinigt werden müssen als externe Filter.

Die Vorteile von externen Filtern sind, daß sie wenig Platz im Aquarium selbst einnehmen und nicht so oft gesäubert werden müssen (meistens nur einmal alle sechs Monate, sofern das richtige Filtermaterial verwendet wird). Wenn Sie die chemische Zusammensetzung des Wassers beeinflussen möchten, kann man einfach das geeignete Filtermaterial im Filterkasten verwenden. Nachteile sind, daß diese Filter etwas teurer und schwieriger zu reinigen sind und Platz außerhalb des Aquariums benötigen. Für ein Aquarium von 300 Litern Kapazität benötigt man einen Filterbehälter von mindestens 4 Litern Kapazität.

Die Effektivität eines Filters hängt vorwiegend davon ab, welches Filtermaterial verwendet wird. Der Schwamm, der oft für interne Filter verwendet wird, ist meistens zu klein.

Besser ist es, selber einen nach der beigefügten Abbildung anzufertigen. Das Filtermaterial sollte man niemals in heißem Wasser reinigen, da sonst die Bakterien, die das Wasser sauberhalten, abgetötet werden.

Zwecks maximaler Wirksamkeit können Sie verschiedene Filtermaterialien in externen Filtern verwenden. Die sog. Bio-bälle sind äußerst wirksam; anderes gut geeignetes Material für Filter ist Zeolite. Man kann auch Material, das die Wasserchemie beeinflußt, in externe Filter geben, z.B. Torf, um das Wasser anzusäuern. Ebenso kann man Aktivkohle in den Filterbehälter geben, um Medikamente aus dem Wasser zu filtern, nachdem man eine Medikamentenbehandlung durchgeführt hat. Beim Säubern eines externen Filters sollte man nur einen Teil des Materials ersetzen oder ihn sogar nur reinigen, da man sonst alle nützlichen Bakterien im Filter abtötet.

Ein Filter, der für eine Zeitlang (einige Stunden) ausgeschaltet war, z.B. während eines Stromausfalls, sollte niemals ohne vorherige Reinigung angeschaltet werden (das gilt besonders für externe Filter, da diese einen großen Behälter haben). Der Filter könnte sonst giftige Substanzen ins Wasser freisetzen, und das ganze Aquarium wäre davon betroffen.

Distichodus fasciolatus ist ein extrem großer Fsich, der vorwiegend vegetarisch lebt (Fasern) und deshalb das Wasser sehr verschmutzt. Deshalb ist ein sehr wirksamer Filter nötig.

Der grobe Schwamm, der das durchlöcherte Absaugrohr umgibt, liefert eine große Oberfläche für nitrifizierende Bakterien. Die relativ großen Poren im Schwamm ermöglichen einen schnellen Wasserfluß für die richtige Funktion eines biologischen Filters.

Ich habe absichtlich keinen Unterbodenfilter erwähnt (bei dem das Wasser durch den Kies zirkuliert, der dabei als biologisches Filtermaterial wirkt), da dieser Filter nicht mehr oft verwendet wird. Heutzutage gibt es weit effektiveres Filtermaterial als Kies, und ein Unterbodenfilter wird höchstens noch als Ergänzung zu einer anderen Filtermethode angewendet. Egal, welchen Filter Sie verwenden, sie sollten immer daran denken, daß kein Filter einen Wasserwechsel ersetzen kann (vgl. PFLEGE).

Heizung

Die meisten Aquarienfische stammen aus tropischen Klimaten und fühlen sich bei Temperaturen von 24-26° C wohl. Filter und Belichtung tragen zur Temperaturerhöhung bei, aber in den meisten Fällen reicht dies

Die rote Variante von *Colisa labiosa* ist relativ neu im Aquaristikhandel.

nicht aus und man muß zusätzlich noch eine Immersionsheizung installieren.

Die am häufigsten verwendete Immersionsheizung besteht aus einem Glasstab mit einem eingebauten thermoregulierten Heizelement. Diese haben jedoch einen Nachteil: da heißes Wasser hochsteigt, kann sich ein Unterschied in der Temperatur in den Wasserschichten ausbilden. Ein starker Filter, der das Wasser gut zirkuliert, kann diesen Nachteil teilweise kompensieren.

In einem bepflanzten Aquarium leiden die Pflanzen manchmal an "kalten Füßen". Um dem vorzubeugen, kann ein Heizkabel benutzt werden, das unter den Kies gelegt wird. Da heißes Wasser hochsteigt, entsteht eine Zirkulation, durch die nährstoffreiches Wasser für die Pflanzen in den Kies eingesaugt wird. Ein großer Nachteil dieser Art Beheizung ist, daß sie viel teurer ist als gewöhnliche Immersionsheizungen. Heute gibt es aber auch schon billigere Substratheizungen auf dem Markt — fragen Sie in ihrem örtlichen Aquaristikgeschäft nach. Eine andere Möglichkeit „kalte Füße" zu vermeiden, kann eine Isolationsschicht Styropor auf den Boden des Aquariums oder zwischen dem Aquarium und dem Aufsatz bieten.

Normalerweise sollte die Heizung zwischen 1/3 bis 1/2 Watt/Liter Aquarienwasser bei 20-22°C Raumtemperatur verbrauchen.

Beckenabdeckung

Einige Aquarienliebhaber verwenden eine Glasabdeckung für ihr Aquarium, andere nicht. Dabei sollte man jedoch bedenken, daß das Glas teilweise die Belichtung reduziert, und auch einige Wellenlängen des Lichts, die für Pflanzen wichtig sind, herausfiltern kann.

Sollten Sie sich gegen ein Abdeckglas entscheiden, wird etwas Wasser aus dem Aquarium verdunsten (je größer die Oberfläche und je stärker die Zirkulation des Wassers, desto stärker die Verdunstung), wodurch die Luftfeuchtigkeit im Raum, in dem das Aquarium steht, erhöht wird. Dies ist jedoch oft von Vorteil, da heutzutage die Luft in zentralbeheizten Räumen oft zu trocken ist. Mit dem Wasser wird aber auch Wärme aus dem Aquarium abgegeben, was die Ausgaben für die Beheizung des Aquariums erhöht. Ein Aquariumdeckel dämmt die Verdunstung und den Wärmeverlust, die Verwendung eines Deckglases jedoch reduziert die Verdunstung auf ein Minimum.

Ein weiterer bedeutender Nachteil eines offenen Beckens ohne Abdeckung ist, daß manche Arten gerne aus dem Aquarium springen — Killi- und Regenbogenfische, zum Beispiel, sind gute Springer.

Beleuchtung

Die Art der Beleuchtung hängt davon ab, ob man Pflanzen im Aquarium anbauen möchte. Pflanzen benötigen viel Licht (obwohl dies von Art zu Art unterschiedlich ist). Die Fische selbst haben keine besonders hohen Anforderungen an die Belichtung und manche bevorzugen gar eine dämmerungsähnliche Beleuchtung. Für bepflanzte Aquarien eignen sich am besten Quecksilberdampflampen (HQL) oder metallische Halogenlampen (HQI), die für Aquarien geeignet sein müssen; diese Art Beleuchtung ist leider recht teuer (vor allem die HQI). Heutzutage gibt es auch sog. Energiesparlampen, die für sehr kleine Aquarien ausreichen. Für bepflanzte Aquarien genügen diese Birnen jedoch nicht.

Die häufigste Form der Beleuchtung sind Fluoreszenzstangen. Diese reichen oft auch aus — vorausgesetzt sie sind dafür geeignet, das Wachstum von Aquariumpflanzen zu fördern. Es müssen auch genug davon vorhanden sein, so daß die Reflektoren (diese können getrennt gekauft werden) effektiv arbeiten, und das Aquarium darf keine Pflanzenarten enthalten, die eine hohe Anforderung an die Belichtung stellen (vgl. Kapitel Pflanzen am Ende dieses Buchs). Ein Fluoreszenzstabtyp, der die Färbung der Fische besonders gut herausbringt, ist relativ weich, deshalb aber für Pflanzen weniger geeignet, die sog. Grolux Stäbe.

Bei Verwendung von Fluoreszenzstäben, sollte man immer daran denken, daß sich deren Wirkung ständig verringert, weshalb man sie einmal im Jahr auswechseln sollte, auch wenn sie noch arbeiten. Die beste Wirkung im Aquarium erzielt man, wenn man die Stäbe vorne oder in der Mitte des Aquariums anbringt, nicht hinten. Leider sind die meisten Aquariumabdeckungen auf dem Markt nicht so angelegt, daß die Stäbe vorne im Aquarium zu liegen kommen. Bei einem Aquarium von 40-50 cm Tiefe und 40 cm Breite reichen zwei Fluoreszenzstäbe aus, die aber fast so lang wie das Aquarium sein sollten. Ist das Aquarium aber 10 cm breiter oder höher, benötigt man einen zusätzlichen Stab.

Man sollte die Aquariumbeleuchtung ganze 10-12 Stunden am Tag eingeschaltet lassen. Es ist anzuraten, eine Schaltuhr zu verwenden. Eine geringere Belichtungsstärke

29

Barbus rhomboocellatus ist ein friedlicher Schwarmfisch, der einAquarium mit gedämpftem Licht bevorzugt.

Alle *Synodontis* (Foto *S. longirostris*) tragen lange Barteln und bleiben leicht in einem weitmaschigen Netz hängen. Deshalb ist es besser, ein feinmaschiges Netz für den Welsfang zu benutzen.

kann man nicht damit ausgleichen, daß man das Licht für längere Zeit eingeschaltet läßt. Die Pflanzen (und Fische) brauchen eine Ruhepause. Das Licht zu lange eingeschaltet zu lassen, führt in der Regel zu unkontrolliertem Algenwachstum.

Andere Ausrüstung

Als weitere Ausrüstung benötigt man einen magnetischen Algenentferner oder –abkratzer, ein Thermometer (aus Umweltgründen kein Quecksilberthermometer), verschiedene Testkits und Wasserbehandlungen (vgl. WASSER). Sie brauchen auch einige Netze (eins für jedes Aquarium) von unterschiedlicher Maschengröße (z.B. feinmaschig für Welse, weitmaschig für andere Fische), einen Saugschlauch (etwa 1,5 m lang mit einem inneren Durchmesser von etwa 12 mm, sowie einen Eimer. Für größere Aquarien benötigt man noch einen Schlauch, der vom Aquarium bis zum Abfluß und dem Wasserhahn reicht. Auch ist es angebracht, beim Händler einen Kiesreiniger zu erwerben, den man jedoch auch selbst herstellen kann: schneide aus einer leeren, gut gereinigten Plastikflasche (1,5-2 Liter) den Boden heraus und befestige den Schlauch oben. Starten Sie den Vorgang unter Verwendung der Saugmethode und halten Sie die Flasche auf den Boden des Aquariums. Die Ausscheidungsprodukte werden vom Boden abgesaugt, während der Kies zurückbleibt.

Es ist auch angeraten, ein kleines Quarantäneaquarium neben dem Hauptaquarium bereitzuhalten. Dieses kann dazu verwendet werden, kranke Fische zu behandeln und bekämpfte sich erholen zu lassen.

Futter

In freier Natur sind alle Fische an eine bestimmte Art Futter angepaßt. Einige Arten sind vielseitiger als andere, spezialisierte. Aus praktischen Gründen beschäftigen wir uns in diesem Buch mit den folgenden Hauptgruppen:

Fleischfresser — Arten, die von anderen Wirbeltieren oder von Wirbellosen leben.

Allesfresser — Arten, die alle Futtersorten annehmen.

Pflanzenfresser — Arten, die Pflanzen fressen.

Die Fische der verschiedenen Gruppen haben oft unterschiedliche Körperformen und Zähne, da sie sich dahin entwickelten, ihre Nahrung, die sie bevorzugen, "fangen" zu können. Was noch wichtiger ist, auch das Verdauungssystem, vor allem der Darm, können sich an eine bestimmte Futtersorte anpassen. Fischfressende Fische (aus der Fleischfresser-Gruppe), haben oft einen sehr kurzen Darm und einen großen Magen mit Raum für große Beutetiere. Dieses Futter ist leicht verdaulich, weshalb sie keinen langen Darm benötigen. Der Darm der Allesfresser ist länger und der der Pflanzenfresser extrem lang, eine Anpassung an das schwer verdauliche Fasermaterial.

Fische sind kaltblütige Tiere und können das Fett warmblütiger Tiere (z. B. von Säugetieren) nicht wie das anderer Wasserlebewesen verwerten, weshalb tierisches Fett ihnen schaden kann.

Heutzutage gibt es eine große Auswahl an Futter von hoher Qualität, das die meisten Vitamine enthält, die die Fische benötigen. Es gibt sogar Futtersorten, die für bestimmte Bedürfnisse entwickelt wurden, z.B. enthalten manche Sorten Grünfutter für Pflanzenfresser, oder es gibt spezielles Tablettenfutter für Welse.

Das Problem für Aquarianer ist in der Regel nicht, die geeignete Futtersorte zu finden, sondern die Tendenz, zu viel zu füttern! In der freien Natur müssen die Fische hart arbeiten, um Futter zu finden; im Aquarium wird ihnen alles „auf dem Tablett"

Pseudacanthicus leopardus (L 114) ist ein Allesfresser, der jede Aquariennahrung annimmt.

Cyphotilapia frontosa, ein Fischfresser, der in der Natur vorwiegend Fische frißt, im Aquarium aber anderes Futter annimmt.

serviert. Sie gewöhnen sich natürlich sehr schnell an eine solche Existenz, weshalb sie im Aquarium oft viel größer werden als in freier Natur. Zusätzlich verschlechtert sich die Wasserqualität aber schneller (mit dem Risiko, daß der pH fällt und Probleme mit Algen entstehen, wenn man zu viel füttert). Deshalb sollte man nicht überfüttern; zweimal am Tag ist ausreichend (für Jungfische auch öfter), und niemals mehr füttern, als die Fische innerhalb von zwei Minuten auffressen können.

Auch wenn Sie eine Futtersorte finden, die alle notwendigen Vitamine, Eiweiße, Fette, Fasern, usw. in genau den für Ihre Fische richtigen Propor-

Viele Fische sind vorwiegend Nachtfische, wie *Acanthopsis dialuzona*, und müssen deshalb abends gefüttert werden.

Heutzutage gibt es eine große Vielfalt an Hochqualitätsfutter mit den meisten Vitaminen.

tionen enthält, halte ich es dennoch für besser, hin und wieder zu wechseln. Fische, die daran gewöhnt sind, verschiedene Futtersorten zu fressen, sind meiner Erfahrung nach widerstandsfähiger und nicht so oft krank wie Fische, die immer dasselbe Futter bekommen.

Ich möchte auch vorschlagen, immer den größten Teil des Futters an eine bestimmten Stelle im Aquarium fallen lassen, einen kleinen Teil davon jedoch an einer anderen Stelle einzugeben. Dies, weil manche Fische das ganze Aquarium beherrschen, während andere etwas reservierter sind und sich deshalb vielleicht nicht getrauen, zur selben Stelle wie die anderen Fische zum Fressen zu kommen.

Auch müssen Sie berücksichtigen, daß verschiedene Arten in unterschiedlichen Ebenen im Aquarium leben, und wenn nur schwebendes Futter gefüttert wird, werden die Fische, die am Boden leben, keine Gelegenheit zum Fressen bekommen.

Welche Futtersorte Sie auch immer wählen, es ist wichtig, daß Sie sie richtig aufbewahren und nicht zu lange geöffnet verwenden, da lebenswichtige Vitamine schnell verderben. Wenn Sie z.B. einen offenen Futterbehälter über die Lichtstäbe stellen, dauert es nur Stunden, bis das Futter im Hinblick auf Vitamine unbrauchbar wird. Besser sollten Sie es irgendwo aufbewahren, wo es kühl und trokken ist (und immer mit dem Deckel verschließen), so daß es länger haltbar bleibt. Man kann eine kleine Dose Futter neben dem Aquarium stehen lassen, und diese immer auffüllen, wenn sie leer ist.

Die Hauptfuttersorten auf dem Markt sind wie folgt:

Flockenfutter. Bei weitem die am häufigsten verwendete Futtersorte. Heutzutage sind die meisten Marken von hoher Qualität. Es gibt auch unterschiedliche Sorten Flockenfutter für bestimmte Fischarten und sogar spezielles Futter, das die natürliche Färbung der Fische verstärkt.

Futterkorn. Ein sehr gutes Futter, das für nicht zu große Fische geeignet ist. Manchmal enthält die Packung auf dem Deckel einen praktischen Dosisknopf, der es ermöglicht, zu füttern ohne das Futter mit der Hand zu berühren, und auch eine Überfütterung verhindert.

Pellets. Die häufigste Futtersorte für mittelgroße bis große Fische und Teichfische. Es gibt besondere Sorten, die die natürlichen Farben der Fische verstärken.

Gefrierfutter. Viele verschiedene Gefrierfuttersorten sind erhältlich. Es eignet sich gut als Ergänzung zum Flockenfutter. Ich bevorzuge *Cyclops*, ein ausgezeichnetes Futter für kleine Fische und Larven. Das gebräuchlichste Gefrierfutter auf dem Markt sind jedoch rote Mückenlarven, ein gutes Zusatzfutter für die meisten Fische. Jedoch gilt folgende Warnung: füttern Sie keine roten Mückenlarven an algenfressende Fische, die in Wasser mit hohem pH leben (z.B. Malawi- und Tanganjikabuntbarsche). Es besteht die Gefahr, daß sie ausgerechnet bei diesen Fischen Krankheiten hervorrufen.

Sie müssen auch bedenken, daß rote Mückenlarven bei Menschen Allergien hervorrufen können. Aufgrund dieser Probleme verwende ich rote Mückenlarven nur in ganz geringem Ausmaß. Ich bevorzuge *Cyclops*, Salinenkrebse, *Gammarus*, Mysis, und andere Garnelen.

Gefrierfutter enthält relativ wenig

Scatophagus argus ist ein nicht wählerischer Allesfresser, der Flockenfutter, Pellets, Gefrier- und Lebendfutter und Pflanzen frißt.

Trichogaster trichopterus (hier die Albinoform des blauen Gourami) nimmt problemlos die meisten Aquarienfuttersorten an.

Vitamine, da die gefrorenen Organismen selbst meistens vitaminarm sind. Heutzutage gibt es jedoch spezielle, flüssige Vitaminzusätze, die man vor dem Füttern dem Gefrierfutter zugeben kann.

Gefriergetrocknetes Futter. Es besteht aus Organismen, die gefriergetrocknet wurden. Ich selbst benutze diesen Futtertyp nur sehr selten, da ich Gefrierfutter bevorzuge. Gefriergetrocknete rote Mückenlarven können noch eher Kontaktallergien verursachen als gefrorene.

Tablettenfutter. Eine gute Futtersorte, die sich vor allem für Welse und Fische eignet, die nachtaktiv sind. Plazieren Sie einige Tabletten an einer bestimmten Stelle im Aquarium (immer dieselbe), nachdem das Licht ausgeschaltet wurde. Es gibt Tabletten, die am Glas festhaften (z.B. für *Otocinclus* Arten), und solche, die auf den Boden gelegt werden (z.B. für *Corydoras* Arten). Auch gibt es Gemüsefuttertabletten (für algenfressende Arten, z.B. für *Ancistrus*) und Allesfressertabletten (z.B. für *Corydoras*).

Lebendfutter. In früheren Jahren wäre kein sich respektierender Aquarienliebhaber mit sich selbst zufrieden gewesen, wäre er oder sie nicht wenigstens einige Tage die Woche draußen in freier Natur auf der Suche nach Lebendfutter gewesen. Heutzutage gibt es jedoch Trocken- und Gefrierfutter einer hohen Qualität auf dem Markt, weshalb dies nicht mehr unbedingt nötig ist, auch wenn die Fische natürlich immer dankbar dafür sind. Futter, das man selbst fangen kann, sind z.B. *Cyclops*, *Daphnia*, und Glaswürmer. Wenn Fische brüten, werden Sie sehr wahrscheinlich ihre eigenen Salinenkrebse ausbrüten, um damit die Jungfische zu füttern. Die Eier zum Ausbrüten der Salinenkrebse kann man im Aquaristikgeschäft kaufen. Qualität und Preis können jedoch beträchtlich variieren, weshalb man sich am besten mit einem erfahrenen Liebhaber (in einem Aquarienverein) in Verbindung setzt, der einen beraten kann.

Alle Killifische (Foto *Aphyosemion bivittatum*) brauchen Lebendfutter.

Pflege

Ein Aquarium zu besitzen, bedeutet auch eine Verantwortung gegenüber Ihren Haustieren – den Fischen, zu übernehmen.

Aquarienfische sind die am einfachsten zu betreuenden Haustiere, die nicht viel Aufmerksamkeit benötigen. Jedoch ist eine regelmäßige Versorgung und Pflege des Aquariums ein absolutes Muß, damit die Fische langfristig gesund bleiben und das Aquarium einen attraktiven Anblick bietet.

Es ist von äußerster Wichtigkeit für das Wohlbefinden der Aquarieninsassen, daß regelmäßig Teilwasserwechsel vorgenommen werden; dies kann kein Filter ersetzen. Es ist auch sehr wichtig, nicht zu viel zu füttern. 95% aller Probleme mit Aquarien entstehen aufgrund dieser beiden Faktoren.

Manchmal hört man von Liebhabern, daß sie ihre Fische in bester Verfassung für eine ganze Zeitlang ohne einen Wasserwechsel gehalten haben (abgesehen vom Ersatz des verdunsteten Wassers). Einmal fand ich ein kleines Zuchtaquarium, das für längere Zeit weggestellt worden war. Ich hatte noch nicht einmal den Kies entfernt, weshalb noch immer etwas Wasser darin war. In einer Ecke war die Kiesschicht etwas dünner, wodurch eine kleine Einbuchtung von etwa 10 x 3 x 2 cm Ausmaßen entstand, die noch Wasser enthielt, in dem noch ein sehr lebhafter junger Fisch von etwa 3 cm Länge lebte. Beim Herausfangen aus dem stinkenden Wasser sprang er herum. Als er aber in ein normales Aquarium mit perfekten Wasserverhältnissen gesetzt wurde, starb er sofort! Wir alle lernen aus unseren Fehlern.

Der Grund, weshalb er starb war, daß Fische sich zwar oft sehr gut anpassen können und sich an sehr schlechte Wasserverhältnisse (wenn sich diese langsam entwickeln) gewöhnen können. Das eigentliche Problem aber besteht darin, daß es oft schwierig ist, andere Fische (die an andere Wasserbedingungen gewöhnt sind) ins Aquarium einzubringen. Wenn man endlich einen teilweisen

Ctenops nobilis, lbenötigt wie jeder Fisch einen regelmäßigen Wasserwechsel.

Wasserwechsel durchführt, halten die Fische den Schock oft nicht aus. Der pH im Aquarium ist vielleicht um 6, während das Leitungswasser einen Wert um 8 hat (der oben erwähnte junge Malawifisch starb an Schock).

Die tägliche Routine. Füttern Sie einmal oder zweimal am Tag mäßig (vgl. weiter oben unter FUTTER). Machen Sie es sich zur Gewohnheit, beim Füttern das Verhalten der Fische einige Minuten lang zu beobachten. Atmen die Tiere normal (vgl. weiter unten unter KRANKHEITEN)? Sind sie so hungrig wie immer und fressen alle, usw? Wenn ein Fisch sich weigert zu fressen, kann dies ein erstes Anzeichen dafür sein, daß etwas falsch ist. Kontrollieren Sie die Temperatur und ob alle Geräte arbeiten.

Die wöchentliche Routine. Einmal die Woche sollte man das Glas mit einem Algenschaber reinigen, die toten Pflanzenteile entfernen und den Pflanzen etwas Aufmerksamkeit widmen, sowie den Schlamm vom Boden absaugen. Wenn nötig, sollte auch der Filter gereinigt werden (und das Filtermaterial ausgetauscht werden, wenn seine Funktion nachgelassen hat) und vor allem ein teilweiser Wasserwechsel mit geeignetem (gereiftem / behandeltem / konditioniertem) Leitungswasser. Am besten wechselt man wöchentlich 10-35% des Wassers. Wie viel gewechselt werden sollte, hängt aber davon ab, wieviele Fische sich im Aquarium befinden und wie groß sie sind, wie groß das Aquarium ist und auch ob die Fische viel Sauerstoff benötigen. In einem bepflanzten Aquarium mit nur wenigen Fischen, braucht man nicht so viel Wasser zu wechseln (10-20%) wie in einem Aquarium mit großen Fischen (30-35%). Schalten Sie immer die elektrischen Geräte, wie Immersionsheizung und Filter, vor dem Reinigen aus.

Auch sollte man das Wasser häufig testen (vgl. WASSER-Testung).

Zweimonatige (oder, wenn nötig, mehr oder weniger häufige) **Routine.** Die Glasabdeckung, falls vorhanden, und die Lampenhalterungen sollten gereinigt werden. Kalkstein kann unter Verwendung von Essig entfernt werden, oder mit Hilfe eines Kalkablagerungsmittels, wie sie z.B. für Kaffeemaschinen verkauft werden. Spülen Sie die Abdeckgläser sorgfältig ab, bevor Sie sie wieder auf das Aquarium zurücklegen.

Es sollte dabei keine Flüssigkeit ins Wasser tropfen.

Ferienroutine. Im Gegensatz zu vielen anderen Haustieren stellen Fische in der Regel kein Problem dar, wenn Sie in Urlaub gehen. Sie können ganz gut für zwei Wochen ohne Futter auskommen. Bleiben Sie jedoch länger weg, können Sie einen Futterautomaten verwenden (experimentieren Sie aber mit der richtigen „Dosierung" bevor Sie weggehen) oder fragen Sie den Nachbarn, der schon Ihre Pflanzen gießt, den Fischen etwas Futter zu geben. Ich muß aber das Wort „wenig" betonen, weil es gewöhnlich vorkommt, daß Ihr Nachbar mit den Fischen Erbarmen hat und mit bester Absicht zu viel füttert, oft mit schrecklichen Konsequenzen. Deshalb ist es besser, abgemessene Portionen bereitzustellen, oder sehr genaue Anweisungen zu geben.

Bevor sie in Urlaub gehen, sollten Sie auch noch einen teilweisen Wasserwechsel vornehmen. Berücksichtigen Sie auch, daß ein geschlossener Raum im Sommer sehr heiß werden kann. Dies hat dann auch Auswirkung auf das Aquarienwasser, was für die Fische natürlich schlecht ist. Deshalb sollte man immer die Vorhänge und/oder Läden schließen, um dieses Risiko zu vermeiden, und vielleicht auch den Nachbarn bitten, den Raum ab und zu zu lüften.

Zucht

Im Laufe der Evolution haben die Fische unterschiedliche Brutmethoden entwickelt, und zwar abhängig von der Umgebung, in der sie leben, und der Art und Weise, wie diese sich selbst entwickelt hat. Einige Hauptgruppen können unterschieden werden.

Schaumnestbauer: Diese Fische bauen an der Oberfläche ein Nest aus "Speichel" und Pflanzenteilen. Während des Ablaichvorgangs wickelt sich das Männchen um das Weibchen und spuckt die Eier ins Nest hinauf. Danach bewacht es den Laich, aus dem innerhalb von 24-30 Stunden die Jungen schlüpfen. Ein gutes Beispiel für Schaumnestbauer sind die Kletterfische.

Eiverstreuer: Fische, die im offenen Wasser ablaichen. Die Eier fallen zwischen Felsen (oder in den Kies) oder bleiben an Pflanzen kleben. Die Jungen schlüpfen innerhalb weniger Tage. Ein Beispiel für Eiverstreuer sind die Zebrabärblinge (*Brachydanio rerio*).

Astyanax mexicanus ist einer der vielen Eiverstreuer.

Ein *Colisa chuna* Männchen bewacht sein Schaumnest.

Substratbrüter: Dies sind Fischarten, die ihre Eier an den verschiedenartigsten Gegenständen (= Substraten) festheften, d.h. an den Seitenwänden des Aquariums, an Felsen, in einer Höhle, usw. Die Jungen schlüpfen oft schon innerhalb weniger Tage. Viele Cichlidenarten gehören zu dieser Gruppe. Einige Substratbrüter überlassen die Eier nach dem Ablaichen ihrem Schicksal; andere (**Substratbrüter**) jedoch, vor allem Buntbarsche, bewachen sowohl die Eier als auch die Jungen.

Maulbrüter: Nach/Während dem Ablaichen sammelt das Weibchen die Eier ins Maul und bebrütet sie 2-5 Wochen lang. Während dieser Zeit entwickeln sich die Eier zu Larven. Wenn die Jungfische voll entwickelt sind, werden sie freigesetzt. Einige

Der Punktierte Indische Buntbarsch (*Etroplus maculatus*) ist ein Substratbrüter, der seine Eier auf einem Stein oder einer Wurzel ablaicht.

Der Killie *Notobranchius foerschi* ist ein Jahresfisch, was bedeutet, daß er nur kurz lebt.

Arten nehmen sie bei Gefahr sogar wieder auf. Dies ist die geläufigste Art von Maulbrüten, manchmal brütet jedoch nur das Männchen oder auch beide Eltern, und manchmal werden die Eier an Substrat befestigt und nur die Larven bzw. Jungfische bebrütet. Zu den Maulbrütern gehören viele Buntbarscharten, aber auch einige Welse und Kletterfische.

Lebendgebärende: Die Arten dieser Gruppe bringen voll ausgebildete, lebende Junge zur Welt. Viele der gewöhnlichsten Aquarienfische gehören zu dieser Gruppe, z.B. der Schwertträger und die Zahnkarpfen.

Jahresfische: In freier Natur leben diese Arten gewöhnlich in Tümpeln, die einmal im Jahr völlig austrocknen. Dabei sterben diese Fische. Aber bevor dies geschieht, vergraben sie ihre Eier im Bodensubstrat. Diese schlüpfen dann während der nächsten Regenzeit. Einige der Killifische gehören zu dieser Gruppe.

Es ist keineswegs ungewöhnlich, Fische im Aquarium ablaichen zu sehen, und natürlich ist es ein großes Ereignis, ein Cichlidenpaar über seinen Jungen im Aquarium zu beobachten, oder die ersten Guppy- oder Schwertträgerjungen zu haben. Das ist zweifellos ein Höhepunkt dieses Hobbys. Die Fische zum Brüten zu bringen, ist natürlich von Art zu Art verschieden: einige sind leicht dazu zu bewegen, bei anderen ist es fast unmöglich, und es ist völlig unmöglich, sie alle in diesem kleinen Buch zu beschreiben. Deshalb rate ich Ihnen, Speziallliteratur über Ihre Fische und Erfahrungen anderer Züchter in den verschiedenen Aquarienzeitschriften zu lesen, und einem Aquarienverein beizutreten, wo man immer gute Ratschläge bekommt.

Viele der häufig vorkommenden Aquarienfische, wie dieser Segelkärpfling (*Poecilia velifera*), sind lebendgebärend.

Krankheiten

Egal wie gut Sie sich um Ihre Fische kümmern, Sie werden nicht verhindern können, daß sie Krankheiten zum Opfer fallen — auch wenn sie in der Regel nicht krank werden. Während der letzten Jahre hatte ich etwa 10 Aquarien betrieben, und nur einmal wurden die Fische krank. Grund dafür war, daß die Immersionsheizung ausfiel und dadurch die Temperatur unter 20° C sank, bevor ich das Problem bemerkte.

Am ehesten erkennt man beim Füttern, wenn ein Fisch krank ist. Ein gesunder Fisch ist immer hungrig, weshalb es wichtig ist, einige Minuten am Tag zu opfern, um die Fische beim Füttern etwas zu beobachten.

Gewöhnlich werden die Fische krank, wenn sie Streß ausgesetzt sind. Es gibt mehrere Ursachen für Streß bei Fischen: schlechte Wasserqualität, plötzliche Veränderungen der Wasserchemie/-qualität oder eine unkorrekte Wasserchemie oder — temperatur, schlechte Pflege, falsche Fütterung, Angriffe von anderen Fischen, andere Krankheiten, zu wenig Versteckplätze, schlechte Belichtung, falscher Transport, usw. Bei richtiger Behandlung wird ein kranker Fisch meistens wieder geheilt. Aber es ist wichtig herausfinden, was den Fisch krank werden ließ (die Ursache des Stresses). Wenn (ob) Sie die Ursache finden (das ist nicht immer leicht), müssen Sie diese natürlich beheben, sonst riskieren Sie, daß der Fisch gleich wieder erkrankt.

Auch müssen Sie lernen, zwischen einer Vergiftung und einer krankhaften Infektion zu unterscheiden (letztere breitet sich natürlich viel schneller aus, wenn die Fische bereits vergiftet sind). Eine Vergiftung ist an sich keine Krankheit, jedoch können die Fische aufgrund solcher äußeren Einflüsse leicht erkranken. Ein typisches Anzeichen für eine Vergiftung ist, daß sie jeden Fisch im Aquarium (oder zumindest die meisten) plötzlich befällt, während Infektionen anfänglich nur einige Fische befallen und sich dann langsam auf andere ausbreiten. Weitere Anzeichen für eine Vergiftung ist (sehr häufig) Hyperventilation: ruckartiges Schwimmen und die Kiemen und manchmal der ganze Körper werden dunkel, usw. Eine Vergiftung kann mehrere Ursachen haben: die häufigste ist zu viele Nitrite im Wasser und/oder ein falscher pH-Wert (vgl. WASSER bezüglich weiterer Details). Eine Vergiftung kann aber auch hervorgerufen werden durch z.B. Tabakrauch, Insektenspray, Anstreichen des Raumes, in dem das Aquarium steht (giftige Dämpfe), und sogar durch die Verwendung eines falschen Holzes im Aquarium. Im letzten Fall können ein 50%iger Wasserwechsel, die Entfernung der Abdeckung und eine starke Belüftung des Aquariums das Problem beheben.

Es ist also, wie gerade beschrieben, recht einfach zu diagnostizieren, ob die Fische an einer Vergiftung leiden, da diese oft alle Fische (oder zumindest die Mehrzahl) gleichzeitig befällt; auch zeigt sich das Problem plötzlich und die Fische Hyperventilieren. Schwieriger ist es jedoch, eine ansteckende Krankheit im Aquarium festzustellen, da diese normalerweise langsam fortschreitet und anfangs nur wenige Fische befällt. Die Verwendung von Medikamenten ist in der Regel am wirksamsten, wenn sie gleich zu Beginn des Krankheitsausbruchs eingesetzt werden.

Bei jeder medizinischen Behandlung der Fische, sollte man jedoch immer Folgendes bedenken:

1. Einen teilweisen Wasserwechsel vorzunehmen, bevor die Medizin ins Wasser gegeben wird.

2. Den Filter vor der Behandlung zu reinigen.

3. Die Sauerstoffzufuhr zu erhöhen, indem man den Auslauf des Filters an die Wasseroberfläche verlegt und/oder andere Belüftungsquellen zufügt, da manche Medikamente den Sauerstoffgehalt im Wasser verringern (sie töten manchmal auch die nützlichen Bakterien ab).

4. Die Anleitungen auf der Verpackung befolgen.

5. Immer nach dem Verfallsdatum sehen. Medizin kann mit der Zeit ihre Wirkung verlieren. Wenn der Behälter einmal geöffnet ist, sollte er immer dicht verschlossen an einem kühlen Ort aufbewahrt werden.

6. Niemals unnötig medizinisch behandeln. Medizin stellt einen chemischen Streßfaktor dar, der das biologische Gleichgewicht im Aquarium stört. Überwachen Sie immer das Aquarium eine Stunde lang nach der Medizinzugabe.

7. Keine medizinische Behandlung zur Vorbeugung einsetzen — abgesehen von einigen Ausnahmen.

8. Die Wasserparameter kontrollieren, bevor Sie Medizin ins Aquarium geben.

9. Niemals während der Behandlung mit Aktivkohle filtern.

10. Die meisten Krankheiten beruhen zu einem gewissen Grad auf Streß, weshalb Sie die Ursache beseitigen müssen.

11. Wenn möglich, sollten Sie die Fische in einem speziellen "Krankheitsbecken" behandeln, da manche Medikamente die nützlichen Bakterien im normalen Aquarium abtöten und dies zu Nitritproblemen führen kann.

12. Daß manchmal Salz als Medikament geeignet ist. Vergessen Sie jedoch nicht, daß Salz nur bei salztoleranten Arten eingesetzt werden kann.

Es folgt eine kurze Liste einiger häufig vorkommender Krankheiten, die in Ihrem Aquarium auftreten können:

Weißpünktchenkrankheit (*Ichthyophthirius multifilis*)

Symptome: kleine (0,3-1 mm) weiße Flecke über dem ganzen Körper (vor allem auf und um die Flossen). Sie wird durch einen einzelligen Parasiten hervorgerufen und kommt sehr häufig vor; ist sehr ansteckend und tödlich, wenn sie nicht behandelt wird. Behandlung: leicht. Es gibt mehrere sehr wirksame Medikamente auf dem Markt, die in Aquaristikgeschäften erhältlich sind. Während der Behandlung mit dieser Medizin, sollte die Wassertemperatur für tropische Fische nicht unter 26° C fallen.

Hat ein Fisch die "Weißpünktchenkrankheit" findet man normalerweise weiße Punkte auf dem Körper, vor allem jedoch auf und um die Flossen.

Samtkrankheit (*Oodinium*)
Symptome: Sie wird von einzelligen Flagellaten hervorgerufen. Die Fische tragen einen grauen oder gelblichen, samtartigen (oder staubigen) Überzug aus sehr kleinen, dichtgepackten Punkten.
Behandlung: In Aquaristikgeschäften erhalten Sie sehr wirksame Medikamente dagegen. Die Wassertemperatur sollte nach Zufügung der Medizin nicht unter 26° C fallen. Auch ist zu empfehlen, 5 ml einer Salzlösung aus Meersalz oder Kochsalz pro 100 Liter Wasser ins Aquarium zu geben. Das Licht für einige Tage auszuschalten, kann manchmal die Samtkrankheit schon heilen.

Costia-Krankheit (*Costia, Trichodina, Chilodonella*)
Symptome: Diese einzelligen Parasiten bewirken einen milchig-grauen Film auf dem Körper des Fischs. Ein schwerer Befall kann zu blutigroten Flecken auf dem Körper führen. Oft werden sich die Fische an Felsen oder Kies kratzen und dabei die Flossen gefaltet halten.
Behandlung: In Aquaristikgeschäften sind Medikamente erhältlich. Sie kann auch mit einigen Medikamenten für die Weißpünktchenkrankheit geheilt werden, jedoch benötigt man dafür eine längere Behandlung. Die Wassertemperatur sollte während der Behandlung nicht unter 26° C fallen. Es hilft auch, 5 ml einer Salzlösung (Meersalz oder Kochsalz) pro 100 Liter Aquarienwasser zuzufügen.

Pilze (z.B.. *Saprolegnia*)
Symptome: Oft werden Fische davon befallen, die verletzt oder in einer schlechten Verfassung sind. Die befallenen Fische entwickeln einen "wolligen" oder "flaumigen", weißen Überzug auf dem ganzen Körper oder in Fleckenform (die immer dunkler werden). Sie sind nicht sehr ansteckend. Den befallenen Fisch kann man aus dem Becken nehmen und in ein Quarantänebecken setzen, in dem er dann behandelt werden kann.
Behandlung: Es sind sehr wirksame Medikamente in Aquaristikgeschäften erhältlich. Heben Sie die Temperatur etwas an und geben Sie etwas Meer- oder Tafelsalz ins Wasser.

Pilze sind leicht zu diagnostizieren, aber manchmal schwer zu behandeln.

Maulschimmel (ein Bakterienbefall durch *Flexibacter columnaris*)
Symptome: Grauweiße, "flauschige" Flecke auf dem Kopf (vor allem um das Maul), auf dem Körper und den Flossen. Diese Flecke werden allmählich zu Wunden. Diese Krankheit ist sehr ansteckend und kann in wenigen Tagen Ihre gesamte Fischpopulation ausrotten.
Behandlung: Verwenden Sie ein Medikament das Nifurpirinol (Nitrofuradantin, Furazolidon) enthält (in manchen Ländern nur beim Veterinär erhältlich) und erhöhen Sie die Wasserzirkulation. Geben Sie Meersalz oder Kochsalz ins Wasser und isolieren Sie infizierte Fische in einem Quarantänebecken, in dem Sie sie

behandeln können. Lassen Sie niemals die kranken Fische mit den gesunden zusammen.

Bakterielle Flossenfäule

Symptome: Bakterielle Infektion, die durch schlechte Umweltbedingungen im Aquarium hervorgerufen wird. Zuerst werden die Flossenränder blaß, und diese Blässe breitet sich aus, wobei die Flossen wegfaulen.

Behandlung: Verwenden Sie ein Medikament das Nifurpirinol (Nitrofuradantin, Furazolidon) enthält (in manchen Ländern nur beim Veterinär erhältlich). Geben Sie Meersalz oder Kochsalz ins Wasser und verbessern Sie die Wasserqualität.

Neonkrankheit (*Pleistophora*)

Symptome: Befällt vor allem Neonfische, Rote Neon und Salmler und ist ansteckend und gefährlich. Die Farbe der befallenen Fische wird blaß.

Behandlung: Sehr schwer zu behandeln, aber manchmal sind Medikamente mit Nifurpirinol wirksam (vgl. Bakterielle Flossenfäule).

Besonders anfällige Arten

Manche Arten sind empfindlicher als andere. Auch wenn es unmöglich ist, alle aufzuzählen, möchte ich doch einige der häufigsten Arten, die als "problematisch" gelten (wenn sie nicht in einer geeigneten Umgebung leben, nennen.

Colisa Arten (z.B. der Zwergfadenfisch) benötigen eine ruhige Umgebung und dunkle Verstecksplätze. Der Filter sollte nicht zu kräftig arbeiten. Auch lieben diese Fische etwas höhere Temperaturen und Gefrierfutter, z.B. *Cyclops*.

Der Rote Neon (*Paracheirodon axelrodi*) ist viel empfindlicher als z.B. der Neontetra und erkrankt sehr leicht an der Neonkrankheit. Sie ertragen keine größeren Veränderungen in den Wasserbedingungen. Neue Fische müssen deshalb immer langsam akklimatisiert werden (vgl. FISCHKAUF).

Der Prachtschmerle (*Botia macracanthus*), der südamerikanische Ram oder der südamerikanische Schmet-

Der Roter Neon (*Paracheirodon axelrodi*) ist empfindlicher als der Neon und muß sehr langsam ans Aquarium gewöhnt werden.

terlingscichlide (*Mikrogeophagus ramirezi*) und der Beilbauchfisch (z.B. *Carnegiella*) sind alle Beispiele von sehr empfindlichen Fischen für die Weißpünktchenkrankheit, vor allem nach einem Transport, weshalb besondere eine Pflege während der Akklimatisierung angebracht ist.

Der Guppy (*Poecilia reticulata*) wird in unglaublichen Mengen in Asien gezüchtet und dabei wurde in einem solchen Ausmaß Inzucht betrieben, daß dieser einst so widerstandsfähige Fisch heute eher zu einem empfindlichen geworden ist und für Anfänger nicht mehr geeignet. Versuchen Sie besser, Guppys zu finden, die in Ihrem eigenen Land gezüchtet wurden.

Der Back Molly (*Poecilia sphenops*) und der Segelkärpfling (*Poecilia velifera*) werden ebenfalls in Asien sehr intensiv gezüchtet. Sie werden dort in recht warmem und sehr salzigem Wasser gehalten, weshalb Sie hin und wieder etwas Salz ins Aquarium geben sollten. Auch ist eine Temperatur um 27-28° C angebracht. Diese Bedingungen sind jedoch hart für Pflanzen.

Buntbarsche aus dem Malawi- und dem Tanganjikasee, aber auch viele Welse halten nichts von Schwermetallen im Wasser. Sie scheinen besonders empfindlich auf Kupfer zu reagieren. Dies sollte man immer bedenken, wenn man Medikamente verwendet, da einige Kupfer enthalten können (beachten Sie deshalb immer die Zusammensetzung). Die heimi-

Viele Welse (Foto *Hypoptopoma* species) reagieren empfindlich auf Schwermetalle (z.B. Kupfer) im Wasser.

ist. Ich empfehle auch, sehr vorsichtig mit der Verwendung von heißem Wasser beim Wasserwechsel zu sein.

Einige Fische, z.B. *Corydoras,* reagieren empfindlich auf Salz im Wasser. Prüfen Sie deshalb immer nach, ob die Fische, die Sie im Aquarium pflegen, empfindlich gegen Salz sind, bevor Sie Salz hineingeben.

Einige beliebte Aquarienfische, wie der *Poecilia sphenops*, werden in recht warmem und salzhaltigem Wasser aufgezogen, weshalb sie schwer an normales Wasser zu gewöhnen sind.

schen Wasserleitungen bestehen meistens aus Kupfer, weshalb man das Wasser immer etwas laufenlassen sollte, bevor man es für die Fische verwendet, so daß Sie nur Wasser zugeben, das nicht in Kontakt mit dem Kupfer "stand", vor allem wenn der Boiler oder die Leitungen im Haus noch neu sind oder das Wasser weich

Für einige Behandlungen benötigt man Salz im Wasser, aber beachten Sie bitte daß einige Fische, wie z.B. alle *Corydoras* species (Foto: *Corydoras ellisae*), empfindlich auf Salz reagieren.

Fischkauf

Was wäre ein Aquarium ohne Fische?! Glücklicherweise gibt es jede Menge davon zur Auswahl. Auf den nachfolgenden Seiten dieses Buchs werden über 500 verschiedene Arten vorgestellt, und das ist nur ein Bruchteil von dem, was auf dem Markt erhältlich ist. Es sind viele verschiedene Kombinationen möglich; einige Arten sollte man als Paare halten, andere in Gruppen, usw. Im Folgenden werde ich Einiges auflisten, was Sie bedenken sollten, bevor Sie Ihre Wahl treffen:

* Möchten Sie ein Biotopaquarium haben (mit Fischen und Pflanzen aus einem einzigen Spezialbiotop) oder ein Gemeinschaftsbecken mit Fischen und Pflanzen, die gut miteinander auskommen, aber aus vielen verschiedenen Biotopen und Gegenden stammen.

* Große Fische fressen kleine Fische (das ist oft ein Problem!).

* Die Fische, die in Aquaristikgeschäften verkauft werden, sind oft Jungfische: deshalb sollten Sie zuerst herausfinden, wie groß sie werden können.

* Wie groß ist Ihr Aquarium? Große Fische brauchen viel Platz. Aggressive Fische brauchen manchmal sogar ein großes Aquarium für sich allein.

* Hätten Sie gerne Pflanzen in Ihrem Aquarium oder nicht? Wenn ja, sollten Sie Fische meiden, die Pflanzen fressen.

* Einige Arten brauchen saures Wasser, andere bevorzugen alkalisches. Wie ist das Leitungswasser, wo Sie leben. Wird es sich für die Fische eignen, die Sie in Betracht gezogen haben?

Zweifellos gibt es noch andere Fragen, die gestellt werden sollten; wichtig ist jedoch, daß Sie sich genau überlegen, wie Ihr Aquarium aussehen soll, bevor Sie mit dem Aufbau beginnen. Besuchen Sie verschiedene Aquaristikgeschäfte und stellen Sie Fragen; wenn möglich, besuchen Sie eine Aquarienausstellung und/oder ein öffentliches Aquarium.

Haben Sie sich alles gut überlegt, und nur dann, sollten Sie beginnen, die Fische einzukaufen. Aber auch dann gibt es wieder Dinge, die man bedenken sollte.

* Besuchen Sie deshalb ein Aquaristikgeschäft mit einer großen Aus-

wahl. Wenn die Aquarien ordentlich und sauber sind (keine oder nur wenige Algen am Glas), dann ist die Chance größer, daß die Qualität der Fische besser ist, als in einem Geschäft, wo die Aquarien nicht einmal gesäubert werden.

* Kaufen Sie niemals kranke Fische oder gesunde Fische, die mit kranken im Geschäft zusammen waren. Wenn die Fische in einer Ecke hängen oder schwer atmen, stimmt irgendetwas nicht mit ihnen. Ein schlechtes Zeichen ist auch, wenn die Flossen nicht aufgestellt sind.

* Kaufen Sie nicht zu wenige Tiere von jeder Art. Das gilt nicht nur für Fische, die in Gruppen leben. Ein Aquarium mit wenigen Arten aber vielen Tieren jeder Art ist immer schöner als umgekehrt. Auch sind revierverteidigende Fische (z.B. maulbrütende Buntbarsche) meistens weniger aggressiv, wenn mehrere Tiere jeder Art zugegen sind (jedoch nicht alle Arten).

* Vergessen Sie nicht, die maximale Größe der Fische zu berücksichtigen, die Ansprüche an den pH, usw. Wenn keine Details auf dem Becken angegeben sind, zögern Sie nicht, zu fragen.

* Gleich am Anfang sollten Sie auch algenfressende Fische kaufen (vgl. ALGEN).

* Starten Sie ihr Aquarium mit einer kleinen Anzahl Fische (vgl. WASSER).

Wieviele Tiere können Sie nun in einem Aquarium halten? Es ist unmöglich, eine solche Frage zu genau

45

zu beantworten, jedoch sollen im Folgenden einige Richtlinien angeboten werden (auch wenn es Tausende Ausnahmen davon gibt):

Fische einer maximalen Größe von 3 cm — benötigen mindestens 2 Liter pro Fisch.

Fische einer maximalen Größe von 5 cm — mindestens 5 Liter pro Fisch.

Fische einer maximalen Größe von 7 - 8 cm — mindestens 10 Liter pro Fisch.

Fische einer maximalen Größe von 15 cm — mindestens 25 Liter pro Fisch.

Die maximale Größe des Neontetra (*Paracheirodon innesi*) ist 5 cm. Man sollte mindestens 10 Tiere in einem Aquarium pflegen: deshalb sind 10 x 5 Liter benötigt, was einer Aquariumgröße von mindestens etwa 50 x 30 x 35 cm entspricht.

Akklimatisierung

Wenn Sie Fische kaufen, werden diese im Geschäft in Plastiktüten verpackt. Sie sollten diese Tüten mit Sorgfalt behandeln, und je schneller Sie damit nach Hause kommen, desto besser ist es für die Fische (obwohl die Fische eine relativ lange Zeit in der Tüte überleben können). Während des Transports sollten Sie sicherstellen, daß die Tüte keiner Kälte oder extremen Hitze ausgesetzt ist, z.B. indem Sie sie in einer Styropor-Box transportieren.

Sie sollten den Verkäufer auch fragen, bei welchem pH die Fische gehalten wurden. Wenn Sie in einem örtlichen Geschäft kaufen, wird er wahrscheinlich mit dem Ihres Leitungswassers übereinstimmen. Ist der pH jedoch nicht in etwa gleich, **müssen** die Fische langsam in einem Quarantänebecken akklimatisiert werden (dies ist sowieso immer angebracht).

Wenn der pH jedoch gleich ist, können Sie die Fische direkt ins Aquarium einsetzen, dabei jedoch folgende Schritte zu beachten sind:

1. Schalten Sie die Belichtung aus.
2. Gleichen Sie die Temperatur aus: Legen Sie die Plastiktüte auf die Wasseroberfläche und lassen Sie sie dort eine Zeitlang schwimmen. Öffnen Sie dann die Tüte und lassen Sie etwas Aquarienwasser hineinfließen. Das sollten Sie 3-4mal im Abstand von 5-10 Minuten wiederholen. Zu diesem Zeitpunkt sollte dann der Inhalt der Tüte etwa aus 2/3 Aquarienwasser und 1/3 Tütenwasser bestehen.
3. Lassen Sie die Fische aus der Tüte ins Aquarium schwimmen.
4. Warten Sie noch eine Stunde mit dem Einschalten der Belichtung.
5. Wenn das Aquarium noch neu ist, sollten Sie die Fische am ersten Tag nicht füttern. Sind schon Fische im Aquarium, können Sie sorgfältig füttern aber in der entgegengesetzten Ecke als der, wo Sie die neuen Fische eingesetzt haben.

Erst jetzt ist endlich Zeit dafür, sich zurückzulehnen und den Anblick Ihres Aquariums zu genießen. Viel Glück mit Ihrem neuen Hobby! Ich bin sicher, daß Sie genauso viel Freude daran haben werden, wie ich.

Einleitung zum Fischteil

Auf den folgenden Seiten habe ich kurz etwa 500 verschiedene Fischarten beschrieben. Vielleicht denken Sie, das ist viel, aber in Wirklichkeit ist es nur ein Bruchteil derer, die vorhanden sind. Ich versuchte, die geläufigsten Fische zu berücksichtigen, aber auch einige ungewöhnlicheren Arten. Die aufgelisteten Fische werden den meisten Liebhabern genügen, wenn Sie jedoch mehr wissen möchten, empfehle ich Ihnen, zusätzliche Information aus der entsprechenden Spezialliteratur zu entnehmen. Am Ende dieses Buchs finden Sie eine Seite mit Hinweisen auf eine Auswahl Spezialliteratur.

Es ist nicht einfach, die vorhandenen Fische auf eine leicht verständliche Art und Weise zu gruppieren, die es auch gleichzeitig erleichtert, eine bestimmte Art ausfindig zu machen. Deshalb habe ich eine recht grobe Aufteilung in Gruppen vorgenommen, und die Fische dann jeder Gruppe in alphabetischer Reihenfolge zugeordnet. Wenn Sie es trotzdem schwierig finden, einen bestimmten Fisch ausfindig zu machen, empfehle ich Ihnen, den Fisch im Index am Ende des Buchs aufzusuchen, wo Sie den wissenschaftlichen Namen, sowie den Handelsnamen finden werden. .

Es folgt eine kurze Erklärung des Textes, der unter jedem Fischfoto erscheint:

Name: Der aktuelle wissenschaftliche Name.
Familie: Die Familie, zu der der Fisch gehört.
Handelsname: Frühere/andere wissenschaftliche Namen (Synonyme) und Populärnamen (letztere können von Land zu Land wechseln).

Verbreitung: Wo in der Welt findet man den beschriebenen Fisch in der Natur und manchmal in welchem Biotop.
Temp: Ungefähre Wassertemperatur.
Max. Größe: Annähernd maximale Größe des ausgewachsenen Fischs.
Wasser: Geeigneter pH Wert im Aquarium (vgl. WASSER).
Aquarium: Minimale Länge in cm.
Schwierigkeitsgrad: Auf einer Skala von 1-5. 1 – sehr widerstandsfähiger Aquarienfisch. 2 – nicht-aggressiver Fisch, leicht zu pflegen. 3 – als Aquarienfisch geeignet, jedoch erst Spezialliteratur lesen. 4 – schwierig zu pflegen; nur für Spezialisten geeignet. 5 – als Aquarienfisch ungeeignet.

Bemerkungen: Hier können verschiedene Themen angesprochen werden, zum Beispiel: **Ernährung**: Erst einmal wird erwähnt, ob die Art ein Allesfresser ist (frißt alles, was angeboten wird), ein Pflanzenfresser (benötigt pflanzliche Nahrung), ein Fischfresser (frißt (lebende) Fische, usw., zweitens wird angegeben, was Sie im Aquarium füttern können. Zwecks weiterer Information, schlagen Sie bitte unter FUTTER nach. **Nachzucht**: ob die Art ein Schleimnestbauer, ein Eierstreuer, Substratbrüter, Maulbrüter, Lebendgebärer, oder ein Jahresfisch ist, usw. Zwecks Zusatzinformation konsultieren Sie bitte AUFZUCHT. Paarfische (müssen in Paaren oder als Trio gehalten werden), Schwarmfische (mindestens 10) oder Einzelgänger. **Springer**: Fische, die hoch "springen", wobei es passieren kann, daß sie aus dem Aquarium springen. **Aggressivität**: Es wird auch erwähnt, wie aggressiv der Fisch ist, normalerweise gegenüber anderen Fischen derselben Gruppe. Einige Fische leben in **Brackwasser**: Brackwasser ist alles zwischen Süßwasser (Salzgehalt 0%) und Meerwasser (Salzgehalt von etwa 3.5%), jedoch meinen wir normalerweise einen Salzgehalt zwischen 0,5% und 1,5%, wenn wir von Brackwasser reden.

Lebendgebärende Zahnkarpfen

In dieser Gruppe finden wir viele der beliebtesten Aquarienfische, wie zum Beispiel die Guppys, Platys und Schwertträger. Die farbenfrohen Lebendgebärenden, die wir in unseren Aquarien halten, tragen wenig Ähnlichkeit mit den Lebendgebärenden, die in der Natur vorkommen, sind aber phantasievollere Formen (bunter und mit längeren Flossen), die in großen Zuchtbetrieben, vor allem in Asien, aber auch anderswo nachgezogen werden. Ihr natürlicher Lebensraum erstreckt sich von Nordamerika (östliche Vereinigte Staaten) und den karibischen Staaten, bis Südamerika (Süd- bis Nordostargentinien und Uruguay). Es sind widerstandsfähige Fische, die sich gut für Gesellschaftsbecken mit einer Gemeinschaft anderer Fische eigenen, weshalb sie normalerweise als "Anfängerfische" angesehen werden, sind jedoch auch für Spezialisten von Interesse. In vielen Ländern gibt es spezielle Aquariengesellschaften für Liebhaber von Lebendgebärenden.

Sie bevorzugen gut beleuchtete Aquarien mit einer relativ dichten Vegetation und freuen sich über einige Schwimmpflanzen in einer Ecke. Keine detaillierte Dekoration wird benötigt, da die allgemeinen Regeln, wie sie im ersten Kapitel dieses Buchs besprochen wurden, im Falle dieser Fische größtenteils gelten. Die Wasserchemie ist nicht von großer Bedeutung, jedoch bevorzugen sie leicht alkalisches bis neutrales Wasser, da das Wasser in ihrem natürlichen Lebensraum und in Asien, wo sie gezüchtet werden, alkalisch ist. Das interessanteste Merkmal dieser Fische ist, lebende Junge zu gebären. Wenn die Jungen zur Welt kommen, sind sie voll entwickelt und schwimmen sofort zur Wasseroberfläche, um ihre Schwimmblase mit Luft zu füllen und mit der Futtersuche zu beginnen. Bei ausreichend Versteckmöglichkeiten, wird die Mehrzahl der Jungen überleben, ansonsten fallen sie anderen Fischen leicht zur Beute.

Name: *Anableps anableps*.
Familie: Anablepidae.
Handelsname: Vierauge.
Verbreitung: Venezuela bis Brasilien.
Temp: 24-28°C.　　**Max.Länge:** 25 cm.
Wasser: pH 7,5-8,5.　**Aquarium:** 160 cm.
Schwierigkeitsgrad: 4.
Anmerkungen: Allesfresser. Frißt alles normale Futter. Lebendgebärend. Schwarmfisch. Bevorzugt Brackwasser oder Salzwasser. Kann sich an Süßwasser anpassen, jedoch gelingt die Nachzucht nur, wenn Salz im Wasser vorhanden ist. Springt.

Name: *Poecilia reticulata*.
Familie: Poeciliidae.
Handelsname: *Lebistes reticulatus*, Guppy.
Verbreitung: Mittel- und Nordarmerika.
Temp: 22-28°C.   **Max.Länge**: 5,5 cm.
Wasser: pH 7,0-8,0.   **Aquarium**: 50 cm.
Schwierigkeitsgrad: 2-3.
Anmerkungen: Allesfresser. Frißt alles normale Futter. Lebendgebärend. Einer der beliebtesten Aquarienfische. Mit dem Fisch wurde jedoch so viel Inzucht betrieben, daß der einst so widerstandsfähige Fisch heute manchmal sehr delikat zu handhaben ist.

Poecilia sphenops

Poecilia sphenops

Poecilia sphenops

Poecilia sphenops

Name: *Poecilia sphenops*.
Familie: Poeciliidae.
Handelsname: Black Molly.
Verbreitung: Mittel- und Nordamerika.
Temp: 26-28°C (18-28°C in freier Natur).
Max.Länge: 10 cm.   **Wasser:** pH 7,0-8,0.
Aquarium: 60 cm.
Schwierigkeitsgrad: 2-3.
Anmerkungen: Allesfresser. Benötigt Futter mit pflanzlichen Zusätzen. Lebendgebärend. Dieser Fisch wird in Zuchtanlagen mit relativ warmem und salzigem Wasser gezüchtet, weshalb es ratsam ist, etwas Salz ins Aquarienwasser zu geben.

Name: *Poecilia velifera*.
Familie: Poeciliidae.
Handelsname: Segelkärpfling.
Verbreitung: Südostmexiko.
Temp: 25-28°C.   **Max.Länge:** 16 cm.
Wasser: pH 7,0-8,0. **Aquarium**: 100 cm.
Schwierigkeitsgrad: 2-3.
Anmerkungen: Allesfresser. Benötigt Futter mit pflanzlichen Zusätzen. Lebendgebärend. Dieser Fisch wird in Zuchtanlagen mit relativ warmem und salzigem Wasser gezüchtet, weshalb es ratsam ist, etwas Salz ins Aquarienwasser zu geben.

Poecilia velifera

Poecilia velifera

Name: *Xiphophorus hellerii*.
Familie: Poeciliidae.
Handelsname: Schwertträger.
Verbreitung: Mexiko, Belize, Honduras.
Temp: 24-28°C.   **Max.Länge**: 16 cm.
Wasser: pH 7,0-8,0.   **Aquarium**: 50 cm.
Schwierigkeitsgrad: 1-2.
Anmerkungen: Allesfresser. Frißt alles normale Futter. Lebendgebärend. Ein sehr populärer Aquarienfisch, der in vielen verschiedenen Aquariumrassen erhältlich ist, weit entfernt von seiner natürlichen Färbung. Manchmal sind die auf Farmen nachgezüchteten Tiere empfindlich.

Name: *Xiphophorus maculatus*.
Familie: Poeciliidae.
Handelsname: Platy.
Verbreitung: Mexiko, Guatemala, Honduras.
Temp: 24-28°C.   **Max.Länge:** 6 cm.
Wasser: pH 7.0-8,0.   **Aquarium:** 50 cm.
Schwierigkeitsgrad: 1-2.
Anmerkungen: Allesfresser. Frißt alles normale Futter. Lebendgebärend. Ein sehr populärer Aquarienfisch, der in vielen verschiedenen Aquariumrassen erhältlich ist, weit entfernt von seiner natürlichen Färbung. Manchmal sind die auf Farmen nachgezüchteten Tiere empfindlich.

Karpenfähnliche Fische

Im wissenschaftlichen Zusammenhang von Cypriniformes (Karpfen) befinden sich viele verschiedene Fische (über 2600 Arten), die nicht vieles gemeinsam haben, wenn auch die meisten Allesfresser (vgl. FUTTER) und Eiverstreuer sind. Da die Cypriniformes strikt nicht-räuberisch sind und auch meistens friedfertig, eignen sie sich gut als Aquarienfische.

Diese riesige Gruppe, schließt unter anderen die beliebten Barben, die recht seltsam aussehenden Aale, die kleinen, hübschen Bärbling, und die wahrscheinlich bekanntesten Zierfische — der Goldfisch (*Carassius auratus*). Dieser Fisch kommt heutzutage in vielen verschiedenen Farben und Formen vor, das Ergebnis selektiver Züchtung während Hunderten von Jahren. Der Goldfisch ist nicht nur häufig in unseren Aquarien zu finden, sondern auch in Teichen.

Da diese große Gruppe so viele verschiedene Fische enthält, ist es nutzlos, eine generelle Beschreibung ihrer Bedürfnisse zu liefern. Statt dessen möchte ich auf die allgemeine Einführung im ersten Teil des Buchs verweisen und zusätzlich zum Text, der die Fotos auf den folgenden Seiten begleitet.

Name: *Acanthopsis dialuzona*
Familie: Cobitidae
Handelsname: *Acanthopsis choirorhynchus*, Rüsselschmerle.
Verbreitung: Südost-Asien.
Temp: 24-28°C   **Max.Länge**: 28 cm.
Wasser: pH 6-6,5.   **Aquarium**: 80 cm.
Schwierigkeitsgrad: 3
Anmerkungen: Allesfresser. Bevorzugt Lebendfutter, frißt aber alles normale Futter. Friedlich. Höhlenbrüter. Schlechter Schwimmer. Am Boden lebend. Kann sich ins Substrat (feinen Sund) einbuddeln.

Name: *Balantiocheilus melanopterus*
Familie: Cyprinidae
Handelsname: Haibarbe.
Verbreitung: Thailand, Malaysien, Indonesien.
Temp: 22-28°C   **Max.Länge**: 35 cm.
Wasser: pH 6-7,5.   **Aquarium**: 120 cm.
Schwierigkeitsgrad: 2
Anmerkungen: Allesfresser. Frißt alles normale Futter. Friedlich. Schwarmfisch. Benötigt Verstecke. Bepflanztes Aquarium. Springt.

Name: *Barbus arulius*
Familie: Cyprinidae
Handelsname: Prachtglanzbarbe.
Verbreitung: Süd- und Südostindien.
Temp: 20-25°C   **Max.Länge:** 12 cm.
Wasser: pH 6-7.   **Aquarium:** 80 cm.
Schwierigkeitsgrad: 3
Anmerkungen: Allesfresser. Frißt alles normale Futter. Benötigt Futter mit pflanzlichen Zusätzen. Benötigt Futter mit pflanzlichen Anteilen. Eiverstreuer (zwischen Pflanzen). Schwarmfisch. Benötigt Verstecke und feinen Sand. Bepflanztes Aquarium mit einem offenen Schwimmraum.

Name: *Barbus conchonius*
Familie: Cyprinidae
Handelsname: Prachtbarbe.
Verbreitung: Asien.
Temp: 18-23°C   **Max.Länge:** 14 cm.
Wasser: pH 6-7.5.   **Aquarium:** 80 cm.
Schwierigkeitsgrad: 1
Anmerkungen: Allesfresser. Frißt alles normale Futter. Klebrige Eier verstreut zwischen Pflanzen. Schwarmfisch. Benötigt Verstecke und feinen Sand. Bepflanztes Aquarium mit offenem Schwimmraum. Mag nicht zu warmes Wasser.

Name: *Barbus cumingi*
Familie: Cyprinidae
Handelsname: Ceylonbarbe.
Verbreitung: Sri Lanka.
Temp: 22-26°C   **Max.Länge:** 5 cm.
Wasser: pH 6,5-7.   **Aquarium:** 60 cm.
Schwierigkeitsgrad: 3
Anmerkungen: Allesfresser. Frißt alles normale Futter. Klebrige Eier verstreut zwischen Pflanzen. Schwarmfisch. Benötigt Verstecke und feinen Sand. Bepflanztes Aquarium mit Schwimmpflanzen und einem offenen Schwimmraum.

Name: *Barbus everetti*
Familie: Cyprinidae
Handelsname: Clownbarbe.
Verbreitung: Borneo, Sumatra.
Temp: 24-28°C   **Max.Länge:** 15 cm.
Wasser: pH 6-7.   **Aquarium:** 70 cm.
Schwierigkeitsgrad: 3
Anmerkungen: Allesfresser. Frißt alles normale Futter. Klebrige Eier verstreut zwischen Pflanzen. Schwarmfisch. Benötigt Verstecke und feinen Sand. Bepflanztes Aquarium mit Schwimmpflanzen und einem offenen Schwimmraum.

Name: *Barbus filamentosus*
Familie: Cyprinidae
Handelsname: Schwarzfleckbarbe.
Verbreitung: Indien, Sri Lanka.
Temp: 20-24°C   **Max.Länge:** 12 cm.
Wasser: pH 6-7.   **Aquarium:** 100 cm.
Schwierigkeitsgrad: 3
Anmerkungen: Allesfresser. Frißt alles normale Futter. Klebrige Eier verstreut zwischen Pflanzen. Schwarmfisch. Benötigt Verstecke und feinen Sand. Bepflanztes Aquarium mit Schwimmpflanzen und einem offenen Schwimmraum.

Name: *Barbus nigrofasciatus*
Familie: Cyprinidae
Handelsname: Purpurkopfbarbe.
Verbreitung: Sri Lanka.
Temp: 22-26°C   **Max.Länge:** 6 cm.
Wasser: pH 6-7.   **Aquarium:** 70 cm.
Schwierigkeitsgrad: 2
Anmerkungen: Allesfresser. Frißt alles normale Futter. Klebrige Eier verstreut zwischen Pflanzen. Schwarmfisch. Benötigt Verstecke und feinen Sand. Bepflanztes Aquarium mit Schwimmpflanzen und einem offenen Schwimmraum.

Name: *Barbus schwanenfeldii*
Familie: Cyprinidae
Handelsname: Brassenbarbe.
Verbreitung: Südostasien.
Temp: 22-26°C   **Max.Länge:** 34 cm.
Wasser: pH 6,5-7.   **Aquarium:** 150 cm.
Schwierigkeitsgrad: 4
Anmerkungen: Allesfresser; frißt kleine Fische. Frißt alles normale Futter. Schwarmfisch. Benötigt Verstecke und feinen Sand. Bepflanztes Aquarium mit Schwimmpflanzen und einem offenen Schwimmraum. Zu groß für ein normales Aquarium.

Name: *Barbus semifasciolatus*
Familie: Cyprinidae
Handelsname: Messingbarbe.
Verbreitung: China.
Temp: 18-25°C   **Max.Länge:** 10 cm.
Wasser: pH 6-7,5.   **Aquarium:** 60 cm.
Schwierigkeitsgrad: 1
Anmerkungen: Allesfresser. Frißt alles normale Futter. Eier verstreut zwischen Pflanzen. Schwarmfisch. Benötigt Verstecke und feinen Sand. Bepflanztes Aquarium mit Schwimmpflanzen und einem offenen Schwimmraum. Populär und ein einfacher Aquarienfisch.

Name: *Barbus tetrazona*
Familie: Cyprinidae
Handelsname: Sumatrabarbe.
Verbreitung: Sumatra, Borneo.
Temp: 22-26°C   **Max.Länge:** 7 cm.
Wasser: pH 6,5-7,5.   **Aquarium:** 80 cm.
Schwierigkeitsgrad: 3.
Anmerkungen: Allesfresser. Frißt alles normale Futter. Dieselben Pflegebedingungen wie für andere Barsche. Empfindlich für die "Weißpünktchenkrankheit". Es sind Flossenbeißer. Halten Sie diesen Fisch nicht zusammen mit Guramis und Segelflosser. Sehr populärer Aquarienfisch.

Name: *Barbus titteya*
Familie: Cyprinidae
Handelsname: Bitterlingsbarbe.
Verbreitung: Sri Lanka.
Temp: 23-26°C   **Max.Länge:** 5 cm.
Wasser: pH 6,5-7,5.   **Aquarium:** 60 cm.
Schwierigkeitsgrad: 1.
Anmerkungen: Allesfresser. Frißt alles normale Futter. Eier verstreut zwischen Pflanzen. Schwarmfisch. Pflegebedingungen wie für andere Barsche. Sehr populär und ein einfacher Aquarienfisch.

Name: *Beaufortia leveretti*
Familie: Balitoridae
Verbreitung: China.
Temp: 19-23°C   **Max.Länge:** 12 cm.
Wasser: pH 6,5-7,5.   **Aquarium:** 100 cm.
Schwierigkeitsgrad: 3
Anmerkungen: Allesfresser und Pflanzenfresser. Frißt alles normale Futter. Brutverhalten unbekannt, wahrscheinlich jedoch Eiverstreuer. Friedlich, manchmal jedoch territorial. Sauerstoffreiches Wasser.

Name: *Botia dario*
Familie: Cobitidae
Handelsname: Grüne Bänderschmerle.
Verbreitung: Indien, Bangladesch, Bhutan.
Temp: 23-26°C   **Max.Länge:** 15 cm.
Wasser: pH 6,5-7,5.   **Aquarium:** 100 cm.
Schwierigkeitsgrad: 4
Anmerkungen: Allesfresser und Fleischfresser. Bevorzugt Lebendfutter. Frißt aber alles normale Futter. Nacht- und Höhlenfisch. Schwarmfisch. Friedlich. Am Boden lebend. Gräbt sich bisweilen ins Substrat ein. Benötigt Verstecke und feinen Sand.

Name: *Botia helodes*
Familie: Cobitidae
Handelsname: Tigerprachtschmerle.
Verbreitung: Südostasien.
Temp: 24-28°C **Max.Länge:** 30 cm.
Wasser: pH 6,5-7. **Aquarium:** 120 cm.
Schwierigkeitsgrad: 4
Anmerkungen: Allesfresser und Fleischfresser. Fischfresser; frißt kleine Fische. Brutverhalten unbekannt. Nachtaktiv. Aggressiv. Lebt am Boden. Benötigt Verstecke.

Name: *Botia macracanthus*
Familie: Cobitidae
Handelsname: Clown-Prachtschmerle.
Verbreitung: Indonesien.
Temp: 25-30°C **Max.Länge:** 30 cm.
Wasser: pH 6-7,5. **Aquarium:** 100 cm.
Schwierigkeitsgrad: 3
Anmerkungen: Allesfresser. Frißt alles normale Futter, aber auch Wasserschnecken. Friedlich. Schwarmfisch. Stärker tagaktiv als andere Schmerlen. Empfindlich für die "Weißpünktchenkrankheit". Populärer Aquarienfisch. Benötigt Verstecke und feinen Sand.

Name: *Botia modesta*
Familie: Cobitidae
Handelsname: *Botia rubripinnis*. Grüne Schmerle.
Verbreitung: Südostasien.
Temp: 25-30°C **Max.Länge:** 27 cm.
Wasser: pH 6-7,5. **Aquarium:** 120 cm.
Schwierigkeitsgrad: 3
Anmerkungen: Allesfresser und Fleischfresser. Frißt alles normale Futter. Schwarmfisch. Nachtaktiv und Höhlenbewohner. Recht aggressiv. Benötigt Verstecke und feinen Sand.

Name: *Botia morleti*
Familie: Cobitidae
Handelsname: Aalstrich-Prachtschmerle.
Verbreitung: Asien.
Temp: 24-30°C **Max.Länge:** 10 cm.
Wasser: pH 6-7,5. **Aquarium:** 80 cm.
Schwierigkeitsgrad: 3
Anmerkungen: Allesfresser. Bevorzugt Lebend- und Gefrierfutter. Schwarmfisch. Nachtaktiv und Höhlenbewohner. Benötigt Verstecke und feinen Sand.

Name: *Botia robusta*
Familie: Cobitidae
Verbreitung: China.
Temp: 18-25°C   **Max.Länge:** 18 cm.
Wasser: pH 7-8.   **Aquarium:** 120 cm.
Schwierigkeitsgrad: 4
Anmerkungen: Allesfresser und Fleischfresser. Frißt alles normale Futter, einschließlich Schnecken. Kann sehr kleine Fische fressen. Nachtaktiv und Höhlenbewohner. Friedlich, jedoch etwas territorial. Benötigt Verstecke und feinen Sand.

Name: *Botia sidthimunki*
Familie: Cobitidae
Handelsname: Zwergschmerle.
Verbreitung: Südostasien.
Temp: 24-27°C   **Max.Länge:** 5 cm.
Wasser: pH 6,5-7,5.   **Aquarium:** 70 cm.
Schwierigkeitsgrad: 3
Anmerkungen: Allesfresser und Fleischfresser. Frißt alles normale Futter. Tagaktiv. Schwarmfisch. Friedlich. Benötigt Verstecke und feinen Sand.

Name: *Brachydanio albolineatus*
Familie: Cyprinidae
Handelsname: Schillerbärbling.
Verbreitung: Südostasien.
Temp: 20-25°C   **Max.Länge:** 7 cm.
Wasser: pH 6,5-7,5.   **Aquarium:** 70 cm.
Schwierigkeitsgrad: 1
Anmerkungen: Allesfresser und Fleischfresser. Frißt alles normale Futter. Eiverstreuer (zwischen Pflanzen). Schwarmfisch, aber auch Paare bildend. Einige Pflanzen und einen offenen Schwimmraum. Springt.

Name: *Brachydanio rerio*
Familie: Cyprinidae
Handelsname: Zebrabärbling.
Verbreitung: Südostasien.
Temp: 20-25°C   **Max.Länge:** 6 cm.
Wasser: pH 6-7,5.   **Aquarium:** 60 cm.
Schwierigkeitsgrad: 1
Anmerkungen: Allesfresser und Fleischfresser. Frißt alles normale Futter. Eiverstreuer (zwischen Pflanzen). Schwarmfisch, aber auch Paare bildend. Friedlich. Einige Pflanzen und einen offenen Schwimmraum. Springt. Sehr populärer Aquarienfisch.

Carassius auratus

Carassius auratus

Carassius auratus

Carassius auratus

Carassius auratus

Name: *Carassius auratus auratus*
Familie: Cyprinidae
Handelsname: Goldfisch.
Verbreitung: Asien.   **Temp:** 10-23°C
Max.Länge: 45 cm.   **Wasser:** pH 6-8.
Aquarium: 120 + Weiher.
Schwierigkeitsgrad: 2
Anmerkungen: Allesfresser. Frißt alles normale Futter, einschließlich Pflanzen. Eiverstreuer. Friedlich. Sehr populärer Aquarium- und Teichfisch. Dieser Fisch wurde jahrtausendelang gezüchtet und es existieren viele Farb- und Formvarianten.

Name: *Chela cachius*
Familie: Cyprinidae
Handelsname: *Cyprinus cachius*.
Verbreitung: Asien.
Temp: 22-26°C   **Max.Länge:** 7 cm.
Wasser: pH 6,5-7,5.   **Aquarium:** 100 cm.
Schwierigkeitsgrad: 2
Anmerkungen: Allesfresser. Frißt alles normale Futter. Eiverstreuer. Friedlich. Schwarmfisch. Bepflanztes Aquarium mit einem offenen Schwimmraum. Dunkles Substrat. Toleriert auch Brackwasser.

Cyprinus carpio

Cyprinus carpio

Cyprinus carpio

Cyprinus carpio

Cyprinus carpio

Name: *Cyprinus carpio* var.
Familie: Cyprinidae
Handelsname: Koi.
Verbreitung: Weitverbreitet.
Temp: 10-26°C   **Max.Länge:** 125 cm.
Wasser: pH 7-7,5.   **Aquarium:** 200 cm.
Schwierigkeitsgrad: 2
Anmerkungen: Allesfresser. Spezielles Koifutter vorhanden. Eiverstreuer. Springt. Sehr populärer Teichfisch, jedoch können kleine Exemplare auch über Winter in großen Aquarien gepflegt werden. Dieser Fisch wurde jahrtausendelang gezüchtet und es existieren viele Farbvarianten.

Name: *Crossocheilus siamensis*
Familie: Cyprinidae
Handelsname: Siamesische Rüsselbarbe, Algenfresser.
Verbreitung: Südostasien.
Temp: 24-26°C   **Max.Länge:** 15 cm.
Wasser: pH 6,5-7,5.   **Aquarium:** 80 cm.
Schwierigkeitsgrad: 2
Anmerkungen: Pflanzenfresser. Nützlicher Algenfresser, einschließlich der Fadenalgen. Frißt Gefrier- und Pflanzenfutter. Friedlich gegenüber anderen Arten, jedoch aggressiv gegenüber Artgenossen. Einige Verstecke.

Name: *Danio aequipinnatus*
Familie: Cyprinidae
Handelsname: Malabarbärbling.
Verbreitung: Südostasien.
Temp: 22-24°C **Max.Länge:** 15 cm.
Wasser: pH 6-7,5. **Aquarium:** 90 cm.
Schwierigkeitsgrad: 2
Anmerkungen: Allesfresser. Frißt alles normale Futter. Schwarmfisch. Eierstreuer (zwischen Pflanzen). Einige Pflanzen und einen offenen Schwimmraum. Springt.

Name: *Epalzeorhynchos bicolor*
Familie: Cyprinidae
Handelsname: *Labeo bicolor*, Feuerschwanz-Fransenlipper.
Verbreitung: Thailand.
Temp: 22-26°C **Max.Länge:** 12 cm.
Wasser: pH 6,5-7,5. **Aquarium:** 100 cm.
Schwierigkeitsgrad: 4.
Anmerkungen: Allesfresser und Fleischfresser. Frißt alles normale Futter. Einzelgänger. Sehr aggressiv gegenüber Artgenossen. Alte Tiere werden aggressiv gegen alle Fische. Benötigt Verstecke.

Name: *Epalzeorhynchos frenatum*
Familie: Cyprinidae
Handelsname: *Labeo frenatus*, Grüner-Fransenlipper.
Verbreitung: Thailand, Laos, Kambodscha.
Temp: 23-26°C **Max.Länge:** 15 cm.
Wasser: pH 6-7,5. **Aquarium:** 100 cm.
Schwierigkeitsgrad: 3.
Anmerkungen: Allesfresser und Fleischfresser. Frißt alles normale Futter. Einzelgänger. Etwas aggressiv gegenüber Artgenossen. Benötigt Verstecke.

Name: *Epalzeorhynchos kalopterus*
Familie: Cyprinidae
Handelsname: Schönflossen-Rüsselbarbe
Verbreitung: Südostasien.
Temp: 24-26°C **Max.Länge:** 16 cm.
Wasser: pH 6,5-7. **Aquarium:** 80 cm.
Schwierigkeitsgrad: 2.
Anmerkungen: Allesfresser und Fleischfresser. Frißt alles normale Futter. Einzelgänger. Etwas aggressiv gegenüber Artgenossen. Benötigt Verstecke. Bepflanztes Aquarium.

Name: *Garra pingi pingi*
Familie: Cyprinidae
Handelsname: Pings Saugbarbe.
Verbreitung: China.
Temp: 16-28°C **Max.Länge:** 16 cm.
Wasser: pH 6,5-7,5. **Aquarium:** 80 cm.
Schwierigkeitsgrad: 3.
Anmerkungen: Allesfresser und Fleischfresser. Frißt alles normale Futter. Friedlich. Benötigt klares und bewegtes. Benötigt Verstecke.

Name: *Gyrinocheilus aymonieri*.
Familie: Gyrinocheilidae.
Handelsname: Siamesische Saugschmerle.
Verbreitung: Südostasien.
Temp: 24-28°C. **Max.Länge:** 28 cm.
Wasser: pH 6-8. **Aquarium**: 80 cm.
Schwierigkeitsgrad: 2.
Anmerkungen: Pflanzenfresser. Frißt vorwiegend Algen, aber auch Flockenfutter und Futtertabletten. Reduzierte Schwimmblase. Einzelgänger. Territorial. Kleine Tiere sind friedlich und gute Algenfresser; adulte Tiere (größer als 10 cm) sind recht aggressiv.

Name: *Homaloptera orthogoniata*
Familie: Balitoridae
Handelsname: Sattelfleckschmerle.
Verbreitung: Südostasien.
Temp: 20-23°C **Max.Länge:** 13 cm.
Wasser: pH 6,5-7. **Aquarium:** 100 cm.
Schwierigkeitsgrad: 4.
Anmerkungen: Allesfresser und Pflanzenfresser. Bevorzugt Lebend- und Gefrierfutter, frißt jedoch auch Trockenfutter (mit pflanzlichen Bestandteilen). Friedlich, jedoch etwas aggressiv gegenüber Artgenossen. Brutverhalten unbekannt. Benötigt fließendes Wasser.

Name: *Leptobarbus hoevenii*
Familie: Cyprinidae.
Handelsname: Siambarbe.
Verbreitung: Südostasien.
Temp: 22-26°C **Max.Länge:** 50 cm.
Wasser: pH 6,5-7,5. **Aquarium:** 150 cm.
Schwierigkeitsgrad: 4.
Anmerkungen: Allesfresser. Frißt alles normale Futter. Schwarmfisch. Einige Pflanzen und einen offenen Schwimmraum. Benötigt Verstecke. Recht friedlich, jedoch nur Jungtiere für Aquarien geeignet.

Name: *Luciosoma spilopleura*
Familie: Cyprinidae.
Handelsname: *Luciosoma setigerum*.
Verbreitung: Südostasien.
Temp: 23-27°C   **Max.Länge:** 25 cm.
Wasser: pH 5,5-8.   **Aquarium:** 120 cm.
Schwierigkeitsgrad: 3.
Anmerkungen: Allesfresser. Frißt alles normale Futter. Schwarmfisch. Lebt dicht an der Wasseroberfläche. Einige Pflanzen und einen offenen Schwimmraum. Benötigt Verstecke. Springt.

Name: *Misgurnus anguillicaudatus*
Familie: Cobitidae.
Handelsname: Ostasiatischer Schlammpeitzger.
Verbreitung: Südostasien.
Temp: 10-25°C   **Max.Länge:** 30 cm.
Wasser: pH 6,5-7,5.   **Aquarium:** 150 cm.
Schwierigkeitsgrad: 3.
Anmerkungen: Allesfresser. Frißt alles normale Futter. Friedlich. Nachtaktiv. Am Boden lebend. Gräbt sich manchmal ins Substrat ein. Benötigt Verstecke und feinen Sand.

Name: *Pangio kuhlii*
Familie: Cobitidae.
Handelsname: Gemeines Dornauge.
Verbreitung: Südostasien.
Temp: 23-27°C   **Max.Länge:** 12 cm.
Wasser: pH 6-7.   **Aquarium:** 60 cm.
Schwierigkeitsgrad: 3.
Anmerkungen: Allesfresser und Fleischfresser. Frißt alles normale Futter. Einzelgänger. Friedlich. Klebrige Eier an Pflanzen. In Höhlen lebend und Nachtaktiv. Gräbt sich manchmal ins Substrat ein. Benötigt Verstecke und feinen Sand. Dichte Bepflanzung.

Name: *Rasbora borapetensis*
Familie: Cyprinidae.
Handelsname: Rotschwanzbärbling.
Verbreitung: Südostasien.
Temp: 22-26°C   **Max.Länge:** 5 cm.
Wasser: pH 6,5-7.   **Aquarium:** 50 cm.
Schwierigkeitsgrad: 2.
Anmerkungen: Allesfresser und Fleischfresser. Frißt alles normale Futter. Klebrige Eier verstreut zwischen Pflanzen. Friedlich. Schwarmfisch. Dichte Bepflanzung mit Schwimmpflanzen und einem großen Schwimmraum.

Name: *Rasbora dorsiocellata*
Familie: Cyprinidae.
Handelsname: Augenfleckbärbling.
Verbreitung: Südostasien.
Temp: 20-25°C **Max.Länge:** 6 cm.
Wasser: pH 6-7. **Aquarium:** 75 cm.
Schwierigkeitsgrad: 2.
Anmerkungen: Allesfresser. Frißt alles normale Futter. Klebrige Eier verstreut zwischen Pflanzen. Friedlich. Schwarmfisch. Dichte Bepflanzung mit einigen Schwimmpflanzen und offenem Schwimmraum.

Name: *Rasbora espei*
Familie: Cyprinidae
Verbreitung: Thailand.
Temp: 23-27°C **Max.Länge:** 4 cm.
Wasser: pH 6-6,5. **Aquarium:** 60 cm.
Schwierigkeitsgrad: 3.
Anmerkungen: Allesfresser und Fleischfresser. Frißt alles normale Futter (kleine Stükke bevorzugt). Klebrige Eier verstreut zwischen Pflanzen. Friedlich. Schwarmfisch. Dichte Bepflanzung mit einigen Schwimmpflanzen und offenem Schwimmraum.

Name: *Rasbora heteromorpha*
Familie: Cyprinidae
Handelsname: Keilfleckbärbling.
Verbreitung: Südostasien.
Temp: 22-25°C **Max.Länge:** 5 cm.
Wasser: pH 5-7. **Aquarium:** 50 cm.
Schwierigkeitsgrad: 2.
Anmerkungen: Allesfresser. Frißt alles normale Futter. Klebrige Eier verstreut zwischen Pflanzen. Friedlich. Schwarmfisch. Dichte Bepflanzung mit einigen Schwimmpflanzen und offenem Schwimmraums. Populärer Aquarienfisch.

Name: *Rasbora kalochroma*
Familie: Cyprinidae.
Handelsname: Schönflossenbärbling.
Verbreitung: Südostasien.
Temp: 24-28°C **Max.Länge:** 10 cm.
Wasser: pH 6-6,5. **Aquarium:** 100 cm.
Schwierigkeitsgrad: 3.
Anmerkungen: Allesfresser. Frißt alles normale Futter. Klebrige Eier verstreut zwischen Pflanzen. Friedlich. Etwas territorial. Dichte Bepflanzung mit einigen Schwimmpflanzen und offenem Schwimmraum.

Name: *Rasbora pauciperforata*
Familie: Cyprinidae.
Handelsname: Rotstreifenbärbling.
Verbreitung: Südostasien.
Temp: 23-26°C   **Max.Länge:** 7 cm.
Wasser: pH 5-6,5.   **Aquarium:** 70 cm.
Schwierigkeitsgrad: 3.
Anmerkungen: Allesfresser. Frißt alles normale Futter. Klebrige Eier verstreut zwischen Pflanzen. Friedlich. Schwarmfisch. Etwas scheu. Dichte Bepflanzung mit einigen Schwimmpflanzen und offenem Schwimmraum.

Name: *Rasbora trilineata*
Familie: Cyprinidae.
Handelsname: Glasrasbora.
Verbreitung: Südostasien.
Temp: 23-26°C   **Max.Länge:** 13 cm.
Wasser: pH 6-7,5.   **Aquarium:** 100 cm.
Schwierigkeitsgrad: 2
Anmerkungen: Allesfresser. Frißt alles normale Futter. Klebrige Eier verstreut zwischen Pflanzen. Friedlich. Schwarmfisch. Dichte Bepflanzung mit einigen Schwimmpflanzen und offenem Schwimmraum.

Name: *Sarcocheilichthys sinensis*
Familie: Cyprinidae
Verbreitung: Südostasien.
Temp: 16-23°C   **Max.Länge:** 28 cm.
Wasser: pH 6,5-7,5.   **Aquarium:** 110 cm.
Schwierigkeitsgrad: 3
Anmerkungen: Fleischfresser. Lebendfutter, nimmt aber auch Gefrierfutter an. Eiverstreuer. Friedlich. Schwarmfisch. Einige Pflanzen und einen offenen Schwimmraum. Benötigt Verstecke. Kühle Temperatur.

Name: *Tanichthys albonubes*
Familie: Cyprinidae
Handelsname: Kardinalfisch.
Verbreitung: Südchina: White Cloud Mountain.
Temp: 18-23°C   **Max.Länge:** 4 cm.
Wasser: pH 6,5-7,5.   **Aquarium:** 60 cm.
Schwierigkeitsgrad: 1
Anmerkungen: Allesfresser. Frißt alles normale Futter. Eiverstreuer zwischen Pflanzen. Friedlich. Schwarmfisch. Dichte Bepflanzung und einen offenen Schwimmraum. Kühle Temperatur.

Salmler

Die Salmler gehören zu den bekanntesten und populärsten Aquarienfischen. Die meisten Aquarianer pflegen mindestens einmal Neons und/oder Rote Neons. Die bekanntesten Salmler sind jedoch in Aquarien nicht so häufig zu finden, nämlich die Piranhas. Grund dafür ist, daß sie recht groß werden und für ihre Aggressivität bekannt sind. Jedoch sind die Piranhas im Aquarium nicht besonders aggressiv und eigentlich recht feige. Auch wurde ihre Raubgier in ihrem natürlichen Lebensraum ziemlich übertrieben.

Salmler werden vorwiegend in Afrika (etwa 200 bekannte Arten) und in Südamerika (über 1000 bekannte Arten) gefunden. Der natürliche Lebensraum der meisten Salmler befindet sich in klaren, sauerstoffreichen Flüssen, wo das Wasser neutral bis leicht sauer ist. Deshalb sollte ein Aquarium mit diesen Fischen einen guten Filter besitzen, der das Wasser sauber hält und Oberflächenbewegung auf dem Wasser produziert. Der pH-Wert sollte vorzugsweise nicht über 7 sein und niemals über 7,5. Die Amerikanischen Salmler sind auch sehr oft längliche, schnellschwimmende Fische, die am besten in langen Aquarien gedeihen. Fast jeder weiß, daß Salmler Schwarmfische sind und daß dies der Grund ist, warum sie am besten in großer Zahl von jeder Art (mindestens 10, besser jedoch noch mehr) im Aquarium gehalten werden. Sie scheinen auch eine Art Signalsystem zu besitzen, mit dem sie sich verständigen, so daß sie sich zum Beispiel bei Gefahr gegenseitig warnen können oder sich die Gegenwart von Futter anzeigen können. Sie sind auch sehr Geräusch empfindlich und reagieren sehr schnell. .

In freier Natur sind die Salmler fleischfressend oder allesfressend, im Aquarium sind sie jedoch sehr friedlich und nehmen bereitwillig Flockenfutter oder Körnerfutter an. Sie schätzen auch Gefrierfutter. Die meisten Salmler vertragen sich gut mit anderen Fischen mit ähnlichen Wasserbedingungen, wenn diese nicht zu räuberisch sind (die meisten Salmler sind kleine Fische!). Als Gesellschafter eignen sich zum Beispiel verschiedene Welse (*Corydoras, Otocinclus*, usw.), Zwergbuntbarsch (z.B. *Apistogramma*) und verschiedene Bärblingarten.

Wenn die Salmler in freier Natur ablaichen, verstreuen die meisten ihre Eier zwischen Pflanzen, weshalb das Aquarium möglichst gut bepflanzt sein sollte.

Name: *Anostomus anostomus*
Familie: Anostomidae
Handelsname: Prachtkopfsteher.
Verbreitung: Amazonas, Orinoco, Guayana.
Temp: 22-26°C. **Max.Länge**: 16 cm.
Wasser: pH 6-7,5 **Aquarium**: 120 cm.
Schwierigkeitsgrad: 3
Anmerkungen: Pflanzenfresser. Algen- aber auch Pflanzenfresser, wenn ausreichend Pflanzenfutter angeboten wird. Wahrscheinlich ein Eierstreuer. Am besten in kleiner Gruppe gepflegt. Schwarmfisch. Gute Wasserbewegung benötigt.

Name: *Anostomus ternetzi*
Familie: Anostomidae
Handelsname: Goldstreifen Kopfsteher.
Verbreitung: Brasilien.
Temp: 24-26°C. **Max.Länge**: 13 cm.
Wasser: pH 6-7,5 **Aquarium**: 120 cm.
Schwierigkeitsgrad: 2
Anmerkungen: Pflanzenfresser. Algenfresser, aber auch Pflanzenfresser, wenn ausreichend pflanzliches Futter angeboten wird. Wahrscheinlich ein Eierstreuer. Am besten mehrere Exemplare zusammen halten. Schwarmfisch. Starke Wasserbewegung erforderlich (starker Filter).

Name: *Aphyocharax anisitsi*
Familie: Characidae.
Handelsname: Rotflossensalmler.
Verbreitung: Argentinien.
Temp: 20-28°C. **Max.Länge**: 5.5 cm.
Wasser: pH 6-7,5 **Aquarium**: 60 cm.
Schwierigkeitsgrad: 1.
Anmerkungen: Allesfresser. Frißt alles normale Futter. Eierstreuer zwischen Pflanzen. Friedlich. Schwarmfisch. Bepflanztes Aquarium. Kann über 10 Jahre leben.

Name: *Aphyocharax paraguayensis*
Familie: Characidae.
Handelsname: *Hyphessobrycon paraguayensis*, Augenflecksalmler.
Verbreitung: Rio Paraguay Becken.
Temp: 22-26°C. **Max.Länge**: 4,5 cm.
Wasser: pH 6-7 **Aquarium**: 60 cm.
Schwierigkeitsgrad: 3.
Anmerkungen: Allesfresser. Frißt alles normale Futter. Eierstreuer zwischen Pflanzen. Friedlich. Schwarmfisch. Bepflanztes Aquarium. Etwas empfindlich.

Name: *Aphyocharax rathbuni*
Familie: Characidae.
Handelsname: Rubinsalmler.
Verbreitung: Rio Paraguay Becken.
Temp: 20-25°C.   **Max.Länge:** 4,5 cm.
Wasser: pH 6,5-7,5   **Aquarium**: 80 cm.
Schwierigkeitsgrad: 2.
Anmerkungen: Allesfresser. Frißt alles normale Futter. Eiverstreuer zwischen Pflanzen. Friedlich. Schwarmfisch. Bepflanztes Aquarium.

Name: *Arnoldichthys spilopterus*
Familie: Alestiidae.
Handelsname: Arnolds Rotaugensalmler.
Verbreitung: Lagos bis zum Nigerdelta.
Temp: 23-27°C.   **Max.Länge:** 9,5 cm.
Wasser: pH 6-7,5   **Aquarium**: 100 cm.
Schwierigkeitsgrad: 3.
Anmerkungen: Allesfresser. Bevorzugt Lebendfutter, frißt alles normale Futter. Eiverstreuer zwischen Pflanzen. Friedlich. Schwarmfisch. Verschiedene Versteckplätze. Bepflanztes Aquarium. Feinkörniges Sandsubstrat.

Name: *Astyanax fasciatus mexicanus*
Familie: Characidae.
Handelsname: Blinder Höhlensalmler.
Verbreitung: Texas bis Panama.
Temp: 20-25°C.   **Max.Länge:** 11 cm.
Wasser: pH 6,5-9.   **Aquarium**: 80 cm.
Schwierigkeitsgrad: 2.
Anmerkungen: Allesfresser. Frißt alles normale Futter. Eiverstreuer. Friedlich. Schwarmfisch. Obwohl dieser Fisch blind ist, kann er in einem normalen Gesellschaftsbecken gepflegt werden.

Name: *Bathyaethiops caudomaculatus*
Familie: Alestiidae.
Handelsname: Afrikanischer Mondsalmler.
Verbreitung: Kongo, Kamerun.
Temp: 23-26°C.   **Max.Länge:** 8 cm.
Wasser: pH 6,5-7,5   **Aquarium**: 100 cm.
Schwierigkeitsgrad: 3.
Anmerkungen: Allesfresser. Bevorzugt Lebendfutter, frißt aber auch normales Futter. Eiverstreuer zwischen Pflanzen. Friedlich. Schwarmfisch. Verschiedene Versteckplätze. Bepflanztes Aquarium. Feinkörniges Sandsubstrat.

Name: *Belonophago tinanti*
Familie: Citharinidae.
Handelsname: Nadel-Flossenfresser.
Verbreitung: Kongobecken, Ubangifluß.
Temp: 23-26°C. **Max.Länge:** 15 cm.
Wasser: pH 6-7 **Aquarium**: 150 cm.
Schwierigkeitsgrad: 4.
Anmerkungen: Fleischfresser. Fischfresser, Insektenlarven, kleine Fische und Flossen, manchmal Gefrierfutter. Wahrscheinlich ein Eiverstreuer. Eignet sich nicht für ein Gesellschaftsbecken. Bepflanztes Aquarium. Benötigt Verstecke.

Name: *Boehlkea fredcochui*
Familie: Characidae.
Handelsname: Blauer Perusalmler.
Verbreitung: Oberes Amazonasbecken.
Temp: 23-26°C. **Max.Länge:** 5 cm.
Wasser: pH 6-7,5 **Aquarium**: 60 cm.
Schwierigkeitsgrad: 3.
Anmerkungen: Allesfresser. Frißt alles normale Futter. Eiverstreuer zwischen Pflanzen. Friedlich. Schwarmfisch. Sauerstoffreiches Wasser. Empfindlich beim Transport.

Name: *Boulengerella lateristriga*
Familie: Ctenoluciidae.
Handelsname: Gestreifte Hechtsalmler.
Verbreitung: Brasilien, Venezuela.
Temp: 23-26°C. **Max.Länge:** 40 cm.
Wasser: pH 6-7 **Aquarium**: 250 cm.
Schwierigkeitsgrad: 4.
Anmerkungen: Fleischfresser. Fischfresser. Benötigt Lebendfutter. Scheu. Sauerstoffreiches Wasser. Reagiert sehr empfindlich auf schlechte Wasserqualität.

Name: *Boulengerella maculata*
Familie: Ctenoluciidae.
Handelsname: Gefleckter Hechtsalmler.
Verbreitung: Rios Amazonas, Tocantins und Orinoco.
Temp: 23-26°C. **Max.Länge:** 40 cm.
Wasser: pH 6-7,5 **Aquarium**: 350 cm.
Schwierigkeitsgrad: 5.
Anmerkungen: Fleischfresser. Fischfresser. Benötigt Lebendfutter. Scheu. Sauerstoffreiches Wasser. Reagiert sehr empfindlich auf schlechte Wasserqualität. Zu groß für die meisten Aquarien.

Name: *Brycon melanopterus*
Familie: Characidae.
Handelsname: Keilstrichsalmler.
Verbreitung: Amazonasbecken.
Temp: 23-26°C.   **Max.Länge:** 18 cm.
Wasser: pH 6-7,5   **Aquarium:** 200 cm.
Schwierigkeitsgrad: 3.
Anmerkungen: Allesfresser. Junge Fische fressen alles normale Futter. Ausgewachsene Tiere benötigen Lebendfutter. Schwarmfisch. Eierstreuer zwischen Pflanzen. Friedlich, aber große Tiere können kleine Fische auffressen. Sauerstoffreiches Wasser.

Name: *Carnegiella marthae*
Familie: Gasteropelecidae.
Handelsname: Schwarzschwingen Beilbauchfisch.
Verbreitung: Venezuela, Brasilien.
Temp: 24-27°C.   **Max.Länge:** 3,5 cm.
Wasser: pH 5,5-6,5   **Aquarium**: 60 cm.
Schwierigkeitsgrad: 4.
Anmerkungen: Fleischfresser. Kleines Lebend- und Gefrierfutter, aber auch Trockenfutter. Friedlich. Schwarmfisch. Scheu. Eierstreuer zwischen Pflanzen. Benötigt sauerstoffreiches Wasser. Sehr empfindlich, vor allem für die Weißpünktchenkrankheit. Springt.

Name: *Carnegiella strigata*
Familie: Gasteropelecidae.
Handelsname: Marmorierter Beilbauchfisch.
Verbreitung: Amazonasbecken, die Guayanas.
Temp: 24-27°C.   **Max.Länge:** 4 cm.
Wasser: pH 5,5-7.   **Aquarium:** 60 cm.
Schwierigkeitsgrad: 3.
Anmerkungen: Fleischfresser. Kleines Lebend- und Gefrierfutter; frißt aber auch Trockenfutter. Schwarmfisch. Scheu. Eierstreuer zwischen Pflanzen. Benötigt sauerstoffreiches Wasser. Sehr empfindlich, vor allem für die Weißpünktchenkrankheit. Springt.

Name: *Chalceus erythrurus*
Familie: Characidae.
Handelsname: Glanzsalmler.
Verbreitung: Amazonasregion.
Temp: 23-26°C.   **Max.Länge:** 25 cm.
Wasser: pH 6-7.   **Aquarium:** 150 cm.
Schwierigkeitsgrad: 4.
Anmerkungen: Fleischfresser. Fischfresser — frißt kleine Fische. Frißt alles normale Futter. Schwarmfisch. Springt. Speisefisch.

Name: *Chilodus punctatus*
Familie: Anostomidae.
Handelsname: Punktierter Kopfsteher.
Verbreitung: Guayana, Venezuela, Brasilien.
Temp: 23-28°C.   **Max.Länge:** 10 cm.
Wasser: pH 6-7.   **Aquarium**: 100 cm.
Schwierigkeitsgrad: 3.
Anmerkungen: Allesfresser. Algenfresser. Frißt alles normale Futter. Eiverstreuer zwischen Pflanzen. Friedlich. Manchmal scheu.

Name: *Colossoma brachypomus*
Familie: Characidae.
Handelsname: Riesenpacu.
Verbreitung: Amazonas- und Orinocobecken.
Temp: 23-28°C.   **Max.Länge:** 45 cm.
Wasser: pH 5-7.   **Aquarium**: 300 cm.
Schwierigkeitsgrad: 5.
Anmerkungen: Allesfresser. Pflanzenfresser. Kann nicht in bepflanzten Aquarien gepflegt werden. Frißt Pflanzen, Früchte, usw. Jungfische fressen alles normale Futter. Schwarmfisch. Benötigt Versteckplätze. Zu groß für normale Aquarien.

Name: *Colossoma macropomum*
Familie: Characidae.
Handelsname: Schwarzer Pacu.
Verbreitung: Amazonas- und Orinocobecken.
Temp: 23-28°C.   **Max.Länge:** 95 cm.
Wasser: pH 5-8.   **Aquarium**: 300 cm.
Schwierigkeitsgrad: 5.
Anmerkungen: Allesfresser. Pflanzenfresser. Kann nicht in einem bepflanzten Aquarium gehalten werden Frißt Futter mit pflanzlichen Anteilen. Jungfische nehmen jedes normale Futter an. Schwarmfisch. Benötigt Versteckplätze. Zu groß für normale Aquarien.

Name: *Copella arnoldi*
Familie: Lebiasinidae.
Handelsname: Spritzsalmler.
Verbreitung: Unterer Amazonas, Guayanas.
Temp: 24-28°C.   **Max.Länge:** 8 cm.
Wasser: pH 6-7,5.   **Aquarium**: 80 cm.
Schwierigkeitsgrad: 2.
Anmerkungen: Allesfresser. Frißt alles normale Futter. Befestigt Eier an der Unterseite von Pflanzenblättern über Wasser oder an der Aquariumabdeckung. Friedlich. Nicht mit lebhaften Schwarmfischen halten. Springt.

Name: *Copella nattereri*
Familie: Lebiasinidae.
Handelsname: Blaupunktsalmler.
Verbreitung: Unterer Amazonas und Orinocobecken.
Temp: 23-28°C.   **Max.Länge**: 6 cm.
Wasser: pH 6-7.   **Aquarium**: 60 cm.
Schwierigkeitsgrad: 3.
Anmerkungen: Allesfresser. Frißt alles normale Futter. Befestigt die Eier an Pflanzenblättern. Friedlich. Nicht zusammen mit lebhaften Schwarmfischen pflegen. Springt.

Name: *Distichodus sexfasciatus*
Familie: Citharinidae.
Handelsname: Zebra Geradsalmler.
Verbreitung: Zaire, Angola.
Temp: 23-26°C.   **Max.Länge**: 75 cm.
Wasser: pH 6-7,5.   **Aquarium**: 300 cm.
Schwierigkeitsgrad: 5.
Anmerkungen: Pflanzenfresser. Nicht in bepflanzten Aquarien pflegen. Benötigt pflanzliche Nahrung. Eierstreuer. Schwarmfisch. Ältere Fische sind graugelb gefärbt und haben graue Flossen. Friedlich, jedoch zu groß für normale Aquarien.

Name: *Exodon paradoxus*
Familie: Characidae.
Handelsname: Zweitupfen-Raubsalmler.
Verbreitung: Amazonasbecken, Guayana.
Temp: 23-26°C.   **Max.Länge**: 15 cm.
Wasser: pH 6-7.   **Aquarium**: 120 cm.
Schwierigkeitsgrad: 4.
Anmerkungen: Fleischfresser. Fischfresser — frißt kleinere Fische. Nimmt alles normale Futter an. Eierstreuer zwischen Pflanzen. Schwarmfisch — mindestens 15 Exemplare. Springt.

Name: *Gasteropelecus sternicla*
Familie: Gasteropelecidae.
Handelsname: Silber Beilbauchfisch.
Verbreitung: Brasilien, Guayana, Surinam.
Temp: 23-26°C.   **Max.Länge**: 6.5 cm.
Wasser: pH 6,5-7,5.   **Aquarium**: 80 cm.
Schwierigkeitsgrad: 3.
Anmerkungen: Fleischfresser. Kleines Lebend- und Gefrierfutter, frißt jedoch auch Trockenfutter. Friedlich. Schwarmfisch. Scheu. Eierstreuer zwischen Pflanzen. Benötigt sauerstoffreiches Wasser. Empfindlich, vor allem für die Weißpünktchenkrankheit. Springt.

Name: *Gymnocorymbus ternetzi*
Familie: Characidae.
Handelsname: Trauermantelsalmler.
Verbreitung: Bolivien, Brasilien, Argentinien.
Temp: 21-26°C.   **Max.Länge:** 6 cm.
Wasser: pH 6,5-7,5.   **Aquarium**: 60 cm.
Schwierigkeitsgrad: 1.
Anmerkungen: Allesfresser. Frißt alles normale Futter. Friedlich. Schwarmfisch. Eiverstreuer zwischen Pflanzen. Häufiger Aquarienfisch. Alte Fische verlieren ihre schöne schwarze Farbe.

Name: *Hasemania nana*
Familie: Characidae.
Handelsname: Kupfersalmler.
Verbreitung: Südostbrasilien.
Temp: 23-27°C.   **Max.Länge:** 5 cm.
Wasser: pH 6-7,5.   **Aquarium**: 60 cm.
Schwierigkeitsgrad: 1.
Anmerkungen: Allesfresser. Frißt alles normale Futter. Friedlich. Schwarmfisch. Eiverstreuer zwischen Pflanzen. Gewöhnlicher Aquarienfisch.

Name: *Hemigrammus bleheri*
Familie: Characidae.
Handelsname: Rotkopfsalmler.
Verbreitung: Kolumbien, Brasilien.
Temp: 23-26°C.   **Max.Länge:** 4.5 cm.
Wasser: pH 5-6,5.   **Aquarium**: 90 cm.
Schwierigkeitsgrad: 3.
Anmerkungen: Allesfresser. Frißt alles normale Futter. Friedlich. Schwarmfisch. Eiverstreuer zwischen Pflanzen. Etwas empfindlich.

Name: *Hemigrammus caudovittatus*
Familie: Characidae.
Handelsname: Rautenflecksalmler.
Verbreitung: Argentinien.
Temp: 20-26°C.   **Max.Länge:** 7 cm.
Wasser: pH 6-8.   **Aquarium**: 100 cm.
Schwierigkeitsgrad: 2.
Anmerkungen: Allesfresser. Pflanzenfresser. Frißt alles normale Futter. Eiverstreuer zwischen Pflanzen. Friedlich. Schwarmfisch. Guter Aquarienfisch in Aquarien ohne Pflanzen.

Name: *Hemigrammus erythrozonus*
Familie: Characidae.
Handelsname: Glühlichtsalmler.
Verbreitung: Guayana: Essequibo Flußbecken.
Temp: 24-27°C.   **Max.Länge:** 4 cm.
Wasser: pH 6-7,5.   **Aquarium**: 60 cm.
Schwierigkeitsgrad: 2.
Anmerkungen: Allesfresser. Frißt alles normale Futter. Eierstreuer zwischen Pflanzen. Friedlich. Schwarmfisch. Gewöhnlicher Aquarienfisch.

Name: *Hemigrammus hyanuary*
Familie: Characidae.
Handelsname: Grüner Neon.
Verbreitung: Kolumbien, Peru, Brasilien.
Temp: 24-27°C.   **Max.Länge:** 4 cm.
Wasser: pH 6-7,5.   **Aquarium**: 60 cm.
Schwierigkeitsgrad: 2.
Anmerkungen: Allesfresser. Frißt alles normale Futter. Eierstreuer zwischen Pflanzen. Friedlich. Schwarmfisch.

Name: *Hemigrammus ocellifer*
Familie: Characidae.
Handelsname: Schlußlichtsalmler.
Verbreitung: Guayanas und Amazonasbecken.
Temp: 24-27°C.   **Max.Länge:** 4,5 cm.
Wasser: pH 6-7,5.   **Aquarium**: 60 cm.
Schwierigkeitsgrad: 1.
Anmerkungen: Allesfresser. Frißt alles normale Futter. Eierstreuer zwischen Pflanzen. Friedlich. Schwarmfisch. Leicht nachzuziehen.

Name: *Hemigrammus pulcher*
Familie: Characidae.
Handelsname: Karfunkelsalmler.
Verbreitung: Oberes Amazonasbecken.
Temp: 24-27°C.   **Max.Länge:** 4,5 cm.
Wasser: pH 5,5-6,5.   **Aquarium**: 60 cm.
Schwierigkeitsgrad: 2.
Anmerkungen: Allesfresser. Frißt alles normale Futter. Eierstreuer zwischen Pflanzen. Friedlich. Schwarmfisch.

Name: *Hemigrammus rodwayi*
Familie: Characidae.
Handelsname: Goldtetra, Messingsalmler.
Verbreitung: Guayana, Peru, Brasilien, Französisch Guayana.
Temp: 24-27°C. **Max.Länge:** 5,5 cm.
Wasser: pH 6-7. **Aquarium**: 60 cm.
Schwierigkeitsgrad: 4.
Anmerkungen: Allesfresser. Frißt alles normale Futter. Eierstreuer zwischen Pflanzen. Friedlich. Schwarmfisch. Wildfänge sind metallisch golden wegen einer Infektion (nicht ansteckend). Nachgezogene Fische haben diese Färbung nicht.

Name: *Hemigrammus ulreyi*
Familie: Characidae.
Handelsname: Flaggensalmler.
Verbreitung: Rio Paraguay Becken.
Temp: 24-27°C. **Max.Länge:** 5 cm.
Wasser: pH 6-7. **Aquarium**: 75 cm.
Schwierigkeitsgrad: 2.
Anmerkungen: Allesfresser. Frißt alles normale Futter. Eierstreuer zwischen Pflanzen. Friedlich. Schwarmfisch.

Name: *Hyphessobrycon callistus*
Familie: Characidae.
Handelsname: Blutsalmler.
Verbreitung: Paraguaybecken und Paraná.
Temp: 22-26°C. **Max.Länge:** 4 cm.
Wasser: pH 6-7,5. **Aquarium**: 80 cm.
Schwierigkeitsgrad: 3.
Anmerkungen: Allesfresser. Frißt alles normale Futter. Eierstreuer zwischen Pflanzen. Friedlich. Schwarmfisch. Wenn sie nicht ausreichend Futter bekommen, können sie andere Fische im Schwarm angreifen, ähnlich den Piranhas.

Name: *Hyphessobrycon erythrostigma*
Familie: Characidae.
Handelsname: Perez Salmler.
Verbreitung: Peru, Kolumbien, Brasilien.
Temp: 24-27°C. **Max.Länge:** 8 cm.
Wasser: pH 5,5-7. **Aquarium**: 100 cm.
Schwierigkeitsgrad: 2.
Anmerkungen: Allesfresser. Frißt alles normale Futter. Eierstreuer zwischen Pflanzen. Friedlich. Schwarmfisch. Populärer Aquarienfisch, wird aber kommerziell nicht nachgezogen.

Name: *Hyphessobrycon flammeus*
Familie: Characidae.
Handelsname: Roter von Rio.
Verbreitung: Brasilien.
Temp: 23-27°C.   **Max.Länge:** 4,5 cm.
Wasser: pH 6-7,5.   **Aquarium**: 60 cm.
Schwierigkeitsgrad: 1.
Anmerkungen: Allesfresser. Frißt alles normale Futter. Eiverstreuer zwischen Pflanzen. Friedlich. Schwarmfisch. Schönere Färbung in gedämpftem Licht.

Name: *Hyphessobrycon griemi*
Familie: Characidae.
Handelsname: Ziegelsalmler.
Verbreitung: Südost-Brasilien.
Temp: 23-27°C.   **Max.Länge:** 3,5 cm.
Wasser: pH 6-7,5.   **Aquarium**: 60 cm.
Schwierigkeitsgrad: 2.
Anmerkungen: Allesfresser. Frißt alles normale Futter. Eiverstreuer zwischen Pflanzen. Friedlich. Schwarmfisch.

Name: *Hyphessobrycon haraldschultzi*
Familie: Characidae.
Handelsname: Schultz' Signalsalmler.
Verbreitung: Brasilien, Kolumbien.
Temp: 23-26°C.   **Max.Länge:** 4 cm.
Wasser: pH 6-6.5.   **Aquarium**: 60 cm.
Schwierigkeitsgrad: 3.
Anmerkungen: Allesfresser. Frißt alles normale Futter. Eiverstreuer zwischen Pflanzen. Friedlich. Schwarmfisch. Benötigt weiches und saures Wasser.

Name: *Hyphessobrycon herbertaxelrodi*
Familie: Characidae.
Handelsname: Schwarzer Neon.
Verbreitung: Brasilien: Taquari-Fluß.
Temp: 23-27°C.   **Max.Länge:** 4 cm.
Wasser: pH 6-7,5.   **Aquarium**: 60 cm.
Schwierigkeitsgrad: 2.
Anmerkungen: Allesfresser. Frißt alles normale Futter. Eiverstreuer zwischen Pflanzen. Friedlich. Schwarmfisch. Gewöhnlicher Aquarienfisch.

Name: *Hyphessobrycon heterorhabdus*
Familie: Characidae.
Handelsname: Dreibandsalmler.
Verbreitung: Amazonasregion.
Temp: 23-27°C. **Max.Länge:** 4,5 cm.
Wasser: pH 6-7,5. **Aquarium**: 60 cm.
Schwierigkeitsgrad: 2.
Anmerkungen: Allesfresser. Frißt alles normale Futter. Eierstreuer zwischen Pflanzen. Friedlich. Schwarmfisch.

Name: *Hyphessobrycon loretoensis*
Familie: Characidae.
Handelsname: Loretosalmler.
Verbreitung: Peru, Brasilien, Kolumbien.
Temp: 23-26°C. **Max.Länge:** 4 cm.
Wasser: pH 6-7,5. **Aquarium**: 60 cm.
Schwierigkeitsgrad: 3.
Anmerkungen: Allesfresser. Frißt alles normale Futter. Eierstreuer zwischen Pflanzen. Friedlich. Schwarmfisch. Etwas empfindlich.

Name: *Hyphessobrycon pulchripinnis*
Familie: Characidae.
Handelsname: Zitronensalmler.
Verbreitung: Brasilien: Amazonasbecken.
Temp: 23-26°C. **Max.Länge:** 4 cm.
Wasser: pH 6-7,5. **Aquarium**: 60 cm.
Schwierigkeitsgrad: 2.
Anmerkungen: Fleischfresser und Allesfresser. Frißt alles normale Futter. Eierstreuer zwischen Pflanzen. Friedlich. Schwarmfisch. Etwas scheu.

Name: *Hyphessobrycon pyrrhonotus*
Familie: Characidae.
Handelsname: Rotrücken-Kirschflecksalmler.
Verbreitung: Brasilien: Rio Negro.
Temp: 23-26°C. **Max.Länge:** 6 cm.
Wasser: pH 6-7,5. **Aquarium**: 80 cm.
Schwierigkeitsgrad: 3.
Anmerkungen: Fleischfresser. Frißt alles normale Futter. Eierstreuer zwischen Pflanzen. Friedlich. Schwarmfisch. Farben kommen in gedämpftem Licht besser heraus.

Name: *Hyphessobrycon rosaceus*
Familie: Characidae.
Handelsname: Schmucksalmler.
Verbreitung: Guayana, Brasilien, Surinam, unteres Amazonasbecken.
Temp: 24-27°C. **Max.Länge:** 4 cm.
Wasser: pH 6-7,5. **Aquarium**: 60 cm.
Schwierigkeitsgrad: 1.
Anmerkungen: Allesfresser. Frißt alles normale Futter. Eiverstreuer zwischen Pflanzen. Friedlich. Schwarmfisch. Die "rosarote" Farbe variiert je nach Biotop.

Name: *Hyphessobrycon socolofi*
Familie: Characidae.
Handelsname: Socolofs Kirschsalmler.
Verbreitung: Brasilien: Rio Negro.
Temp: 23-26°C. **Max.Länge:** 4,5 cm.
Wasser: pH 6-7. **Aquarium**: 60 cm.
Schwierigkeitsgrad: 3.
Anmerkungen: Allesfresser und Fleischfresser. Frißt alles normale Futter. Eiverstreuer zwischen Pflanzen. Friedlich. Schwarmfisch. Bessere Färbung in gedämpftem Licht.

Name: *Inpaichthys kerri*
Familie: Characidae.
Handelsname: Königssalmler.
Verbreitung: Brasilien.
Temp: 24-27°C. **Max.Länge:** 4 cm.
Wasser: pH 6-7,5. **Aquarium**: 60 cm.
Schwierigkeitsgrad: 2.
Anmerkungen: Allesfresser. Frißt alles normale Futter. Eiverstreuer zwischen Pflanzen. Friedlich. Schwarmfisch. Bessere Färbung in gedämpftem Licht. Nur die Männchen sind bläulich.

Name: *Leporinus arcus*
Familie: Anostomidae.
Verbreitung: Venezuela, Guayanas.
Temp: 23-26°C. **Max.Länge:** 40 cm.
Wasser: pH 6-7,5. **Aquarium**: 200 cm.
Schwierigkeitsgrad: 4.
Anmerkungen: Pflanzenfresser. Benötigt Futter mit pflanzlichem Gehalt. Nicht in einem bepflanzten Aquarium halten. Etwas aggressiv gegenüber Artgenossen. Springt. Gute Wasserbewegung erforderlich (kräftiger Filter).

Name: *Leporinus desmotes*
Familie: Anostomidae.
Handelsname: Rüssel-Leporinus.
Verbreitung: Guayana, Amazonasregion.
Temp: 23-26°C.   **Max.Länge:** 18 cm.
Wasser: pH 6-7,5.   **Aquarium**: 150 cm.
Schwierigkeitsgrad: 4.
Anmerkungen: Pflanzenfresser. Benötigt Futter mit pflanzlichen Anteilen. Nicht in einem bepflanzten Aquarium halten. Schwarmfisch. Friedlich. Springt. Gute Wasserbewegung erforderlich (kräftiger Filter).

Name: *Leporinus fasciatus*
Familie: Anostomidae.
Handelsname: Gebänderter Leporinus.
Verbreitung: Südamerika.
Temp: 23-26°C.   **Max.Länge:** 30 cm.
Wasser: pH 6-7.5.   **Aquarium**: 200 cm.
Schwierigkeitsgrad: 4.
Anmerkungen: Pflanzenfresser. Benötigt Nahrung mit pflanzlichen Anteilen. Nicht in einem bepflanzten Aquarium halten. Schwarmfisch. Etwas aggressiv gegenüber Artgenossen. Springt. Gute Wasserbewegung erforderlich (kräftiger Filter).

Name: *Megalamphodus megalopterus*
Familie: Characidae.
Handelsname: Schwarzer Phantomsalmler.
Verbreitung: Brasilien, Bolivien.
Temp: 23-28°C.   **Max.Länge:** 4,5 cm.
Wasser: pH 6-7,5.   **Aquarium**: 70 cm.
Schwierigkeitsgrad: 2.
Anmerkungen: Allesfresser und Fleischfresser. Frißt alles normale Futter. Eierstreuer zwischen Pflanzen. Friedlich. Schwarmfisch.

Name: *Megalamphodus sweglesi*
Familie: Characidae.
Handelsname: Roter Phantomsalmler.
Verbreitung: Kolumbien.
Temp: 21-23°C.   **Max.Länge:** 4 cm.
Wasser: pH 5,5-7.   **Aquarium**: 70 cm.
Schwierigkeitsgrad: 3.
Anmerkungen: Allesfresser und Fleischfresser. Benötigt Lebendfutter. Friedlich. Schwarmfisch. Eierstreuer. Kein zu warmes Wasser. Etwas empfindlich.

Name: *Metynnis argenteus*
Familie: Serrasalmidae.
Handelsname: Silberdollar.
Verbreitung: Südlich des unteren Amazonas.
Temp: 23-28°C.   **Max.Länge:** 14 cm.
Wasser: pH 6-7.   **Aquarium:** 150 cm.
Schwierigkeitsgrad: 3.
Anmerkungen: Pflanzenfresser. Benötigt pflanzliche Nahrung. Eiverstreuer zwischen Pflanzen. Friedlich. Schwarmfisch. Sauerstoffreich Wasser. Benötigt Versteckplätze.

Name: *Moenkhausia pittieri*
Familie: Characidae.
Handelsname: Brillantsalmler.
Verbreitung: Venezuela: Valenziasee.
Temp: 23-28°C.   **Max.Länge:** 6 cm.
Wasser: pH 6-7.   **Aquarium**: 80 cm.
Schwierigkeitsgrad: 3.
Anmerkungen: Allesfresser und Fleischfresser. Benötigt Lebendfutter. Friedlich. Schwarmfisch. Eiverstreuer. Gedämpftes Licht.

Name: *Moenkhausia sanctaefilomenae*
Familie: Characidae.
Handelsname: Rotaugen Moenkhausia.
Verbreitung: Brasilien, Paraguay.
Temp: 23-26°C.   **Max.Länge:** 6 cm.
Wasser: pH 6-7,5.   **Aquarium:** 80 cm.
Schwierigkeitsgrad: 1.
Anmerkungen: Allesfresser und Fleischfresser. Benötigt Lebendfutter. Friedlich. Schwarmfisch. Eiverstreuer zwischen Pflanzen. Gewöhnlicher Aquarienfisch .

Name: *Myleus pacu*
Familie: Characidae.
Handelsname: Brauner Mühlsteinsalmler.
Verbreitung: Guayanas, Amazonasregion.
Temp: 23-28°C.   **Max.Länge:** 50 cm.
Wasser: pH 6,5-7,5.   **Aquarium:** 300 cm.
Schwierigkeitsgrad: 5.
Anmerkungen: Pflanzenfresser. Benötigt pflanzliche Nahrung. Eiverstreuer zwischen Pflanzen. Friedlich. Schwarmfisch. Benötigt Versteckplätze.

Name: *Myleus rubripinnis*
Familie: Characidae.
Handelsname: Hakenscheibensalmler.
Verbreitung: Venezuela, Surinam, Guayanas, Peru.
Temp: 23-28°C.   **Max.Länge:** 30 cm.
Wasser: pH 5,5-7.   **Aquarium**: 200 cm.
Schwierigkeitsgrad: 4.
Anmerkungen: Allesfresser. Pflanzenfresser. Benötigt pflanzliche Nahrung, frißt jedoch alles normale Futter. Eiverstreuer zwischen Pflanzen. Friedlich. Schwarmfisch. Sauerstoffreiches Wasser. Benötigt Verstecksplätze.

Name: *Nannaethiops unitaeniatus*
Familie: Citharinidae.
Handelsname: Afrikanischer Einstreifensalmler.
Verbreitung: Zaire bis zum Niger.
Temp: 23-26°C.   **Max.Länge:** 7 cm.
Wasser: pH 6,5-7,5.   **Aquarium**: 80 cm.
Schwierigkeitsgrad: 3.
Anmerkungen: Fleischfresser. Frißt Lebend- und Gefrierfutter. Eiverstreuer zwischen Pflanzen. Friedlich. Schwarmfisch. Scheu. Besser nicht mit anderen Fischen vergesellschaften.

Name: *Nannobrycon eques*
Familie: Lebiasinidae.
Handelsname: Spitzmaul-Ziersalmler, Schrägsteher.
Verbreitung: Kolumbien, Brasilien, Guayana.
Temp: 24-27°C.   **Max.Länge:** 5 cm.
Wasser: pH 5-6,5.   **Aquarium**: 80 cm.
Schwierigkeitsgrad: 3.
Anmerkungen: Fleischfresser. Kleines Lebend- oder Gefrierfutter, manchmal auch Trockenfutter. Friedlich. Schwarmfisch. Eiverstreuer zwischen Pflanzen. Benötigt Verstecksplätze. Etwas empfindlich.

Name: *Nannobrycon unifasciatus*
Familie: Lebiasinidae.
Handelsname: Einbinden Ziersalmler.
Verbreitung: Kolumbien, Brasilien, Guayana.
Temp: 25-27°C.   **Max.Länge:** 7 cm.
Wasser: pH 5,5-7.   **Aquarium**: 80 cm.
Schwierigkeitsgrad: 3.
Anmerkungen: Fleischfresser. Kleines Lebend- oder Gefrierfutter, manchmal auch Trockenfutter. Friedlich. Schwarmfisch. Eiverstreuer zwischen Pflanzen. Dicht bepflanztes Aquarium. Benötigt Verstecksplätze. Etwas empfindlich.

81

Name: *Nannostomus espei*
Familie: Lebiasinidae.
Handelsname: Gebänderter Ziersalmler.
Verbreitung: Guayana.
Temp: 23-26°C. **Max.Länge:** 4 cm.
Wasser: pH 6-7. **Aquarium:** 60 cm.
Schwierigkeitsgrad: 4.
Anmerkungen: Allesfresser. Kleines Lebend- oder Gefrierfutter, manchmal auch Trockenfutter. Friedlich. Schwarmfisch. Eianhefter, an Pflanzen. Dicht bepflanztes Aquarium. Benötigt Verstecksplätze. Etwas empfindlich.

Name: *Nannostomus harrisoni*
Familie: Lebiasinidae.
Handelsname: Goldbinden Ziersalmler.
Verbreitung: Guayana.
Temp: 23-28°C. **Max.Länge:** 6 cm.
Wasser: pH 6-7. **Aquarium**: 80 cm.
Schwierigkeitsgrad: 3.
Anmerkungen: Allesfresser. Kleines Lebend- oder Gefrierfutter, manchmal auch Trockenfutter. Friedlich. Schwarmfisch. Eiverstreuer zwischen Pflanzen. Dicht bepflanztes Aquarium. Benötigt Verstecksplätze. Etwas empfindlich.

Name: *Nannostomus marginatus*
Familie: Lebiasinidae.
Handelsname: Zwergziersalmler.
Verbreitung: Guayana, Kolumbien, Surinam.
Temp: 24-26°C. **Max.Länge:** 3.5 cm.
Wasser: pH 6-7,5. **Aquarium:** 50 cm.
Schwierigkeitsgrad: 3.
Anmerkungen: Allesfresser. Kleines Lebend- oder Gefrierfutter, manchmal auch Trockenfutter. Friedlich. Schwarmfisch. Eiverstreuer zwischen Pflanzen. Dicht bepflanztes Aquarium. Benötigt Verstecksplätze. Etwas empfindlich.

Name: *Nematobrycon palmeri*
Familie: Characidae.
Handelsname: Kaisertetra.
Verbreitung: Kolumbien.
Temp: 23-26°C. **Max.Länge:** 5,5 cm.
Wasser: pH 5,5-7,5. **Aquarium:** 75 cm.
Schwierigkeitsgrad: 3.
Anmerkungen: Allesfresser. Benötigt Lebendfutter, frißt aber auch Trockenfutter. Friedlich. Schwarmfisch. Eiverstreuer zwischen Pflanzen. Nicht mit sehr lebhaften Fischen vergesellschaften. Etwas empfindlich.

Name: *Neolebias ansorgii*
Familie: Citharinidae.
Verbreitung: Nigeria, Kongo, Kamerun, Gabun.
Temp: 23-28°C. **Max.Länge:** 3,5 cm.
Wasser: pH 5,5-6,5. **Aquarium**: 50 cm.
Schwierigkeitsgrad: 4.
Anmerkungen: Fleischfresser und Allesfresser. Lebendfutter, aber auch Gefrier- und Trockenfutter. Eierstreuer im Bodensubstrat (Torffasern oder Javamoos). Friedlich. Bepflanztes Aquarium. Recht empfindlich. Scheu.

Name: *Neolebias trewavasae*
Familie: Citharinidae.
Verbreitung: Kongo und Nilbecken.
Temp: 23-26°C. **Max.Länge:** 5 cm.
Wasser: pH 5,5-6,5. **Aquarium**: 60 cm.
Schwierigkeitsgrad: 3.
Anmerkungen: Fleischfresser und Allesfresser. Lebendfutter, aber auch Gefrier- und Trockenfutter. Eierstreuer im Bodensubstrat (Torffasern oder Javamoos). Friedlich. Bepflanztes Aquarium. Recht empfindlich. Scheu.

Name: *Paracheirodon axelrodi*
Familie: Characidae.
Handelsname: Roter Neon.
Verbreitung: Venezuela, Kolumbien, Brasilien.
Temp: 23-26°C. **Max.Länge:** 5 cm.
Wasser: pH 5,5-7. **Aquarium**: 60 cm.
Schwierigkeitsgrad: 3.
Anmerkungen: Allesfresser und Fleischfresser. Frißt alles normale Futter. Friedlich. Schwarmfisch. Eierstreuer zwischen Pflanzen. Recht empfindlich (Neonkrankheit). Sehr populärer Aquarienfisch. Die meisten Fische im Handel sind Wildfänge.

Name: *Paracheirodon innesi*
Familie: Characidae.
Handelsname: Neonsalmler.
Verbreitung: Peru, Kolumbien, Brasilien.
Temp: 22-26°C. **Max.Länge:** 5 cm.
Wasser: pH 5,5-7. **Aquarium**: 50 cm.
Schwierigkeitsgrad: 2.
Anmerkungen: Fleischfresser und Allesfresser. Frißt alles normale Futter. Schwarmfisch. Sehr friedlich. Eierstreuer zwischen Pflanzen. Wahrscheinlich der populärste Aquarienfisch

Name: *Paracheirodon simulans*
Familie: Characidae.
Handelsname: Blauer Neon.
Verbreitung: Brasilien: Rio Negro, Kolumbien, Venezuela.
Temp: 23-26°C. **Max.Länge**: 4 cm.
Wasser: pH 5,5-6,5. **Aquarium**: 60 cm.
Schwierigkeitsgrad: 3.
Anmerkungen: Fleischfresser und Allesfresser. Lebendfutter, frißt aber auch alles normale Futter. Schwarmfisch. Sehr friedlich. Eiverstreuer zwischen Pflanzen. Recht empfindlich.

Name: *Phenacogrammus interruptus*
Familie: Alestiidae.
Handelsname: Blauer Kongosalmler.
Verbreitung: Kongobecken.
Temp: 23-27°C. **Max.Länge**: 8 cm.
Wasser: pH 6-7,5. **Aquarium**: 100 cm.
Schwierigkeitsgrad: 2.
Anmerkungen: Allesfresser und Fleischfresser. Bevorzugt Lebendfutter, frißt aber auch alles normale Futter. Eiverstreuer zwischen Pflanzen. Friedlich. Schwarmfisch. Mehrere Versteckplätze. Bepflanztes Aquarium.

Name: *Pristella maxillaris*
Familie: Characidae.
Handelsname: Stieglitzsalmler.
Verbreitung: Brasilien, Venezuela, Guayanas.
Temp: 24-27°C. **Max.Länge**: 4,5 cm.
Wasser: pH 6-7,5. **Aquarium**: 60 cm.
Schwierigkeitsgrad: 1.
Anmerkungen: Fleischfresser und Allesfresser. Frißt alles normale Futter. Eiverstreuer zwischen Pflanzen. Schwarmfisch. Sehr friedlich.

Name: *Pseudocorynopoma doriae*
Familie: Characidae.
Handelsname: Drachenflosser.
Verbreitung: Brasilien: La Plata Region.
Temp: 20-25°C. **Max.Länge**: 8 cm.
Wasser: pH 6,5-7,5. **Aquarium**: 80 cm.
Schwierigkeitsgrad: 1.
Anmerkungen: Allesfresser. Frißt alles normale Futter. Schwarmfisch. Eiverstreuer zwischen Pflanzen. Benötigt sauerstoffreiches Wasser. Friedlich.

Name: *Pygocentrus nattereri*
Familie: Characidae.
Handelsname: *Serrasalmus nattereri*. Piranha.
Verbreitung: Guayana.
Temp: 23-28°C.   **Max.Länge:** 35 cm.
Wasser: pH 5,5-7,5.   **Aquarium:** 200 cm.
Schwierigkeitsgrad: 4.
Anmerkungen: Fleischfresser. Fischfresser. Frißt Gefrierfutter, Fischfilet, manchmal auch Pellets. Eierstreuer zwischen Pflanzen. Schwarmfisch. Kann in freier Natur gefährlich sein, im Aquarium jedoch oft scheu (Streß), jedoch Vorsicht walten lassen.

Name: *Thayeria boehlkei*
Familie: Characidae.
Handelsname: Schrägschwimmer.
Verbreitung: Brasilien, Peru.
Temp: 23-28°C.   **Max.Länge:** 6 cm.
Wasser: pH 6-7,5.   **Aquarium:** 70 cm.
Schwierigkeitsgrad: 2.
Anmerkungen: Fleischfresser und Allesfresser. Frißt alles normale Futter. Eierstreuer zwischen Pflanzen. Schwarmfisch. Sehr friedlich. Reagiert empfindlich auf schlechte Wasserqualität.

Name: *Thayeria obliqua*
Familie: Characidae.
Handelsname: Pinguinsalmler.
Verbreitung: Brasilien: Amazonasbecken.
Temp: 23-28°C.   **Max.Länge:** 8 cm.
Wasser: pH 6-7.   **Aquarium:** 80 cm.
Schwierigkeitsgrad: 3.
Anmerkungen: Fleischfresser und Allesfresser. Frißt alles normale Futter. Eierstreuer zwischen Pflanzen. Schwarmfisch. Sehr friedlich. Reagiert empfindlich auf schlechte Wasserqualität.

Name: *Triportheus rotundatus*
Familie: Characidae.
Handelsname: Gerundeter Kropfsalmler.
Verbreitung: Amazonasbecken, Guayanas und Venezuela.
Temp: 24-27°C.   **Max.Länge:** 15 cm.
Wasser: pH 6-7,5.   **Aquarium:** 120 cm.
Schwierigkeitsgrad: 2.
Anmerkungen: Allesfresser. Frißt alles normale Futter. Friedlich. Scheu. Lebhafter Schwarmfisch. Reagiert empfindlich auf schlechte Wasserqualität. Benötigt viel offenen Schwimmraum. Springt.

Killifische

Die Killifische sind berühmt für ihre Anpassungen, die das Überleben der Arten sicherstellte, da sie in Tümpeln leben, die während der Trockenzeit in ihrem Lebensraum völlig austrocknen. Bevor ihr Tümpel jedoch austrocknet, deponieren sie ihre Eier in der oberen Schicht des Substrats. Die adulten Tiere sterben dann und wenn die nächste Regenzeit beginnt und sich der Tümpel wider mit Wasser füllt, schlüpfen die Jungen aus den Eiern und der Lebenszyklus beginnt von neuem. Wegen ihrer kurzen Lebensdauer wachsen sie schnell, damit sie in den wenigen Monaten vor der nächsten Trockenzeit zur Geschlechtsreife gelangen. Im Aquarium leben sie in der Regel länger als ein paar Monate.

Nicht alle Killifische sind jedoch "Jahresfische", und es gibt auch viele Killis mit einem eher normalen Lebenszyklus. Diese Fische leben in freier Natur in Teichen und Strömen, die während der Trockenzeit nicht austrocknen. Killifische kommen vor allem in Afrika, Südasien, Nord-, Mittel- und Südamerika und Europa vor. Mit wenigen Ausnahmen sind Killis kleine Fische (max. 10 cm). Viele Arten bevorzugen weiches, leicht saures Wasser. Es gibt aber Ausnahmen — lesen Sie deshalb die Information zu jeder Art.

Die Männchen sind äußerst farbenprächtig, während die Weibchen in ihrer Färbung mehr unterdrückt sind. Wie so oft bei sehr stark gefärbten Fischen, sind die Männchen oft sehr aggressiv gegenüber artgleichen Männchen oder Männchen ähnlicher Arten, weshalb man besser nur ein Männchen mit mehreren Weibchen zusammen hält (es sei denn das Aquarium ist sehr groß — über 150 l). Manchmal kann man Killis mit anderen Fischen von etwa der gleichen Größe und mit ähnlichen Wasserbedürfnissen vergesellschaften. Man muß dabei jedoch beachten, daß die Killis recht furchtsam sind, weshalb sie beim Füttern in einem Gesellschaftsaquarium leicht zu kurz kommen können. Deshalb ist ein eigenes Aquarium für Killifische besser, das viel Versteckmöglichkeiten bieten sollte.

Die meisten Killis sind fleischfressend und ernähren sich in freier Natur von Insekten, Larven und Fischjungen, weshalb sie etwas andere Anforderungen an ihre Ernährung stellen als andere Fische; vor allem mögen sie nicht immer nur Flockenfutter, sondern schätzen Lebendfutter, wie zum Beispiel frischgeschlüpfte Salinenkrebse oder Glaswürmer (durchsichtige Moskitolarven). Aber auch Gefrierfutter wird von ihnen geschätzt, z.B. Glaswürmer und *Cyclops*.

Name: *Aphyosemion australe*
Familie: Aplocheilidae.
Handelsname: Kap Lopez.
Verbreitung: Gabun, Angola, Kamerun.
Temp: 22-25°C. **Max.Länge:** 6 cm.
Wasser: pH 5,5-7,0. **Aquarium:** 50 cm.
Schwierigkeitsgrad: 3.
Anmerkungen: Fleischfresser. Benötigt Lebendfutter, nimmt aber auch Gefrier-/Trockenfutter an. Substratbrüter. Dichte Bepflanzung. Sehr friedlich, jedoch reagieren Männchen aggressiv gegenüber Artgenossen. Es gibt eine goldgelbe Form. Springt.

Name: *Aphyosemion gardneri gardneri*
Familie: Aplocheilidae.
Handelsname: Gardners Prachtkärpfling.
Verbreitung: Nigeria.
Temp: 22-26°C. **Max.Länge:** 6,5 cm.
Wasser: pH 5,5-7,0. **Aquarium:** 60 cm.
Schwierigkeitsgrad: 3.
Anmerkungen: Fleischfresser. Benötigt Lebendfutter, nimmt aber auch Gefrier-/Trockenfutter an. Substratbrüter (Boden). Dichte Bepflanzung. Friedlich. Mehrere Farbvarianten sind erhältlich. Springt.

Name: *Aphyosemion sjoestedti*
Familie: Aplocheilidae.
Handelsname: Blauer Prachtkärpfling.
Verbreitung: Westafrika.
Temp: 22-26°C. **Max.Länge:** 14 cm.
Wasser: pH 6,0-7,0. **Aquarium:** 80 cm.
Schwierigkeitsgrad: 3.
Anmerkungen: Fleischfresser. Benötigt Lebendfutter, nimmt aber auch Gefrier-/Trockenfutter an. Substratbrüter (Boden). Recht aggressiv. Dichte Bepflanzung. Jahresfisch. Springt.

Name: *Aplocheilichthys pumilus*
Familie: Poeciliidae.
Handelsname: Tanganjika Kärpfling.
Verbreitung: Ostafrikanische Seen.
Temp: 24-26°C. **Max.Länge:** 5,5 cm.
Wasser: pH 7,0-7,5. **Aquarium:** 60 cm.
Schwierigkeitsgrad: 3.
Anmerkungen: Allesfresser und Fleischfresser. Benötigt Lebendfutter, nimmt aber auch Gefrier-/Trockenfutter an. Dichte Bepflanzung. Schwarmfisch. Substratbrüter (Hefter). Scheu. Friedlich. Springt.

Name: *Epiplatys annulatus*
Familie: Aplocheilidae.
Handelsname: Ringelhechtling.
Verbreitung: Afrika: von Guinea bis zum Niger.
Temp: 23-26°C.   **Max.Länge:** 4 cm.
Wasser: pH 6,0-7,0.   **Aquarium:** 60 cm.
Schwierigkeitsgrad: 4.
Anmerkungen: Fleischfresser. Benötigt Lebendfutter, nimmt aber auch Gefrier-/Trockenfutter an. Einige Pflanzen im Aquarium. Eifesthefter. Friedlich. Springt. Empfindlich.

Name: *Epiplatys sexfasciatus*
Familie: Aplocheilidae.
Handelsname: Sechsbandhechtling.
Verbreitung: Westafrika.
Temp: 22-26°C.   **Max.Länge:** 10 cm.
Wasser: pH 6,0-6,5.   **Aquarium:** 100 cm.
Schwierigkeitsgrad: 3.
Anmerkungen: Allesfresser. Benötigt Lebendfutter, nimmt aber auch Gefrier-/Trockenfutter an. Aggressiv. Eifesthefter. Benötigt Verstecke. Springt.

Name: *Jordanella floridae*
Familie: Cyprinodontidae
Handelsname: Floridakärpfling.
Verbreitung: Südöstliches Nordamerika.
Temp: 18-22°C.   **Max.Länge:** 6,5 cm.
Wasser: pH 6,5-7,5.   **Aquarium:** 60 cm.
Schwierigkeitsgrad: 2.
Anmerkungen: Allesfresser. Frißt alles normale Futter. Sehr aggressiv. Dichte Bepflanzung. Substratbrüter. Springt.

Name: *Lamprichthys tanganicanus*
Familie: Poeciliidae.
Handelsname: Tanganjika Killi.
Verbreitung: Afrika: Tanganjikasee.
Temp: 24-26°C.   **Max.Länge:** 16 cm.
Wasser: pH 8,0-8,5.   **Aquarium:** 100 cm.
Schwierigkeitsgrad: 4.
Anmerkungen: Fleischfresser. Benötigt Lebendfutter, nimmt aber auch Gefrier-/Trockenfutter an. Schwarmfisch. Eierstreuer. Scheu. Territorial. Empfindlich beim Transport. Benötigt Höhlen im Aquarium mit flachen Steinen. Springt.

Name: *Nothobranchius kirkii*
Familie: Aplocheilidae.
Handelsname: Kirks Prachtgrundkärpfling.
Verbreitung: Ostafrika, Malawi.
Temp: 22-26°C. **Max.Länge:** 5 cm.
Wasser: pH 6,5-7,5. **Aquarium:** 50 cm.
Schwierigkeitsgrad: 4.
Anmerkungen: Fleischfresser. Benötigt Lebendfutter, nimmt aber auch Gefrier-/Trockenfutter an. Substratbrüter (Boden). Territorial und aggressiv gegenüber Artgenossen. Jahresfisch. Benötigt Verstecke. Springt.

Name: *Nothobranchius guentheri*
Familie: Aplocheilidae.
Handelsname: Günthers Prachtgrundkärpfling.
Verbreitung: Afrika. Sansibar.
Temp: 22-25°C. **Max.Länge:** 6,5 cm.
Wasser: pH 6,0-7,0. **Aquarium:** 50 cm.
Schwierigkeitsgrad: 4.
Anmerkungen: Fleischfresser. Benötigt Lebendfutter, nimmt aber auch Gefrier-/Trockenfutter an. Substratbrüter (Boden). Territorial und aggressiv gegenüber Artgenossen. Jahresfisch. Benötigt Verstecke. Springt.

Name: *Nothobranchius palmqvisti*
Familie: Aplocheilidae.
Handelsname: Palmqvists Prachtgrundkärpfling.
Verbreitung: Kenia, Tansania.
Temp: 18-22°C. **Max.Länge:** 5 cm.
Wasser: pH 6,5-7,0. **Aquarium:** 50 cm.
Schwierigkeitsgrad: 4.
Anmerkungen: Fleischfresser. Benötigt Lebendfutter, nimmt aber auch Gefrier-/Trockenfutter an. Kontinuierlicher Substratbrüter (Boden). Territorial und aggressiv. Dichte Bepflanzung. Springt.

Name: *Oxyzygonectes dovii*
Familie: Anablepidae.
Handelsname: *Aplocheilus dovii*.
Verbreitung: Pazifikküste.
Temp: 22-28°C. **Max.Länge:** 35 cm.
Wasser: pH 6,0-7,5. **Aquarium:** 200 cm.
Schwierigkeitsgrad: 4.
Anmerkungen: Fleischfresser. Benötigt Lebendfutter, nimmt aber auch Gefrier-/Trockenfutter an. Substratbrüter. Friedlich. Scheu. Benötigt Verstecke. Springt.

Labyrinthfische

Der natürliche Lebensraum der Labyrinth- oder Kletterfische erstreckt sich über den größten Teil Afrikas, aber auch über ganz Südostasien. Aus Asien stammen die meisten Fische, die wir gewöhnlich in unseren Aquarien pflegen. Am besten bekannt sind die Guramis und die Kampffische der Gattung *Betta*.

Der Name Labyrinthfisch stammt von dem speziellen zusätzlichen Atemorgan (das Labyrinth), das diese Fische als Anpassung an ein Leben in sauerstoffarmem Wasser in ihrem natürlichen Lebensraum haben (Reisfelder, Gräben, usw). Mit Hilfe dieses Atmungsorgans können diese Fische atmosphärische Luft atmen und gleichzeitig dem Wasser durch ihre Kiemen Sauerstoff entnehmen, wie ander Fische auch. Wegen dieser Luftatmung sollte die Luft über der Wasseroberfläche feucht sein und die selbe Temperatur wie das Wasser im Aquarium haben. Wenn diese Fische aus irgendeinem Grund die Wasseroberfläche nicht erreichen können, "ertrinken" sie, unabhängig vom Sauerstoffgehalt des Aquarienwassers.

Die meisten Labyrinthfische eigenen sich sehr gut als Aquarienfische, da sie klein und hübsch sind, auch wenn darunter einige Ausnahmen sind, wie der Riesengurami (*Osphronemus gorami*), der bis zu 75 cm lang werden kann.

Diese Fische haben eine relativ große Toleranz für Wasserbedingungen, jedoch bevorzugen die meisten Arten recht neutrales Wasser. Obwohl es ziemlich widerstandsfähige Fische sind, lieben sie eine friedliche Umgebung und Schattenplätze. Die Filterströmung sollte nicht zu stark sein. Die Gattung *Colisa* (Zwergfadenfisch) ist delikater (vgl. Besonders empfindliche Arten). Lesen Sie das erste, allgemeine Kapitel dieses Buches für Information bezüglich Ausstattung usw.

Viele Arten aus dieser Gruppe sind Schaumnestbauer (vgl. ZUCHT). Das Schaumnest variiert von klein bis groß, stabil bis zerbrechlich, und freischwebend bis festhaftend an Pflanzen oder sogar in einer Höhle (Höhlenbrüter). Nicht alle Labyrinthfische sind Schaumnestbauer; einige sind Maulbrüter und Höhlenbrüter, wie bereits gesagt. Im allgemeinen sind die Männchen intensiver gefärbt als die Weibchen.

Name: *Anabas testudineus*
Familie: Anabantidae.
Handelsname: Kletterfisch.
Verbreitung: Tropisches Asien.
Temp: 22-30°C. **Max.Länge**: 25 cm.
Wasser: pH 6,5-7,5. **Aquarium**: 120 cm.
Schwierigkeitsgrad: 3
Anmerkungen: Allesfresser. Frißt alles normale Futter. Aggressiv. Nur mit großen Fischen vergesellschaften. Scheu. Schwebende Eier. Springt. Kann an Land "laufen". Benötigt Schwimmpflanzen und Verstecplätze. Toleriert Brackwasser.

Name: *Belontia signata*
Familie: Belontiidae
Handelsname: Ceylon-Makropode.
Verbreitung: Südwestasien.
Temp: 24-28°C. **Max.Länge**: 18 cm.
Wasser: pH 6,5-7,5. **Aquarium**: 100 cm.
Schwierigkeitsgrad: 3
Anmerkungen: Allesfresser. Frißt alles normale Futter. Eier werden an der Unterseite von Pflanzenblättern befestigt. Jungtiere sind friedlich. Adulte Tiere sind aggressiv. Nur mit großen Fischen vergesellschaften. Benötigt ein dichtbepflanztes Aquarium und Versteckplätze.

Name: *Betta imbellis*
Familie: Belontiidae
Handelsname: Kleiner Kampffisch.
Verbreitung: Malayische Halbinsel, Indonesien.
Temp: 25-28°C. **Max.Länge**: 5,5 cm.
Wasser: pH 5,5-7. **Aquarium**: 100 cm.
Schwierigkeitsgrad: 3
Anmerkungen: Fleischfresser. Frißt alles normale Futter. Schaumnest. Territorial, jedoch relativ friedlich, verglichen mit *Betta splendens*. Ein Männchen und ein Weibchen (+Weibchen) in einem 40 cm großen Aquarium. Zwei Männchen in einem 100 cm langen Aquarium. Schwimmpflanzen.

Name: *Colisa chuna*
Familie: Belontiidae
Handelsname: *Colisa sota*, Honigfadenfisch.
Verbreitung: Indien, Bangladesch.
Temp: 23-28°C. **Max.Länge**: 7 cm.
Wasser: pH 6-7,5. **Aquarium**: 50 cm.
Schwierigkeitsgrad: 3
Anmerkungen: Allesfresser. Frißt alles normale Futter, aber etwas Lebendfutter wird benötigt. Lockeres Blasennest. Friedlich. Scheu. Territorial beim Brüten. Empfindlich für die Samtkrankheit. Ein dicht bepflanztes Aquarium mit Schwimmpflanzen.

Betta splendens

Betta splendens

Betta splendens

Betta splendens

Betta splendens

Name: *Betta splendens*
Familie: Belontiidae.
Handelsname: Siamesischer Kampffisch.
Verbreitung: Thailand, Kambodscha.
Temp: 25-30°C.   **Max.Länge:** 5 cm.
Wasser: pH 6-8.   **Aquarium:** 40 cm.
Schwierigkeitsgrad: 3
Anmerkungen: Fleischfresser. Frißt alles normale Futter. Blasennest. Extrem aggressiv — Männchen können nicht zusammen gehalten werden. Einige Pflanzen sind nötig.

Name: *Colisa fasciata*
Familie: Belontiidae.
Handelsname: Gestreifter Fadenfisch.
Verbreitung: Tropisches Asien.
Temp: 23-28°C.   **Max.Länge:** 12 cm.
Wasser: pH 6-7,5.   **Aquarium**: 70 cm.
Schwierigkeitsgrad: 3
Anmerkungen: Allesfresser. Frißt alles normale Futter. Blasennest. Friedlich. Territorial beim Brüten. Einige Pflanzen, aber auch einen offenen Schwimmraum. Reagiert empfindlich auf eine schlechte Wasserqualität.

Name: *Colisa labiosa*
Familie: Belontiidae.
Handelsname: Wulstlippiger Fadenfisch.
Verbreitung: Asien: Südmyanmar.
Temp: 23-28°C.   **Max.Länge:** 9 cm.
Wasser: pH 6-7,5.   **Aquarium:** 60 cm.
Schwierigkeitsgrad: 2
Anmerkungen: Allesfresser. Frißt alles normale Futter. Blasennest, benötigt jedoch keine Pflanzen für die Konstruktion. Friedlich. Reagiert empfindlich auf eine schlechte Wasserqualität. Relativ dichte Bepflanzung.

Name: *Colisa lalia*
Familie: Belontiidae.
Handelsname: Zwergfadenfisch.
Verbreitung: Indien, Pakistan, Bangladesch.
Temp: 25-28°C.   **Max.Länge:** 8 cm.
Wasser: pH 6-7,5.   **Aquarium:** 60 cm.
Schwierigkeitsgrad: 2
Anmerkungen: Allesfresser. Frißt alles normale Futter. Schaumnest. Friedlich. Scheu. Reagiert empfindlich auf eine schlechte Wasserqualität. Relative dichte Bepflanzung und Schwimmpflanzen. Populärer Aquarienfisch. Manchmal von schlechter Qualität, wahrscheinlich wegen Inzucht.

Name: *Ctenopoma acutirostre*
Familie: Anabantidae
Handelsname: Leopardbuschfisch.
Verbreitung: Kongo.
Temp: 20-26°C.   **Max.Länge:** 15 cm.
Wasser: pH 6-7,5.   **Aquarium:** 90 cm.
Schwierigkeitsgrad: 4
Anmerkungen: Fleischfresser. Lebendfutter. Schaumnest. Friedlich.

Name: *Helostoma temminckii*
Familie: Helostomidae
Handelsname: Küssender Gurami.
Verbreitung: Thailand, Malaysische Halbinsel, Indonesien.
Temp: 23-28°C.   **Max.Länge:** 35 cm.
Wasser: pH 6-8.   **Aquarium:** 200 cm.
Schwierigkeitsgrad: 4.
Anmerkungen: Allesfresser und Pflanzenfresser. Frißt Pflanzen. Frißt alles normale Futter. Schwebende Eier. Männchen kämpfen miteinander. Zu groß für viele Hausaquarien.

Name: *Macropodus opercularis*
Familie: Belontiidae.
Handelsname: Paradiesfisch.
Verbreitung: Südostasien.
Temp: 18-25°C. **Max.Länge**: 10 cm.
Wasser: pH 6-8. **Aquarium**: 80 cm.
Schwierigkeitsgrad: 2.
Anmerkungen: Allesfresser. Frißt alles normale Futter. Schaumnest. Männchen sind extrem aggressiv gegenüber Artgenossen. Wahrscheinlich der zweite Zierfisch (nach dem Goldfisch), der in Europa eingeführt wurde.

Name: *Parosphromenus deissneri*
Familie: Belontiidae
Handelsname: Deissners Prachtzwerggurami.
Verbreitung: Malaysien, Singapur, Indonesien.
Temp: 25-28°C. **Max.Länge**: 4 cm.
Wasser: pH 6-7. **Aquarium**: 60 cm.
Schwierigkeitsgrad: 4.
Anmerkungen: Fleischfresser. Frißt alles normale Futter, bevorzugt jedoch Lebendfutter. Substratbrüter (Höhlen). Friedlich. Sehr empfindlich. Dichte Bepflanzung.

Name: *Sphaerichthys osphromenoides.*
Familie: Belontiidae.
Handelsname: Schokoladengurami.
Verbreitung: Indonesien, Malayische Halbinsel.
Temp: 25-27°C. **Max.Länge**: 6 cm.
Wasser: pH 4-6,5. **Aquarium**: 70 cm.
Schwierigkeitsgrad: 4.
Anmerkungen: Allesfresser. Frißt alles normale Futter, benötigt jedoch auch Lebendfutter. Maulbrüter. Friedlich. Scheu. Sehr empfindlich. Dichte Bepflanzung.

Name: *Trichogaster leeri*
Familie: Belontiidae.
Handelsname: Mosaikfadenfisch.
Verbreitung: Indonesien, Malayische Halbinsel, Thailand.
Temp: 24-28°C. **Max.Länge**: 12 cm.
Wasser: pH 6-7,5. **Aquarium**: 70 cm.
Schwierigkeitsgrad: 1.
Anmerkungen: Allesfresser und Fleischfresser. Frißt alles normale Futter. Schaumnest. Friedlich, jedoch kämpfen die Männchen gegeneinander. Populärer Aquarienfisch und einer der widerstandsfähigsten von allen Kletterfischen.

Name: *Trichogaster microlepis*
Familie: Belontiidae.
Handelsname: Mondschein-Fadenfisch.
Verbreitung: Thailand.
Temp: 25-30°C. **Max.Länge:** 15 cm.
Wasser: pH 6-7. **Aquarium**: 100 cm.
Schwierigkeitsgrad: 3.
Anmerkungen: Allesfresser und Fleischfresser. Frißt alles normale Futter. Schaumnest. Friedlich, jedoch kämpfen die Männchen gegeneinander. Dichte Bepflanzung, jedoch nicht mit dünnblättrigen Pflanzen.

Name: *Trichogaster pectoralis*
Familie: Belontiidae.
Handelsname: Schaufelfadenfisch.
Verbreitung: Thailand, Malaysien, Kambodscha, Vietnam.
Temp: 23-28°C. **Max.Länge:** 25 cm.
Wasser: pH 6-8. **Aquarium**: 100 cm.
Schwierigkeitsgrad: 1.
Anmerkungen: Allesfresser. Frißt alles normale Futter. Schaumnest. Sehr friedlich. Dichte Bepflanzung.

Name: *Trichogaster trichopterus*
Familie: Belontiidae.
Handelsname: Blauer Gurami, Punktierter fadenfisch.
Verbreitung: Laos, Kambodscha, Vietnam, Thailand.
Temp: 22-28°C. **Max.Länge:** 15 cm.
Wasser: pH 6-7,5. **Aquarium**: 80 cm.
Schwierigkeitsgrad: 1.
Anmerkungen: Allesfresser. Frißt alles normale Futter. Schaumnest. Sehr friedlich, jedoch kämpfen die Männchen gegeneinander. Mehrere Farbmorphe. Dichte Bepflanzung. Populärer Aquarienfisch.

Name: *Trichopsis pumila*
Familie: Belontiidae.
Handelsname: Knurrender Zwerggurami.
Verbreitung: Vietnam, Thailand, Malaysien.
Temp: 25-28°C. **Max.Länge:** 3,5 cm.
Wasser: pH 6-7. **Aquarium**: 60 cm.
Schwierigkeitsgrad: 4.
Anmerkungen: Allesfresser und Fleischfresser. Frißt alles normale Futter. Schaumnest. Friedlich, jedoch etwas aggressiv beim Brüten. Dichte Bepflanzung.

Regenbogenfische

Seit einigen Jahren sind die Regenbogenfische bei den Aquarianern sehr beliebt geworden. Wahrscheinlich wären sie noch beliebter, wenn auch die Jungfische die leuchtenden Farben zeigen würden wie die adulten Tiere. Vor allem die Farben der Männchen sind schon etwas besonderes. Leider findet man in den Aquaristikgeschäften gewöhnlich nur die Jungtiere, weshalb den Käufern oft die herrlichen Farben der adulten Tiere nicht bewußt ist.

Der Lebensraum der meisten Regenbogenfische liegt in der Austroasiatischen Region, jedoch kommen sie auch an anderen Stellen vor (z.B. Madagaskar). In freier Natur leben sie in klarem, sauerstoffreichem Wasser, weshalb ein recht starker Filter im Aquarium benötigt wird. Das Wasser sollte neutral mit einem pH von 7 oder etwas darüber sein. Nicht nur ihre Farben haben diese Fische beliebt gemacht, sondern auch, daß sie recht einfach im Aquarium zu halten sind. Die meisten Regenbogenfische sind Schwarmfische, weshalb es ratsam ist, mehrere Tiere einer Art (6-10) zu kaufen. Außerdem zeigen die Männchen ihre Färbung besser, wenn sie mit mehreren anderen Männchen um die Weibchen konkurrieren. Sie bevorzugen viele Pflanzen im Aquarium und einigen Felsen und Holz können auch leicht in den Aufbau integriert werden. Die Pflanzen sind notwendig, weil einige Arten beim Ablaichen ihre Eier zwischen den Pflanzen verstreuen. Die Regenbogenfische sind bezüglich ihrer Ernährung nicht problematisch. Normalerweise fressen sie, was ihnen angeboten wird. Flockenfutter und Körnerfutter werden gerne angenommen, und wenn ihnen hin und wieder etwas Gefrierfutter, z.B. Glaswürmer, Moskitolarven und *Cyclops* angeboten wird, sagen sie auch nicht nein. Es ist möglich, sie mit anderen Fischen derselben Größe ohne besondere Probleme zu vergesellschaften. Es gibt jedoch sehr viele verschiedene Regenbogenfische auf dem Markt, weshalb eigentlich kein Grund besteht, sie mit anderen Fischen zu mischen.

Name: *Bedotia geayi*
Familie: Bedotiidae
Handelsname: Rotschwanz- Ährenfisch.
Verbreitung: Madagaskar.
Temp: 20-25°C.   **Max.Länge:** 12 cm.
Wasser: pH 7,0-8,0.   **Aquarium:** 100 cm.
Schwierigkeitsgrad: 3
Anmerkungen: Allesfresser und Fleischfresser. Frißt alles normale Futter. Eier verstreut zwischen Pflanzen. Schwarmfisch. Lebhafter Fisch. Friedlich. Springt. Aquarium mit Pflanzen und einem großen Schwimmraum.

Name: *Glossolepis incisus*
Familie: Melanotaeniidae.
Handelsname: Lachsroter Regenbogenfisch.
Verbreitung: Papua Neuguinea: Sentanisee; Indonesien.
Temp: 22-24°C.   **Max.Länge:** 15 cm.
Wasser: pH 7,0-8,0.   **Aquarium:** 100 cm.
Schwierigkeitsgrad: 3
Anmerkungen: Allesfresser und Fleischfresser. Benötigt Gefrier- oder Lebendfutter. Eier verstreut zwischen Pflanzen. Schwarmfisch. Lebhafter Fisch. Friedlich. Springt. Aquarium mit Pflanzen und einem großen Schwimmraum.

Name: *Marosatherina ladigesi*
Familie: Telmatherinidae.
Handelsname: Celebes Sonnenstrahlfisch, *Telmatherina ladigesi*.
Verbreitung: Indonesien: südliches Sulawesi.
Temp: 22-28°C.   **Max.Länge:** 9 cm.
Wasser: pH 6,5-8,0.   **Aquarium:** 80 cm.
Schwierigkeitsgrad: 3
Anmerkungen: Allesfresser. Benötigt Gefrier- oder Lebendfutter. Eier verstreut zwischen Pflanzen. Schwarmfisch. Lebhafter Fisch. Friedlich. Empfindlich beim Transport. Aquarium mit Pflanzen und einem großen Schwimmraum. Springt.

Name: *Melanotaenia affinis*
Familie: Melanotaeniidae.
Verbreitung: Papua Neuguinea.
Temp: 20-30°C.   **Max.Länge:** 12 cm.
Wasser: pH 7,0-8,0.   **Aquarium:** 80 cm.
Schwierigkeitsgrad: 3
Anmerkungen: Allesfresser. Benötigt Gefrier- oder Lebendfutter. Eier verstreut zwischen Pflanzen. Schwarmfisch. Lebhafter Fisch. Friedlich. Springt. Aquarium mit Pflanzen und einem großen Schwimmraum.

Name: *Melanotaenia boesemani*
Familie: Melanotaeniidae.
Handelsname: Korallen-Regenbogenfisch
Verbreitung: Papua Neuguinea, Indonesien.
Temp: 26-30°C.   **Max.Länge:** 11 cm.
Wasser: pH 7,0-8,0.   **Aquarium:** 100 cm.
Schwierigkeitsgrad: 3
Anmerkungen: Allesfresser. Benötigt Gefrier- oder Lebendfutter. Eier verstreut zwischen Pflanzen. Schwarmfisch. Lebhafter Fisch. Friedlich. Springt. Aquarium mit Pflanzen und einem großen Schwimmraum.

Name: *Melanotaenia kamaka*
Familie: Melanotaeniidae.
Verbreitung: Papua Neuguinea. Kamakasee; Indonesien.
Temp: 25-29°C.   **Max.Länge:** 8 cm.
Wasser: pH 7,0-8,0.   **Aquarium:** 80 cm.
Schwierigkeitsgrad: 3
Anmerkungen: Allesfresser und Fleischfresser. Benötigt Gefrier- oder Lebendfutter. Eier verstreut zwischen Pflanzen. Schwarmfisch. Lebhafter Fisch. Friedlich. Springt. Aquarium mit Pflanzen und einem großen Schwimmraum.

Name: *Melanotaenia lacustris*
Familie: Melanotaeniidae.
Verbreitung: Papua Neuguinea. Kutubusee.
Temp: 20-25°C.   **Max.Länge:** 12 cm.
Wasser: pH 7,0-8,0.   **Aquarium:** 100 cm.
Schwierigkeitsgrad: 3
Anmerkungen: Allesfresser. Frißt alles normale Futter. Eier verstreut zwischen Pflanzen. Schwarmfisch. Lebhafter Fisch. Friedlich. Springt. Aquarium mit Pflanzen und einem großen Schwimmraum.

Name: *Melanotaenia macullochi*
Familie: Melanotaeniidae.
Handelsname: Zwergregenbogenfisch.
Verbreitung: Nordostaustralien, Papua Neuguinea.
Temp: 20-26°C.   **Max.Länge:** 7 cm.
Wasser: pH 7,0-8,0.   **Aquarium:** 80 cm.
Schwierigkeitsgrad: 3
Anmerkungen: Allesfresser. Benötigt Gefrier- oder Lebendfutter. Eier verstreut zwischen Pflanzen. Schwarmfisch. Lebhafter Fisch. Friedlich. Springt. Aquarium mit Pflanzen und einem großen Schwimmraum.

Name: *Melanotaenia parkinsoni*
Familie: Melanotaeniidae.
Verbreitung: Papua Neuguinea: Kamp Welsh Fluß.
Temp: 24-28°C.   **Max.Länge:** 13 cm.
Wasser: pH 7,0-8,0.   **Aquarium:** 100 cm.
Schwierigkeitsgrad: 3
Anmerkungen: Allesfresser und Fleischfresser. Benötigt Gefrier- oder Lebendfutter. Eier verstreut zwischen Pflanzen. Schwarmfisch. Lebhafter Fisch. Friedlich. Springt. Aquarium mit Pflanzen und einem großen Schwimmraum.

Name: *Melanotaenia praecox*
Familie: Melanotaeniidae.
Handelsname: Neon Regenbogenfisch.
Verbreitung: Papua Neuguinea: Irian Jaya; Indonesien.
Temp: 22-28°C.   **Max.Länge:** 6 cm.
Wasser: pH 7,0-8,0.   **Aquarium:** 80 cm.
Schwierigkeitsgrad: 3
Anmerkungen: Allesfresser. Benötigt Gefrier- oder Lebendfutter. Eier verstreut zwischen Pflanzen. Schwarmfisch. Lebhafter Fisch. Friedlich. Springt. Aquarium mit Pflanzen und einem großen Schwimmraum.

Name: *Melanotaenia pygmaea*
Familie: Melanotaeniidae.
Verbreitung: Australien: Prince Regent Flußgegend.
Temp: 22-26°C.   **Max.Länge:** 7 cm.
Wasser: pH 7,0-8,0.   **Aquarium:** 80 cm.
Schwierigkeitsgrad: 4
Anmerkungen: Allesfresser. Benötigt Gefrier- oder Lebendfutter. Eier verstreut zwischen Pflanzen. Schwarmfisch. Friedlich. Lebhafter Fisch. Springt. Aquarium mit Pflanzen und einem großen Schwimmraum.

Name: *Melanotaenia trifasciata*
Familie: Melanotaeniidae.
Handelsname: Juwelen-Regenbogenfisch.
Verbreitung: Australien.
Temp: 24-30°C.   **Max.Länge:** 12 cm.
Wasser: pH 7,0-8,0.   **Aquarium:** 100 cm.
Schwierigkeitsgrad: 3
Anmerkungen: Allesfresser und Fleischfresser. Benötigt Gefrier- oder Lebendfutter. Eier verstreut zwischen Pflanzen. Schwarmfisch. Lebhafter Fisch. Friedlich. Verschiedene Farbvarianten. Springt. Aquarium mit Pflanzen und einem großen Schwimmraum.

Name: *Pseudomugil furcatus*
Familie: Pseudomugilidae.
Handelsname: Gabelschwanz-Regenbogenfisch.
Verbreitung: Papua Neuguinea.
Temp: 24-26°C.   **Max.Länge:** 6 cm.
Wasser: pH 6,5-8,0.   **Aquarium:** 60 cm.
Schwierigkeitsgrad: 3
Anmerkungen: Allesfresser und Fleischfresser. Benötigt Gefrier- oder Lebendfutter. Eier verstreut zwischen Pflanzen. Schwarmfisch. Lebhafter Fisch. Friedlich. Springt. Aquarium mit Pflanzen und einem großen Schwimmraum.

Welse

In den meisten Aquarien befinden sich ein oder mehrere Welse, auch wenn der Grund für ihre Einsetzung darin liegt, daß sie als Abfallentsorger des Aquariums betrachtet werden, was auch richtig ist, wenn auch nur zum Teil. Es gibt zahlreiche Welsarten (Siluriformes) aus aller Welt, am häufigsten kommen sie jedoch in Südamerika und Afrika vor. Tatsache ist, daß über 2000 verschiedene Arten wissenschaftlich beschrieben wurden. Sie reichen von winzigen Welsen, wie der Zwergpanzerwels (*Corydoras pygmaeus*), bis zu riesigen Arten, wie der Rotflossen-Antennenwels (*Phractocephalus hemioliopterus*), ein Raubfisch von über einem Meter Länge. Letztgenannte Art eignet sich wohl kaum für ein Aquarium.

Die Haut der Welse ist entweder "nackt" oder durch einen Knochenplattenpanzer geschützt. Alle Arten tragen Barteln, sensorische Fortsätze ("Fühler"), die ums Maul angeordnet sind. Bei einigen Arten sind diese sehr lang und dünn, wie die Schnurrhaare einer Katze — daher kommt auch der englische Name "catfish". Diese Barteln sind mit Geschmacksnerven bedeckt, weshalb sie dem Wels bei der Futtersuche behilflich sind, entweder durch Kontakt oder durch "Riechen" im Wasser, aber sie können aber auch andere Fische damit aufspüren.

Die Welse sind in mehrere Gruppen unterteilt. Die am meisten in Aquarien gehaltenen Arten sind die Schwielenwelse (z.B. *Corydoras*) und die Harnischwelse (*Loricariidae*) — Letztere sind auch häufig als Saugmaulwelse bekannt. Beide Gruppen stammen aus Südamerika. Gewöhnlich anzutreffen sind auch die *Synodontis* Arten (Fiederbartwelse) aus Afrika.

Welse werden meistens mit anderen Fischen im Aquarium vergesellschaftet, was in Ordnung ist, da sie ja auch in freier Natur mit anderen Fischen zusammenleben. Man muß jedoch daran denken, daß sehr viele Welse nachtaktiv sind, was bedeutet, daß im Aquarium Verstecke vorhanden sein müssen, in die sie sich tagsüber zurückziehen können. Solche Verstecke kann man unter Verwendung von Holz und Felsen herstellen, und Pflanzen können den nötigen Schutz bieten.

Man sollte auch beim Füttern nicht vergessen, daß sie Nachttiere sind, und einige Welstabletten (die Absinken) ins Aquarium (immer an derselben Stelle) sofort nach dem Ausschalten des Lichts für die Nacht geben. Auch wenn es wahr ist, daß viele Welse Abfallverwerter im Aquarium sind, ist es jedoch falsch anzunehmen, daß sie allein von Futterresten und Algen leben können. Es gibt sehr gute Welstabletten auf dem Markt, die sowohl auf algenfressende und abfallverwertende Arten (z.B. *Corydoras*) abgestimmt sind.

Es wurde bereits im ersten Kapitel dieses Buches (vgl. PFLANZEN) erwähnt, daß mehrere Welsarten (vor allem aus der Gruppe Loricariidae) von den Algen im Aquarium fressen und deshalb gleich am Anfang eingesetzt werden sollten. Auch viele andere Arten suchen das Substrat nach Nahrung ab und halten auf diese Weise den Boden sauber. Es sind nicht nur sehr nützliche Fische, sondern auch sehr interessante, ein weiterer Grund, sie im Aquarium zu haben. Sie beleben auch den Boden des Aquariums, eine Stelle, die viele andere Fischarten selten, wenn überhaupt aufsuchen. Welse sind in der Regel recht anpassungsfähig, was Wasserverhältnisse angeht und können einen breiten pH-, Härte- und Temperatur-Bereich ertragen. Die meisten Arten bevorzugen jedoch relativ neutrales Wasser (pH 6,5-7,4) mit einer Temperatur von 23-26° C, nur die Arten vom Malawi- und Tanganjikasee bevorzugen alkalischeres Wasser.

Name: *Agamyxis pectinifrons*
Familie: Doradidae
Handelsname: Kammdornwels.
Verbreitung: Südamerika
Temp: 22-26°C   **Max.Länge:** 16 cm.
Wasser: pH 6-7,5.   **Aquarium**: 100 cm.
Schwierigkeitsgrad: 2.
Anmerkungen: Allesfresser. Nachtaktiv. Substratbrüter (zwischen Schwimmpflanzen). Kann sehr kleine Fische auffressen. Benötigt mehrere Versteckplätze (Felsen oder Holz).

Name: *Ancistrus ranunculus*
Familie: Loricariidae.
Handelsname: L 34.
Verbreitung: Brasilien: Xingú, Rio Tocantins.
Temp: 24-27°C   **Max.Länge:** 15 cm.
Wasser: pH 6-7,5.   **Aquarium**: 100 cm.
Schwierigkeitsgrad: 3.
Anmerkungen: Pflanzenfresser und Allesfresser. Algenfresser. Substratbrüter (Höhlen). Vorwiegend Nachtaktiv. Friedlich, aber territorial gegenüber artgleichen Männchen. Benötigt mehrere Versteckplätze.

Name: *Ancistrus dolichopterus*
Familie: Loricariidae.
Handelsname: Blauer Antennenwels.
Verbreitung: Amazonasbecken.
Temp: 24-27°C   **Max.Länge:** 13 cm.
Wasser: pH 6-8.   **Aquarium**: 80 cm.
Schwierigkeitsgrad: 1.
Anmerkungen: Pflanzenfresser. Algenfresser. Substratbrüter (Höhlen). Vorwiegend Nachtaktiv. Friedlich, aber manchmal aggressiv beim Brüten. Gewöhnlicher Aquarienfisch .

Name: *Arius seemanni*
Familie: Ariidae.
Handelsname: Westamerikanische Kreuzwels.
Verbreitung: Mexiko bis Peru.
Temp: 20-26°C   **Max.Länge:** 35 cm.
Wasser: pH 7-8.   **Aquarium**: 200 cm.
Schwierigkeitsgrad: 3.
Anmerkungen: Allesfresser und etwa Fleischfresser. Bevorzugt Gefrier- und Lebendfutters. Maulbrüter . Friedlich, wenn mit großen Fischen zusammen. Territorial gegenüber Artgenossen. Adulte Fische bevorzugen Brackwasser.

Name: *Auchenoglanis occidentalis*
Familie: Bagridae.
Handelsname: Augenfleckwels.
Verbreitung: Afrika: Tropisch.
Temp: 20-26°C   **Max.Länge:** 75 cm.
Wasser: pH 6,5-8.   **Aquarium**: 300 cm.
Schwierigkeitsgrad: 5.
Anmerkungen: Allesfresser und Fischfresser. Frißt kleine Fische. Guter Speisefisch. Zu groß für normale Aquarien.

Name: *Baryancistrus* sp. L85
Familie: Loricariidae.
Handelsname: L85.
Verbreitung: Brasilien: Rio Xingú.
Temp: 22-25°C   **Max.Länge:** 25 cm.
Wasser: pH 6,5-7.   **Aquarium**: 120 cm.
Schwierigkeitsgrad: 3.
Anmerkungen: Allesfresser. Frißt einige Algen. Substratbrüter (Höhlen). Vorwiegend Nachtaktiv.

Name: *Brochis britskii*
Familie: Callichthyidae.
Handelsname: Hoher Panzerwels.
Verbreitung: Brasilien: Rio Paraguay.
Temp: 22-25°C **Max.Länge:** 10 cm.
Wasser: pH 6,5-7,5. **Aquarium:** 80 cm.
Schwierigkeitsgrad: 3.
Anmerkungen: Fleischfresser. Benötigt Gefrierfutter, frißt aber auch Trockenfutter. Substratbrüter (zwischen Pflanzen). Friedlich. Tagaktiv. Benötigt feinen Sand (max 2 mm) ohne scharfe Kanten.

Name: *Brochis splendens*
Familie: Callichthyidae.
Handelsname: Smaragd-Panzerwels.
Verbreitung: Brasilien, Ecuador, Peru.
Temp: 22-27°C **Max.Länge:** 9 cm.
Wasser: pH 6,5-7,5. **Aquarium:** 80 cm.
Schwierigkeitsgrad: 2.
Anmerkungen: Allesfresser und Fleischfresser. Gefrierfutter, aber auch Trockenfutter. Substratbrüter (zwischen Pflanzen). Friedlich. Schwarmfisch. Tagaktiv. Benötigt feinen Sand (max 2 mm) ohne scharfe Kanten.

Name: *Callichthys callichthys*
Familie: Callichthyidae.
Handelsname: Schwielenwels.
Verbreitung: Brasilien, Bolivien, Peru, Venezuela, Paraguay.
Temp: 20-28°C **Max.Länge:** 13 cm.
Wasser: pH 6-8. **Aquarium:** 100 cm.
Schwierigkeitsgrad: 1.
Anmerkungen: Allesfresser und Fleischfresser. Adulte Tiere können kleine Fische auffressen. Frißt alles normale Futter. Schaumnestbrüter. Friedlich. Teilweise Nachtaktiv. Benötigt mehrere Versteckplätze.

Name: *Chaca chaca*
Familie: Chacidae.
Handelsname: Großmaulwels.
Verbreitung: Indien, Bangladesch, Nepal.
Temp: 22-25°C **Max.Länge:** 20 cm.
Wasser: pH 6-8. **Aquarium:** 100 cm.
Schwierigkeitsgrad: 4.
Anmerkungen: Fleischfresser. Fischfresser — deshalb nur mit großen Fischen vergesellschaften. Kann an Pellets gewöhnt werden. Benötigt mehrere Versteckplätze.

Name: *Corydoras adolfoi*
Familie: Callichthyidae.
Handelsname: Adolfos Panzerwels.
Verbreitung: Brasilien: Oberer Rio Negro, Rio Uaupés.
Temp: 23-26°C   **Max.Länge:** 5 cm.
Wasser: pH 6-7,5.   **Aquarium**: 60 cm.
Schwierigkeitsgrad: 3.
Anmerkungen: Allesfresser und Fleischfresser. Schwarmfisch. Friedlich. Befestigt die Eier an Pflanzen. Alle Corydoras benötigen feinen Sand (max 2 mm) ohne scharfe Kanten. Benötigt sauerstoffreiches Wasser. Tagaktiv.

Name: *Corydoras aeneus*
Familie: Callichthyidae.
Handelsname: Metall-Panzerwels.
Verbreitung: Venezuela bis Brasilien.
Temp: 24-27°C   **Max.Länge:** 8,5 cm.
Wasser: pH 6-7,5.   **Aquarium**: 60 cm.
Schwierigkeitsgrad: 2.
Anmerkungen: Allesfresser und Fleischfresser. Schwarmfisch. Friedlich. Befestigt die Eier an Pflanzen. Alle *Corydoras* benötigen feinen Sand (max 2 mm) ohne scharfe Kanten. Auch eine Albino-Zuchtform ist erhältlich. Tagaktiv.

Name: *Corydoras araguaiaensis*
Familie: Callichthyidae.
Handelsname: Araguaia-Panzerwels.
Verbreitung: Brasilien: Rio Araguaia.
Temp: 23-26°C   **Max.Länge:** 5,5 cm.
Wasser: pH 6-7,5.   **Aquarium**: 60 cm.
Schwierigkeitsgrad: 3.
Anmerkungen: Allesfresser. Schwarmfisch. Friedlich. Befestigt die Eier an Pflanzen. Alle *Corydoras* benötigen feinen Sand (max 2 mm) ohne scharfe Kanten Benötigt Sauerstoffreich Wasser. Tagaktiv.

Name: *Corydoras barbatus*
Familie: Callichthyidae.
Handelsname: Schabrackenpanzerwels.
Verbreitung: Südbrasilien.
Temp: 24-27°C   **Max.Länge:** 12 cm.
Wasser: pH 6-7,5.   **Aquarium**: 100 cm.
Schwierigkeitsgrad: 2.
Anmerkungen: Allesfresser und Fleischfresser. Schwarmfisch. Friedlich. Befestigt die Eier an Pflanzen. Alle Corydoras benötigen feinen Sand (max 2 mm) ohne scharfe Kanten Tagaktiv.

Name: *Corydoras elegans*
Familie: Callichthyidae.
Handelsname: Schraffierter Panzerwels.
Verbreitung: Brasilien: Amazonasregion.
Temp: 23-26°C   **Max.Länge:** 6 cm.
Wasser: pH 6-7,5.   **Aquarium**: 60 cm.
Schwierigkeitsgrad: 2.
Anmerkungen: Allesfresser und Fleischfresser. Schwarmfisch. Friedlich. Befestigt die Eier an Pflanzen. Alle *Corydoras* benötigen feinen Sand (max 2 mm) ohne scharfe Kanten. Tagaktiv.

Name: *Corydoras habrosus*
Familie: Callichthyidae.
Verbreitung: Kolumbien, Venezuela.
Temp: 24-27°C   **Max.Länge:** 2.5 cm.
Wasser: pH 6-7.   **Aquarium**: 60 cm.
Schwierigkeitsgrad: 3.
Anmerkungen: Allesfresser und Fleischfresser. Schwarmfisch. Friedlich. Befestigt die Eier an Pflanzen. Alle *Corydoras* benötigen feinen Sand (max 2 mm) ohne scharfe Kanten. Tagaktiv.

Name: *Corydoras julii*
Familie: Callichthyidae.
Handelsname: Julipanzerwels.
Verbreitung: Brasilien: Amazonasbecken.
Temp: 23-26°C   **Max.Länge:** 6 cm.
Wasser: pH 6-7,5.   **Aquarium**: 60 cm.
Schwierigkeitsgrad: 4.
Anmerkungen: Allesfresser und Fleischfresser. Schwarmfisch. Friedlich. Befestigt die Eier an Pflanzen. Alle *Corydoras* benötigen feinen Sand (max 2 mm) ohne scharfe Kanten. Tagaktiv. Recht empfindlich.

Name: *Corydoras metae*
Familie: Callichthyidae.
Handelsname: Schwarzrücken-Panzerwels.
Verbreitung: Kolumbien: Rio Meta.
Temp: 23-26°C   **Max.Länge:** 5,5 cm.
Wasser: pH 6-7,5.   **Aquarium**: 60 cm.
Schwierigkeitsgrad: 2.
Anmerkungen: Allesfresser und Fleischfresser. Schwarmfisch. Friedlich. Befestigt die Eier an Pflanzen. Alle *Corydoras* benötigen feinen Sand (max 2 mm) ohne scharfe Kanten. Tagaktiv.

Name: *Corydoras paleatus*
Familie: Callichthyidae.
Handelsname: Marmorierter Panzerwels.
Verbreitung: Südbrasilien bis Argentinien.
Temp: 20-25°C   **Max.Länge**: 8 cm.
Wasser: pH 6,5-7,5.   **Aquarium**: 70 cm.
Schwierigkeitsgrad: 2.
Anmerkungen: Allesfresser und Fleischfresser. Schwarmfisch. Friedlich. Befestigt die Eier an Pflanzen. Alle Corydoras benötigen feinen Sand (max 2 mm) ohne scharfe Kanten. Wird in riesigen Mengen nachgezogen. Tagaktiv.

Name: *Corydoras panda*
Familie: Callichthyidae.
Handelsname: Panda Panzerwels.
Verbreitung: Peru: Ucayali Becken.
Temp: 22-25°C   **Max.Länge**: 4,5 cm.
Wasser: pH 6,5-7,5.   **Aquarium**: 60 cm.
Schwierigkeitsgrad: 3.
Anmerkungen: Allesfresser und Fleischfresser. Schwarmfisch. Friedlich. Befestigt die Eier an Pflanzen. Alle *Corydoras* benötigen feinen Sand (max 2 mm) ohne scharfe Kanten. Tagaktiv.

Name: *Corydoras pygmaeus*
Familie: Callichthyidae.
Handelsname: Zwergpanzerwels.
Verbreitung: Brasilien: Rio Madeira.
Temp: 23-26°C   **Max.Länge**: 2,5 cm.
Wasser: pH 6-7.   **Aquarium**: 60 cm.
Schwierigkeitsgrad: 4.
Anmerkungen: Allesfresser und Fleischfresser. Schwarmfisch. Friedlich. Befestigt die Eier an Pflanzen. Alle *Corydoras* benötigen feinen Sand (max 2 mm) ohne scharfe Kanten. Tagaktiv. Recht empfindlich.

Name: *Corydoras rabauti*
Familie: Callichthyidae.
Handelsname: Rostpanzerwels.
Verbreitung: Amazonasbecken.
Temp: 23-26°C   **Max.Länge**: 6 cm.
Wasser: pH 6-7,5.   **Aquarium**: 60 cm.
Schwierigkeitsgrad: 3.
Anmerkungen: Allesfresser und Fleischfresser. Schwarmfisch. Friedlich. Befestigt die Eier an Pflanzen. Alle Corydoras benötigen feinen Sand (max 2 mm) ohne scharfe Kanten. Tagaktiv.

Name: *Corydoras reticulatus*
Familie: Callichthyidae.
Handelsname: Netz-Panzerwels.
Verbreitung: Amazonasbecken.
Temp: 23-26°C   **Max.Länge:** 7 cm.
Wasser: pH 6-7,5.   **Aquarium**: 60 cm.
Schwierigkeitsgrad: 3.
Anmerkungen: Allesfresser. Schwarmfisch. Friedlich. Befestigt die Eier an Pflanzen. Alle *Corydoras* benötigen feinen Sand (max 2 mm) ohne scharfe Kanten. Benötigt sauerstoffreiches Wasser. Tagaktiv.

Name: *Corydoras robineae*
Familie: Callichthyidae.
Handelsname: Flaggenschwanz-Panzerwels.
Verbreitung: Brasilien: oberer Rio Negro.
Temp: 23-26°C   **Max.Länge:** 7 cm.
Wasser: pH 6-7.   **Aquarium**: 70 cm.
Schwierigkeitsgrad: 3.
Anmerkungen: Allesfresser und Fleischfresser. Schwarmfisch. Friedlich. Befestigt die Eier an Pflanzen. Alle *Corydoras* benötigen feinen Sand (max 2 mm) ohne scharfe Kanten. Benötigt sauerstoffreiches Wasser. Tagaktiv.

Name: *Corydoras sterbai*
Familie: Callichthyidae.
Handelsname: Orangestachel-Panzerwels.
Verbreitung: Brasilien: Rio Guaporé, Bolivien.
Temp: 22-25°C   **Max.Länge:** 8 cm.
Wasser: pH 6-7.   **Aquarium**: 80 cm.
Schwierigkeitsgrad: 2.
Anmerkungen: Allesfresser und Fleischfresser. Schwarmfisch. Friedlich. Befestigt die Eier an Pflanzen. Alle *Corydoras* benötigen feinen Sand (max 2 mm) ohne scharfe Kanten. Benötigt sauerstoffreiches Wasser.

Name: *Dysichthys coracoideus*
Familie: Aspredinidae.
Handelsname: Zweifarbiger Bratpfannenwels.
Verbreitung: Amazonasbecken.
Temp: 23-26°C   **Max.Länge:** 15 cm.
Wasser: pH 6-8.   **Aquarium**: 100 cm.
Schwierigkeitsgrad: 3.
Anmerkungen: Fleischfresser. Lebend- und Gefrierfutter. Friedlich. Substratbrüter. Höhlen- und Nachtaktiv. Benötigt feinen Sand (max 2 mm) ohne scharfe Kanten.

Name: *Farlowella gracilis*
Familie: Loricariidae.
Handelsname: Kleiner Nadelwels.
Verbreitung: Kolumbien.
Temp: 24-26°C **Max.Länge:** 19 cm.
Wasser: pH 6-7. **Aquarium:** 80 cm.
Schwierigkeitsgrad: 4.
Anmerkungen: Pflanzenfresser. Algenfresser. Substratbrüter (Pflanzen). Paarfisch. Friedlich. Empfindlich. Benötigt sauerstoffreiches Wasser von guter Qualität und ein reifes Aquarium.

Name: *Glyptoperichthys gibbiceps*
Familie: Loricariidae.
Handelsname: *Pterygoplichthys gibbiceps*, Segelschilderwels.
Verbreitung: Amazonas- und Orinocobecken.
Temp: 23-27°C **Max.Länge:** 50 cm.
Wasser: pH 6-8. **Aquarium:** 160 cm.
Schwierigkeitsgrad: 1.
Anmerkungen: Pflanzenfresser und Allesfresser. Algenfresser. Friedlich, aber große Männchen verhalten sich gegenüber Artgenossen territorial. Nur für große Aquarien geeignet.

Name: *Hara hara*
Familie: Sisoridae.
Verbreitung: Indien, Nepal, Bangladesch.
Temp: 18-28°C **Max.Länge:** 7 cm.
Wasser: pH 6,5-7,5. **Aquarium:** 80 cm.
Schwierigkeitsgrad: 3.
Anmerkungen: Allesfresser. Bevorzugt Lebendfutter. Schwarmfisch. Bepflanztes Aquarium. Friedlich. Nachtaktiv. Benötigt sauerstoffreiches Wasser von guter Qualität.

Name: *Hemiancistrus* sp. L174
Familie: Loricariidae.
Handelsname: *Ancistrus* sp. L174.
Verbreitung: Brasilien: Rio Xingú.
Temp: 23-27°C **Max.Länge:** 15 cm.
Wasser: pH 6-7,5. **Aquarium:** 120 cm.
Schwierigkeitsgrad: 3.
Anmerkungen: Pflanzenfresser und Allesfresser. Algenfresser. Substratbrüter (Höhlen). Friedlich. Nachtaktiv.

Name: *Hoplosternum littorale*
Familie: Callichthyidae.
Handelsname: Lehmpanzerwels.
Verbreitung: Südamerika.
Temp: 18-27°C   **Max.Länge:** 20 cm.
Wasser: pH 6-7,5.   **Aquarium**: 100 cm.
Schwierigkeitsgrad: 3.
Anmerkungen: Allesfresser. Frißt alles normale Futter. Schaumnestbrüter. Friedlich, jedoch betrachten die adulten Tiere manchmal Jungfische als Futter.

Name: *Hypancistrus zebra*
Familie: Loricariidae.
Handelsname: Zebra Harnischwels, L46.
Verbreitung: Brasilien: Rio Xingú.
Temp: 23-26°C   **Max.Länge:** 10 cm.
Wasser: pH 6-7,5.   **Aquarium**: 80 cm.
Schwierigkeitsgrad: 4.
Anmerkungen: Allesfresser. Algenfresser. Substratbrüter (Pflanzen). Friedlich, jedoch sind die Männchen extrem territorial gegenüber ihren Artgenossen. Nachtaktiv. Dicht bepflanztes Aquarium. Sehr empfindlich für die Weißpünktchenkrankheit.

Name: *Hypostomus margaritifer*
Familie: Loricariidae.
Verbreitung: Brasilien: Rio Piracicaba.
Temp: 23-26°C   **Max.Länge:** 17 cm.
Wasser: pH 6-7,5.   **Aquarium**: 120 cm.
Schwierigkeitsgrad: 3.
Anmerkungen: Allesfresser. Algenfresser. Substratbrüter. Relativ friedlich, jedoch sind die Männchen extrem territorial gegenüber ihren Artgenossen. Nachtaktiv.

Name: *Hypostomus plecostomus*
Familie: Loricariidae.
Handelsname: Plecostomus, Saugmaulwels.
Verbreitung: Northern Südamerika.
Temp: 23-26°C   **Max.Länge:** 50 cm.
Wasser: pH 6-8.   **Aquarium**: 130 cm.
Schwierigkeitsgrad: 1.
Anmerkungen: Allesfresser. Algenfresser. Substratbrüter (Höhlen). Friedlich, jedoch sind die Männchen extrem territorial gegenüber ihren Artgenossen. Höhlen- und Nachtaktiv. Populärer Aquarienfisch, wird aber größer als die meisten Aquarianer wahrhaben wollen.

Name: *Hypostomus* sp. L200
Familie: Loricariidae.
Handelsname: L200.
Verbreitung: Brasilien.
Temp: 23-26°C   **Max.Länge:** 18 cm.
Wasser: pH 6-7.   **Aquarium:** 100 cm.
Schwierigkeitsgrad: 3.
Anmerkungen: Allesfresser. Frißt etwas Algen. Substratbrüter. Friedlich, jedoch sind die Männchen extrem territorial gegenüber ihren Artgenossen. Nachtaktiv.

Name: *Isorineloricaria spinosissima*
Familie: Loricariidae.
Handelsname: *Isorineloricaria festae*, Stachelharnischwels.
Verbreitung: Westecuador.
Temp: 24-28°C   **Max.Länge:** 35 cm.
Wasser: pH 6-8.   **Aquarium:** 160 cm.
Schwierigkeitsgrad: 3.
Anmerkungen: Allesfresser und Pflanzenfresser. Algenfresser. Substratbrüter. Scheu. Friedlich, jedoch sind die Männchen extrem territorial gegenüber ihren Artgenossen. Nachtaktiv.

Name: *Kryptopterus minor*
Familie: Siluridae.
Handelsname: *Kryptopterus bicirrhis*, Indischer Glaswels.
Verbreitung: Südostasien.
Temp: 23-27°C   **Max.Länge:** 8 cm.
Wasser: pH 6,5-7,5.   **Aquarium:** 80 cm.
Schwierigkeitsgrad: 4.
Anmerkungen: Allesfresser. Lebendfutter, akzeptiert aber Trockenfutter. Schwarmfisch. Tagaktiv. Friedlich. Empfindlich.

Name: *Lamontichthys filamentosus*
Familie: Loricariidae.
Handelsname: Filament-Störwels.
Verbreitung: Brasilien, Ecuador, Bolivien, Peru.
Temp: 23-26°C   **Max.Länge:** 22 cm.
Wasser: pH 6-7,5.   **Aquarium:** 120 cm.
Schwierigkeitsgrad: 3.
Anmerkungen: Allesfresser. Frißt einige Algen. Benötigt Lebend- oder Gefrierfutter, akzeptiert aber manchmal Trockenfutter. Substratbrüter. Friedlich, jedoch sind die Männchen etwas territorial. Nachtaktiv.

Name: *Leporacanthicus galaxias*
Familie: Loricariidae.
Handelsname: Rüsselzahnwels.
Verbreitung: Brasilien: Amazonasbecken.
Temp: 23-26°C **Max.Länge:** 35 cm.
Wasser: pH 6-7. **Aquarium**: 150 cm.
Schwierigkeitsgrad: 3.
Anmerkungen: Pflanzenfresser. Algenfresser. Substratbrüter. Friedlich, jedoch sind die Männchen recht territorial gegenüber ihren Artgenossen. Nachtaktiv. Benötigt sauerstoffreiches Wasser von guter Qualität.

Name: *Leporacanthicus heterodon*
Familie: Loricariidae.
Handelsname: L172.
Verbreitung: Brasilien.
Temp: 23-26°C **Max.Länge:** 25 cm.
Wasser: pH 6-7. **Aquarium**: 120 cm.
Schwierigkeitsgrad: 3.
Anmerkungen: Allesfresser. Frißt etwas Algen. Substratbrüter. Friedlich, jedoch sind die Männchen territorial gegenüber ihren Artgenossen. Nachtaktiv.

Name: *Liosomadoras oncinus*
Familie: Auchenipteridae.
Handelsname: Jaguarwels, Onca.
Verbreitung: Peru, Brasilien.
Temp: 21-25°C **Max.Länge:** 17 cm.
Wasser: pH 5-7. **Aquarium**: 120 cm.
Schwierigkeitsgrad: 3.
Anmerkungen: Fleischfresser und Fischfresser. Lebendfutter (Fische kleiner als 4-5 cm) und Gefrierfutter. Eier werden innerlich befruchtet. Nachtaktiv. Relativ friedlich. Mehrere Farbmuster.

Name: *Megalancistrus gigas*
Familie: Loricariidae.
Handelsname: L113.
Verbreitung: Paraguay.
Temp: 23-26°C **Max.Länge:** 25 cm.
Wasser: pH 6-7,5. **Aquarium**: 150 cm.
Schwierigkeitsgrad: 3.
Anmerkungen: Pflanzenfresser und Allesfresser. Substratbrüter. Frißt etwas Algen. Friedlich, jedoch sind die Männchen territorial gegenüber ihren Artgenossen. Nachtaktiv.

Name: *Megalodoras irwini*
Familie: Doradidae.
Verbreitung: Amazonasbecken.
Temp: 23-26°C   **Max.Länge:** 70 cm.
Wasser: pH 6-7,5.   **Aquarium**: 250 cm.
Schwierigkeitsgrad: 4.
Anmerkungen: Allesfresser: Früchte, Schnecken, usw. Friedlich. Adulte Tiere sind zu groß für ein normales Aquarium (wächst jedoch langsam).

Name: *Microglanis iheringi*
Familie: Pimelodidae.
Handelsname: Marmor-Antennenwels, Hummelwels.
Verbreitung: Peru, Kolumbien, Venezuela.
Temp: 21-26°C   **Max.Länge:** 8 cm.
Wasser: pH 6-8.   **Aquarium**: 80 cm.
Schwierigkeitsgrad: 2.
Anmerkungen: Allesfresser. Gefrierfutter, akzeptiert jedoch auch Trockenfutter. Eiverstreuer. Nachtaktiv und scheu. Friedlich.

Name: *Otocinclus vittatus*
Familie: Loricariidae.
Handelsname: Längsstreifen-Ohrgitter-Harnischwels.
Verbreitung: Brasilien, Peru, Bolivien.
Temp: 21-25°C   **Max.Länge:** 5,5 cm.
Wasser: pH 6-7,5.   **Aquarium**: 50 cm.
Schwierigkeitsgrad: 3.
Anmerkungen: Allesfresser. Alle *Otocinclus* sind exzellente Algenfresser für kleine Aquarien. Benötigt pflanzliche Nahrung, z. B. Algen, gefrorene grüne Erbsen (aufgetaut), und vegetarisches Tablettenfutter. Substratbrüter (Pflanzen). Friedlich.

Name: *Panaque nigrolineatus*
Familie: Loricariidae.
Handelsname: Schwarzstreifen Harnischwels.
Verbreitung: Venezuela bis Süd-Brasilien.
Temp: 22-26°C   **Max.Länge:** 60 cm.
Wasser: pH 6-7,5.   **Aquarium**: 160 cm.
Schwierigkeitsgrad: 3.
Anmerkungen: Pflanzenfresser. Algenfresser, Benötigt viele Algen. Verträgt auch vegetarisches Tablettenfutter und gefrorene grüne Erbsen (aufgetaut). Friedlich. Männchen sind territorial. Manchmal nachtaktiv. In freier Natur max 60 cm, im Aquarium max. 40cm.

Name: *Panaque suttoni*
Familie: Loricariidae.
Handelsname: *Panaque suttonorum*, Blauaugen Harnischwels.
Verbreitung: Kolumbien, Guayana.
Temp: 22-25°C   **Max.Länge:** 45 cm.
Wasser: pH 6-7,5.   **Aquarium**: 150 cm.
Schwierigkeitsgrad: 3.
Anmerkungen: Allesfresser. Algenfresser. Nimmt auch vegetarisches Tablettenfutter und gefrorene grüne Erbsen (aufgetaut) an. Friedlich. Männchen sind territorial. Etwas nachtaktiv. Im Aquarium max. 35 cm.

Name: *Pangasius hypophthalmus*
Familie: Pangasiidae.
Handelsname: *Pangasius sutchii*, Haiwels.
Verbreitung: Thailand.
Temp: 22-25°C   **Max.Länge:** 130 cm.
Wasser: pH 6,5-7,5.   **Aquarium:** 300 cm.
Schwierigkeitsgrad: 5.
Anmerkungen: Allesfresser. Frißt alles normale Futter. Schwarmfisch. Zu groß für die meisten Aquarien. Springt. 130 cm In freier Natur — 80 cm in Aquaria.

Name: *Parancistrus aurantiacus*
Familie: Loricariidae.
Verbreitung: Brasilien, Peru.
Temp: 23-27°C   **Max.Länge:** 18 cm.
Wasser: pH 6-7,5.   **Aquarium:** 120 cm.
Schwierigkeitsgrad: 3.
Anmerkungen: Allesfresser. Frißt etwas Algen. Substratbrüter. Friedlich, jedoch verhalten sich die Männchen gegenüber ihren Artgenossen territorial. Nachtaktiv.

Name: *Peckoltia pulcher*
Familie: Loricariidae.
Handelsname: *Peckoltia pulchra*, Bebänderter Zwergschilderwels.
Verbreitung: Kolumbien, Brasilien: Rio Negro.
Temp: 23-27°C   **Max.Länge:** 8 cm.
Wasser: pH 6-7,5.   **Aquarium:** 80 cm.
Schwierigkeitsgrad: 3.
Anmerkungen: Pflanzenfresser. Frißt mehr oder weniger nur Algen, deshalb sollten mehrere Tiere in einem 60-L Wasserbecken gehalten werden, damit ausreichend Algen wachsen. Friedlich, jedoch verhalten sich die Männchen gegenüber ihren Artgenossen territorial. Etwas nachtaktiv.

Name: *Peckoltia* sp. L66
Familie: Loricariidae.
Handelsname: L66.
Verbreitung: Brasilien: Rio Xingú.
Temp: 23-27°C   **Max.Länge**: 12 cm.
Wasser: pH 6-7,5.   **Aquarium**: 100 cm.
Schwierigkeitsgrad: 3.
Anmerkungen: Pflanzenfresser. Algenfresser. Substratbrüter. Friedlich, jedoch verhalten sich die Männchen gegenüber ihren Artgenossen territorial. Etwas nachtaktiv.

Name: *Peckoltia vittata*
Familie: Loricariidae.
Handelsname: Zierbinden Zwergschilderwels.
Verbreitung: Brasilien: Amazonasregion.
Temp: 23-27°C   **Max.Länge**: 14 cm.
Wasser: pH 5,5-7,5.   **Aquarium**: 100 cm.
Schwierigkeitsgrad: 2.
Anmerkungen: Pflanzenfresser. Algenfresser. Fressen mehr oder weniger nur Algen, weshalb mehrere Fische in einem 60-L Becken gehalten werden sollten, damit ausreichend Algenwachstum gesichert ist. Friedlich, jedoch verhalten sich die Männchen gegenüber ihren Artgenossen territorial. Etwas nachtaktiv.

Name: *Phractocephalus hemioliopterus*
Familie: Pimelodidae.
Handelsname: Rotschwanz Antennenwels.
Verbreitung: Amazonasbecken.
Temp: 20-26°C   **Max.Länge**: 130 cm.
Wasser: pH 5,5-7.   **Aquarium**: 400 cm.
Schwierigkeitsgrad: 5.
Anmerkungen: Allesfresser und Fischfresser. Frißt alles, einschließlich der meisten anderen Fische im Aquarium. Territorial. Wächst sehr schnell. Wird als attraktiver Jungfisch verkauft, wird aber schnell zu groß für normale Aquarien.

Name: *Pimelodus ornatus*
Familie: Pimelodidae.
Handelsname: Blauer Schmuck Antennenwels.
Verbreitung: Peru, Surinam, Brasilien.
Temp: 23-26°C   **Max.Länge**: 30 cm.
Wasser: pH 6-7,5.   **Aquarium**: 200 cm.
Schwierigkeitsgrad: 3.
Anmerkungen: Allesfresser. Frißt kleine Fische (< 6cm). Eierstreuer. Sehr aktive Schwimmer — ruhelos.

Name: *Pimelodus pictus*
Familie: Pimelodidae.
Handelsname: Engel-Antennenwels.
Verbreitung: Peru, Kolumbien.
Temp: 23-26°C   **Max.Länge:** 15 cm.
Wasser: pH 6-7,5.   **Aquarium**: 120 cm.
Schwierigkeitsgrad: 2.
Anmerkungen: Allesfresser. Friedlich, können aber kleine Fische fressen. Nachtaktiv. Eiverstreuer. Sehr aktive Schwimmer. Etwas unruhig. Zwei Varianten sind bekannt; verschieden Flecke.

Name: *Platydoras costatus*
Familie: Doradidae.
Handelsname: Linien-Dornwels.
Verbreitung: Brasilien bis Peru.
Temp: 23-28°C   **Max.Länge:** 22 cm.
Wasser: pH 6-7,5.   **Aquarium**: 120 cm.
Schwierigkeitsgrad: 2.
Anmerkungen: Allesfresser. Fischfresser — frißt kleine Fische. Verhalten sich gegenüber ihren Artgenossen extrem territorial und streiten sich auch mit nachtaktiven Welsen. Feiner Sand m Aquarium.

Name: *Pseudacanthicus leopardus*
Familie: Loricariidae.
Handelsname: L114.
Verbreitung: Brasilien: Rio Negro.
Temp: 24-26°C   **Max.Länge:** 30 cm.
Wasser: pH 6-7,5.   **Aquarium**: 200 cm.
Schwierigkeitsgrad: 4.
Anmerkungen: Allesfresser. Frißt etwas Algen. Substratbrüter. Etwas nachtaktiv. Verhalten sich gegenüber ihren Artgenossen territorial.

Name: *Pseudacanthicus* sp. "Scarlet"
Familie: Loricariidae.
Handelsname: L25.
Verbreitung: Brasilien: Rio Xingú.
Temp: 24-26°C   **Max.Länge:** 35 cm.
Wasser: pH 6-7,5.   **Aquarium**: 200 cm.
Schwierigkeitsgrad: 4.
Anmerkungen: Allesfresser. Algenfresser. Substratbrüter. Etwas nachtaktiv. Verhalten sich gegenüber ihren Artgenossen territorial.

Name: *Sciades pictus*
Familie: Pimelodidae.
Handelsname: *Leiarius pictus.*
Verbreitung: Amazonasregion.
Temp: 23-26°C **Max.Länge:** 60 cm.
Wasser: pH 6-7,5. **Aquarium:** 250 cm.
Schwierigkeitsgrad: 5.
Anmerkungen: Fleischfresser. Fischfresser. Frißt andere Fische, aber akzeptiert auch große Regenwürmer. Sollte nur mit sehr großen Fischen vergesellschaftet werden. Empfindlich.

Name: *Scobinancistrus aureatus*
Familie: Loricariidae.
Handelsname: L14.
Verbreitung: Brasilien: Rio Xingú.
Temp: 23-28°C **Max.Länge:** 35 cm.
Wasser: pH 6-7,5. **Aquarium:** 200 cm.
Schwierigkeitsgrad: 4.
Anmerkungen: Allesfresser. Frißt etwas Algen. Substratbrüter. Etwas nachtaktiv. Verhalten sich gegenüber ihren Artgenossen territorial.

Name: *Sorubim lima*
Familie: Pimelodidae.
Handelsname: Spatelwels.
Verbreitung: Südamerika.
Temp: 23-28°C **Max.Länge:** 60 cm.
Wasser: pH 6,5-8. **Aquarium:** 200 cm.
Schwierigkeitsgrad: 3.
Anmerkungen: Fleischfresser. Fischfresser, nicht mit kleineren Fischen zusammen halten. Akzeptiert auch Gefrierfutter und manchmal Pellets. Benötigt sauerstoffreiches Wasser von guter Qualität.

Name: *Sturisoma aureum*
Familie: Loricariidae.
Handelsname: Goldbartwels.
Verbreitung: Kolumbien, Venezuela, Brasilien.
Temp: 24-27°C **Max.Länge:** 30 cm.
Wasser: pH 6-7,5. **Aquarium:** 120 cm.
Schwierigkeitsgrad: 3.
Anmerkungen: Pflanzenfresser. Algenfresser. Algen und pürrierte (aufgetaut) gefrorene grüne Erbsen notwendig. Substratbrüter (Pflanzen). Verhalten sich gegenüber ihren Artgenossen etwas territorial. Gute Wasserqualität und starke Wasserbewegung benötigt.

Name: *Synodontis angelicus*
Familie: Mochokidae.
Handelsname: Perlhuhnwels.
Verbreitung: Kongobecken.
Temp: 23-26°C   **Max.Länge:** 30 cm.
Wasser: pH 6-8.   **Aquarium:** 150 cm.
Schwierigkeitsgrad: 4.
Anmerkungen: Allesfresser. Frißt alles normale Futter. Friedlich, aber halbwüchsige Tiere können extrem territorial sein. Nachtaktiv. Benötigt Versteckplätze. Etwas empfindlich.

Name: *Synodontis brichardi*
Familie: Mochokidae.
Verbreitung: Unterer Kongofluß.
Temp: 23-26°C   **Max.Länge:** 15 cm.
Wasser: pH 6-8.   **Aquarium:** 120 cm.
Schwierigkeitsgrad: 3.
Anmerkungen: Allesfresser. Frißt alles normale Futter. Höhlen- und nachtaktiv. Friedlich. Starke Wasserbewegung benötigt . Benötigt Versteckplätze.

Name: *Synodontis decorus*
Familie: Mochokidae.
Handelsname: Schmuck-Fiederbartwels.
Verbreitung: Oberer Kongo, Kamerun.
Temp: 23-26°C   **Max.Länge:** 30 cm.
Wasser: pH 6-8.   **Aquarium:** 150 cm.
Schwierigkeitsgrad: 3.
Anmerkungen: Allesfresser. Frißt alles normale Futter. Höhlen- und Nachtaktiv. Recht friedlich. Starke Wasserbewegung benötigt . Benötigt Versteckplätze.

Name: *Synodontis flavitaeniatus*
Familie: Mochokidae.
Handelsname: Gelbbinden-Fiederbartwels.
Verbreitung: Zaire: Stanley Pool.
Temp: 23-26°C   **Max.Länge:** 20 cm.
Wasser: pH 6-8.   **Aquarium:** 150 cm.
Schwierigkeitsgrad: 2.
Anmerkungen: Allesfresser. Frißt alles normale Futter. Weniger Nachtaktiver als viele andere *Synodontis* Arten. Friedlich. Starke Wasserbewegung benötigt . Benötigt Versteckplätze.

Name: *Synodontis granulosus*
Familie: Mochokidae.
Handelsname: Leuchtbaken Fiederbartwels.
Verbreitung: Tanganjikasee.
Temp: 23-27°C **Max.Länge**: 27 cm.
Wasser: pH 7-8,5. **Aquarium**: 200 cm.
Schwierigkeitsgrad: 4.
Anmerkungen: Allesfresser. Frißt alles normale Futter. Tagaktiv und in Höhlen lebend. Friedlich. Starke Wasserbewegung benötigt . Benötigt Versteckplätze. Etwas empfindlich.

Name: *Synodontis multipunctatus*
Familie: Mochokidae.
Handelsname: Vielpunkt-Fiederbartwels.
Verbreitung: Tanganjikasee.
Temp: 23-27°C **Max.Länge**: 25 cm.
Wasser: pH 7-8,5. **Aquarium**: 200 cm.
Schwierigkeitsgrad: 2.
Anmerkungen: Allesfresser. Frißt alles normale Futter. Kuckucksbrüter. Tagaktiv und in Höhlen. Friedlich. Am besten in kleinen Gruppen halten. Starke Wasserbewegung benötigt . Benötigt Versteckplätze.

Name: *Synodontis nigriventris*
Familie: Mochokidae.
Handelsname: Rückenschwimmender Kongowels.
Verbreitung: Kongobecken.
Temp: 23-26°C **Max.Länge:** 10 cm.
Wasser: pH 6-7,5. **Aquarium**: 80 cm.
Schwierigkeitsgrad: 1.
Anmerkungen: Allesfresser. Frißt alles normale Futter. Substratbrüter (Höhlen). Höhlen- und nachtaktiv. Friedlich. Am besten in kleinen Gruppen halten. Schwimmt meistens kopfüber. Benötigt Versteckplätze.

Name: *Synodontis njassae*
Familie: Mochokidae.
Handelsname: Malawi Fiederbartwels.
Verbreitung: Malawisee.
Temp: 22-25°C **Max.Länge**: 20 cm.
Wasser: pH 7-8,5. **Aquarium**: 120 cm.
Schwierigkeitsgrad: 1.
Anmerkungen: Allesfresser. Frißt alles normale Futter. Substratbrüter (Höhlen). Höhlen- und nachtaktiv. Friedlich, jagt jedoch manchmal auf kleinere Fische. Benötigt Versteckplätze.

Name: *Synodontis notatus*
Familie: Mochokidae.
Handelsname: Einpunkt-Fiederbartwels.
Verbreitung: Kongo.
Temp: 23-26°C   **Max.Länge**: 20 cm.
Wasser: pH 6-7,5.   **Aquarium**: 120 cm.
Schwierigkeitsgrad: 2.
Anmerkungen: Allesfresser. Frißt alles normale Futter. Höhlen- und nachtaktiv. Friedlich, jedoch können halbwüchsige Fische sehr aggressiv sein. Benötigt Versteckplätze.

Name: *Synodontis polli*
Familie: Mochokidae.
Handelsname: Polls Fiederbartwels.
Verbreitung: Tanganjikasee.
Temp: 22-26°C   **Max.Länge**: 16 cm.
Wasser: pH 7,5-8,5.   **Aquarium**: 120 cm.
Schwierigkeitsgrad: 2.
Anmerkungen: Allesfresser. Frißt alles normale Futter. Wahrscheinlich ein Kuckucksbrüter. Höhlen- und nachtaktiv. Friedlich. Starke Wasserbewegung benötigt. Benötigt Versteckplätze.

Name: *Tatia perugiae*
Familie: Auchenipteridae.
Verbreitung: Kolumbien, Peru, Ecuador.
Temp: 24-28°C   **Max.Länge**: 8 cm.
Wasser: pH 6-7.   **Aquarium**: 60 cm.
Schwierigkeitsgrad: 3.
Anmerkungen: Fleischfresser. Hat ein kleines Maul und benötigt deshalb kleine Futterstücke. Nachtaktiv. Friedlich. Einzelgänger. Benötigt Versteckplätze.

Name: *Wallago attu*
Familie: Siluridae.
Handelsname: Hubschrauber-Wels.
Verbreitung: Tropisches Asien.
Temp: 22-26°C   **Max.Länge**: 240 cm.
Wasser: pH 6,5-7,5.   **Aquarium**: 500 cm.
Schwierigkeitsgrad: 5.
Anmerkungen: Allesfresser. Fischfresser, frißt alles was kleiner ist als er selbst. Nachtaktiv. Springt. Kein Aquarienfisch.

Südamerikanische Buntbarsche

Südamerika ist ein großer Kontinent und hier werden viele der am häufigsten vorkommenden Aquarienfische gefunden, zum Beispiel der Neon und Neontetras. Von hier stammen auch viele schöne und interessante Buntbarscharten, die in der Aquaristik sehr beliebt geworden sind, z.B. Segelflosser, Diskus und der südamerikanische Schmetterlingsbuntbarsch (*Mikrogeophagus ramirezi*), um nur einige zu erwähnen. Der wichtigste Lebensraum der Buntbarsche ist das gigantische Amazonasbecken, jedoch findet man sie selten im offenen Wasser großer Flüsse. Sie leben meistens in Bächen, Teichen und Seen, und einen Teil des Jahres in überschwemmtem Wald. In diesen Biotopen verstecken sie sich gewöhnlich zwischen Wurzeln und Totholz oder im Blattabfall auf dem Boden.

In Südamerika findet man eine große Vielfalt an Buntbarschen, von den sehr kleinen Zwergcichliden (z.B. *Apistogramma* Arten) über die majestätischen Segelflosser und den Diskus (Letzterer wird oft der König der Aquarienfische genannt) bis zu den gigantischen Oscars (*Astronotus ocellatus*), und es sollte selbstredend sein, daß derart unterschiedliche Fische nicht miteinander vergesellschaftet werden können, auch wenn sie alle Buntbarsche sind und alle aus Südamerika stammen. Hier gelten dieselben Regeln, wie für andere Aquarienfische (abgesehen von wenigen Ausnahmen): mischen Sie keine großen Fische mit kleinen, und halten Sie keine Raubfische zusammen mit kleineren Arten.

Die Ausgestaltung eines Aquariums für südamerikanische Buntbarsche wird von der Art, die Sie pflegen möchten, bestimmt. Ein Aquarium für Oscars kann nur mit großen Stücken Holz und Felsen geschmückt werden, da sie sowieso alles im Aquarium bewegen werden. Die sogenannten Erdfresser (*Geophagus* Arten, usw.) sind normalerweise viel einfacher im Aquarium zu pflegen, auch wenn sie relativ groß werden können. Da sie den Kies "durchsieben", sollte dieser sehr feinkörnig sein (max. 2 mm). Die Zwergcichliden werden oft mit verschiedenen Salmler und Welsen vergesellschaftet, und können gut in einem bepflanzten Aquarium mit etwas Holz und kleinen Felsen, die zur Schaffung einiger Höhlen verwendet werden sollten, gepflegt werden.

Das Wasser ist in Südamerika meistens weich und sauer bis neutral (pH 5-7), variiert jedoch etwas je nach geographischer und saisonaler Veränderung. Die Temperatur erstreckt sich zwischen 24-30°C. Im Aquarium mit südamerikanischen Fischen sollten für die meisten Arten die Temperatur 25-27°C und der pH 6.,5-7 sein. Die meisten südamerikanischen Buntbarsche sind Substratbrüter (vgl. ZUCHT), obwohl einige Arten maulbrütend sind. Oft ist es unmöglich, bei den Jungfischen und manchmal auch bei den adulten Tieren vieler Arten irgendeinen sexuellen Dimorphismus festzustellen, weshalb es angeraten ist, eine Gruppe Tiere von jeder Art zu kaufen, und sich natürlich Paare ausbilden zu lassen. Südamerikanische Buntbarsche sind im Hinblick auf Futter unproblematisch. Flockenfutter und Granulat einer hohen Qualität, kombiniert mit Gefrierfutter, wie *Cyclops*, Glaswürmer und Moskitolarven werden dankend angenommen (vgl. FUTTER). .

Name: *Acarichthys heckelii*
Familie: Cichlidae.
Handelsname: Heckels Buntbarsch.
Verbreitung: Nordost Südamerika.
Temp: 22-27°C. **Max.Länge:** 22 cm.
Wasser: pH 6,0-7,0 **Aquarium**: 150 cm.
Schwierigkeitsgrad: 3.
Anmerkungen: Allesfresser. Lebendfutter, nimmt jedoch anderes Futter an, wenn er eingewöhnt ist.. Territorial, jedoch relativ friedlich. Paarfisch. Substratbrüter (Höhlen).

Name: *Aequidens pulcher*
Familie: Cichlidae.
Handelsname: *Aequidens latifrons*, Blaupunkt-Buntbarsch.
Verbreitung: Trinidad, Venezuela, Kolumbien.
Temp: 22-25°C. **Max.Länge:** 20 cm.
Wasser: pH 6,8-7,5 **Aquarium**: 100 cm.
Schwierigkeitsgrad: 2.
Anmerkungen: Fleischfresser und Allesfresser. Lebend- und Gefrierfutter. Akzeptiert auch Trockenfutter. Territorial, und etwas aggressiv. Paarfisch. Offener Substratbrüter.

Name: *Aequidens rivulatus*
Familie: Cichlidae.
Handelsname: Goldsaum-Buntbarsch.
Verbreitung: West- Ecuador.
Temp: 20-25°C.   **Max.Länge:** 25 cm.
Wasser: pH 6,5-7,5   **Aquarium**: 120 cm.
Schwierigkeitsgrad: 3.
Anmerkungen: Fleischfresser und Allesfresser. Frißt jedes normale Futter. Territorial und aggressiv. Paarfisch. Offener Substratbrüter.

Name: *Apistogramma agassizii*
Familie: Cichlidae.
Verbreitung: Peru, Brasilien.
Temp: 25-27°C.   **Max.Länge:** 8 cm.
Wasser: pH 5,0-6,5.   **Aquarium**: 80 cm.
Schwierigkeitsgrad: 3.
Anmerkungen: Fleischfresser und Allesfresser. Kleines Lebendfutter, kombiniert mit Trocken-/Gefrierfutter. Territorial. Friedlich. Substratbrüter (Höhlen). Für mehr als ein Männchen wird ein größeres Aquarium benötigt. Benötigt Verstecksplätze und dichte Bepflanzung.

Name: *Apistogramma bitaeniata*
Familie: Cichlidae.
Handelsname: Zweistreifen-Zwergbuntbarsch.
Verbreitung: Peru, Kolumbien, Brasilien.
Temp: 24-27°C.   **Max.Länge:** 7 cm.
Wasser: pH 5,5-7,0   **Aquarium**: 60 cm.
Schwierigkeitsgrad: 3.
Anmerkungen: Fleischfresser und Allesfresser. Kleines Lebendfutter, kombiniert mit Gefrier-/Trockenfutter. Territorial. Friedlich. Substratbrüter (Höhlen). Für mehr als ein Männchen wird ein größeres Aquarium benötigt. Benötigt Verstecksplätze und dichte Bepflanzung.

Name: *Apistogramma borelli*
Familie: Cichlidae.
Handelsname: Gelber Zwergbuntbarsch.
Verbreitung: Brasilien: Matto Grosso, Rio Paraguay.
Temp: 24-26°C.   **Max.Länge:** 7 cm.
Wasser: pH 6,0-7,0   **Aquarium**: 60 cm.
Schwierigkeitsgrad: 3.   **Anmerkungen:** Allesfresser. Kleines Lebendfutter, kombiniert mit Gefrier- /Trockenfutter. Territorial. Friedlich. Höhlenbrüter. Für mehr als ein Männchen wird ein größeres Aquarium benötigt. Benötigt Verstecksplätze und dichte Bepflanzung.

Name: *Apistogramma cacatuoides*
Familie: Cichlidae.
Handelsname: Kakadu-Zwergbuntbarsch.
Verbreitung: Peru, Brasilien.
Temp: 24-26°C.   **Max.Länge:** 7 cm.
Wasser: pH 6,0-7,5. **Aquarium:** 60 cm.
Schwierigkeitsgrad: 2.
Anmerkungen: Fleischfresser und Allesfresser. Kleines Lebendfutter, kombiniert mit Gefrier-/Trockenfutter. Territorial. Friedlich. Substratbrüter (Höhlen). Für mehr als ein Männchen wird ein größeres Aquarium benötigt. Benötigt Versteckplätze und dichte Bepflanzung.

Name: *Apistogramma hongsloi*
Familie: Cichlidae.
Handelsname: Rotstrich-Zwergbuntbarsch.
Verbreitung: Venezuela, Kolumbien.
Temp: 24-27°C.   **Max.Länge:** 8 cm.
Wasser: pH 5,0-6,5. **Aquarium:** 80 cm.
Schwierigkeitsgrad: 3.
Anmerkungen: Fleischfresser. Kleines Lebendfutter. Akzeptiert manchmal auch Trocken-/Gefrierfutter. Territorial. Friedlich. Substratbrüter (Höhlen). Für mehr als ein Männchen wird ein größeres Aquarium benötigt. Benötigt Versteckplätze und dichte Bepflanzung.

Name: *Apistogramma nijsseni*
Familie: Cichlidae.
Handelsname: Panda Zwergbuntbarsch.
Verbreitung: Peru: Rio Ucayali Mündungsgebiet.
Temp: 24-27°C.   **Max.Länge:** 9 cm.
Wasser: pH 5,0-6,5. **Aquarium:** 100 cm.
Schwierigkeitsgrad: 3.
Anmerkungen: Fleischfresser. Kleines Lebendfutter. Akzeptiert bisweilen auch Trocken-/Gefrierfutter. Territorial. Friedlich. Substratbrüter (Höhlen). Für mehr als ein Männchen wird ein größeres Aquarium benötigt. Benötigt Versteckplätze und dichte Bepflanzung.

Name: *Apistogramma panduro*
Familie: Cichlidae.
Handelsname: Pandurini Zwergbuntbarsch.
Verbreitung: Peru: Rio Ucayali Mündungsgebiet.
Temp: 24-27°C.   **Max.Länge:** 8 cm.
Wasser: pH 5,5-7,0. **Aquarium:** 60 cm.
Schwierigkeitsgrad: 3.
Anmerkungen: Allesfresser. Kleines Lebendfutter. Akzeptiert bisweilen Trocken-/Gefrierfutter. Territorial. Friedlich. Substratbrüter (Höhlen). Für mehr als ein Männchen wird ein größeres Aquarium benötigt.. Benötigt Versteckplätze und dichte Bepflanzung.

Name: *Apistogramma pertensis*
Familie: Cichlidae.
Verbreitung: Mittlerer Amazonas.
Temp: 23-28°C. **Max.Länge:** 7 cm.
Wasser: pH 5,0-6,0. **Aquarium**: 60 cm.
Schwierigkeitsgrad: 4.
Anmerkungen: Fleischfresser. Kleines Lebendfutter. Akzeptiert manchmal Trocken-/Gefrierfutter. Territorial. Friedlich. Substratbrüter (Höhlen). Für mehr als ein Männchen wird ein größeres Aquarium benötigt. Benötigt Verstecktplätze und dichte Bepflanzung.

Name: *Apistogramma viejita*
Familie: Cichlidae.
Handelsname: Schwarzkehl-Zwergbuntbarsch.
Verbreitung: Kolumbien: Rio Meta Mündungsgebiet
Temp: 24-27°C. **Max.Länge:** 8 cm.
Wasser: pH 5,5-6,5. **Aquarium**: 60 cm.
Schwierigkeitsgrad: 4.
Anmerkungen: Fleischfresser. Kleines Lebendfutter. Akzeptiert manchmal Trocken-/Gefrierfutter. Territorial. Friedlich. Substratbrüter (Höhlen). Für mehr als ein Männchen wird ein größeres Aquarium benötigt. Benötigt Verstecktplätze und dichte Bepflanzung.

Name: *Astronotus ocellatus*
Familie: Cichlidae.
Handelsname: Pfauenaugen-Buntbarsch.
Verbreitung: Amazonasbecken.
Temp: 24-26°C. **Max.Länge:** 40 cm.
Wasser: pH 6,0-8,0. **Aquarium**: 160 cm.
Schwierigkeitsgrad: 3.
Anmerkungen: Fleischfresser, teils Fischfresser. Gieriger Fresser. Sehr aggressiv in der Brutzeit. Freilaicher. Die Pfauenaugen werden oft in Zoohandlungen als "Babies" verkauft, jedoch wachsen sie sehr schnell. Kommen in mehreren Aquarienorten vor. Gräbt viel.

Name: *Biotodoma cupido*
Familie: Cichlidae.
Handelsname: Schwanzstreifenbuntbarsch.
Verbreitung: Guayana bis Amazonasbecken.
Temp: 23-26°C.   **Max.Länge:** 13 cm.
Wasser: pH 6,0-7,5.   **Aquarium**: 100 cm.
Schwierigkeitsgrad: 3.
Anmerkungen: Fleischfresser. Kleines Lebendfutter. Akzeptiert manchmal auch Trokken-/Gefrierfutter. Sehr territorial und aggressiv in der Brutzeit. Paarfisch oder Harem bildender Fisch. Offener Substratbrüter. Benötigt Versteckplätze.

Name: *Biotodoma wavrini*
Familie: Cichlidae.
Handelsname: Wavrins Buntbarsch.
Verbreitung: Nordöstliches Südamerika.
Temp: 24-28°C.   **Max.Länge:** 15 cm.
Wasser: pH 6,0-7,0.   **Aquarium**: 100 cm.
Schwierigkeitsgrad: 3.
Anmerkungen: Fleischfresser. Kleines Lebendfutter. Akzeptiert manchmal auch Trokken-/Gefrierfutter. Territorial beim Brüten. Friedlich. Scheu. Paarfisch oder Harembildender Fisch. Offener Substratbrüter. Benötigt Versteckplätze.

Name: *Cichla ocellaris*
Familie: Cichlidae.
Handelsname: Grüner Augenfleck-Kammbarsch.
Verbreitung: Tropisches Südamerika.
Temp: 24-27°C.   **Max.Länge:** 90 cm.
Wasser: pH 6,0-8,0.   **Aquarium**: 250 cm.
Schwierigkeitsgrad: 5.
Anmerkungen: Fleischfresser. Fischfresser. Frißt jegliches Lebendfutter. Territorial, jedoch friedlich für seine Größe. Freilaicher. Benötigt Versteckplätze. Wahrscheinlich der größte Cichlide der Welt. Zu groß für die meisten Aquarien.

Name: *'Cichlasoma' festae*
Familie: Cichlidae.
Handelsname: Roter Ecuador-Buntbarsch.
Verbreitung: Westecuador.
Temp: 23-28°C.   **Max.Länge:** 50 cm.
Wasser: pH 6,5-7,5.   **Aquarium**: 200 cm.
Schwierigkeitsgrad: 4.
Anmerkungen: Fleischfresser und Allesfresser. Fischfresser. Frißt jegliches Lebendfutter. Territorial und sehr aggressiv. Offener Substratbrüter. Gräbt viel. Benötigt Versteckplätze und ein sehr großes Aquarium.

Name: *Cleithracara maronii*
Familie: Cichlidae.
Handelsname: Schlüsselloch-Buntbarsch.
Verbreitung: Guayana, Surinam.
Temp: 24-26°C.   **Max.Länge**: 15 cm.
Wasser: pH 6,5-7,0.   **Aquarium**: 80 cm.
Schwierigkeitsgrad: 2.
Anmerkungen: Fleischfresser und Allesfresser. Frißt alles normale Futter. Friedlich. Paarfisch. Offener Substratbrüter. Benötigt Verstecke. Friedliche Fisch für Gesellschaftsbecken.

Name: *Crenicichla compressiceps*
Familie: Cichlidae.
Verbreitung: Brasilien: Tocantins, Araguaia.
Temp: 24-26°C.   **Max.Länge**: 8 cm.
Wasser: pH 6,0-7,0.   **Aquarium**: 80 cm.
Schwierigkeitsgrad: 3.
Anmerkungen: Fleischfresser und Allesfresser. Fischfresser, frißt sehr kleine Fische. Kleines Lebend- und Gefrierfutter. Substratbrüter (Höhlen). Benötigt Verstecke. Stark territorial. Nicht mit sehr kleinen Fischen vergesellschaften.

Name: *Crenicichla regani*
Familie: Cichlidae.
Handelsname: Regans Hechtcichlide.
Verbreitung: Brasilien.
Temp: 24-26°C.   **Max.Länge**: 14 cm.
Wasser: pH 5,5-6,5.   **Aquarium**: 120 cm.
Schwierigkeitsgrad: 3.
Anmerkungen: Fleischfresser. Teils Fischfresser, frißt kleine Fische. Kleines Lebend- und Gefrierfutter. Höhlenbrüter. Paarfisch. Benötigt Verstecke. Stark territorial. Nicht mit sehr kleinen Fischen vergesellschaften.

Name: *Crenicichla* sp. Xingú I
Familie: Cichlidae.
Verbreitung: Brasilien: Rio Xingú.
Temp: 24-26°C.   **Max.Länge**: 40 cm.
Wasser: pH 5,5-7,0.   **Aquarium**: 200 cm.
Schwierigkeitsgrad: 4.
Anmerkungen: Fleischfresser. Fischfresser, frißt Fische. Substratbrüter (Höhlen). Paarfisch. Benötigt Verstecke. Territorial und aggressiv. Nur mit anderen großen Fischen vergesellschaften.

Name: *Dicrossus filamentosus*
Familie: Cichlidae.
Handelsname: Gabelschwanz-Schachbrettcichlide, *Crenicara filamentosa*.
Verbreitung: Nordwest-Brasilien.
Temp: 25-28°C.   **Max.Länge:** 9 cm.
Wasser: pH 4,5-6,0.   **Aquarium**: 80 cm.
Schwierigkeitsgrad: 4.
Anmerkungen: Fleischfresser. Kleines Lebend- und Gefrierfutter. Substratbrüter (Höhlen). Benötigt Verstecksplätze. Territorial. Delikater, empfindlicher Fisch.

Name: *Geophagus brasiliensis*
Familie: Cichlidae.
Handelsname: Perlmutter-Erdfresser.
Verbreitung: Ost- und Süd-Brasilien.
Temp: 20-25°C.   **Max.Länge:** 30 cm.
Wasser: pH 6,0-7,0.   **Aquarium**: 150 cm.
Schwierigkeitsgrad: 3.
Anmerkungen: Allesfresser. Kleines Lebend- und Gefrierfutter, aber auch Trockenfutter. Freilaicher. Benötigt Verstecksplätze. Territorial und etwas aggressiv. Paarfisch. Benötigt feinen Sand (max. 2mm) am Boden.

Name: *Geophagus pellegrini*
Familie: Cichlidae.
Handelsname: Gelbhauben-Erdfresser.
Verbreitung: Kolumbien.
Temp: 24-28°C.   **Max.Länge:** 18 cm.
Wasser: pH 6,5-7,5.   **Aquarium**: 130 cm.
Schwierigkeitsgrad: 2.
Anmerkungen: Fleischfresser und Allesfresser. Kleines Lebend- und Gefrierfutter, aber auch Trockenfutter. Maulbrüter. Territorial beim Brüten. Friedlich. Nur das Männchen hat eine Beule. Benötigt feinen Sand (max. 2mm) auf dem Boden.

Name: *Geophagus steindachneri*
Familie: Cichlidae.
Handelsname: *G. hondae*, Rothauben-Erdfresser.
Verbreitung: Kolumbien, Venezuela.
Temp: 23-26°C.   **Max.Länge:** 25 cm.
Wasser: pH 7,0-7,5.   **Aquarium**: 130 cm.
Schwierigkeitsgrad: 2.
Anmerkungen: Allesfresser. Kleines Lebend- und Gefrierfutter, aber auch Trockenfutter. Maulbrüter. Territorial beim Brüten. Friedlich. Nur das Männchen hat eine Beule. Benötigt feinen Sand (max. 2mm) auf dem Boden.

Name: *Geophagus surinamensis*
Familie: Cichlidae.
Handelsname: Surinam-Perlfisch.
Verbreitung: Surinam.
Temp: 24-27°C.   **Max.Länge**: 25 cm.
Wasser: pH 6,0-7,5.   **Aquarium**: 160 cm.
Schwierigkeitsgrad: 3.
Anmerkungen: Fleischfresser und Allesfresser. Kleines Lebend- und Gefrierfutter, aber auch Trockenfutter. Substratbrüter oder teilweise Maulbrüter. Territorial beim Brüten. Friedlich. Schwarmfisch. Benötigt feinen Sand (max. 2mm) auf dem Boden.

Name: *Guianacara cf. geayi*
Familie: Cichlidae.
Handelsname: Rotbacken-Guianacara.
Verbreitung: Nördliche Amazonasregion einschließlich der Guayanas.
Temp: 24-28°C.   **Max.Länge**: 15 cm.
Wasser: pH 6,0-7,5.   **Aquarium**: 120 cm.
Schwierigkeitsgrad: 3.
Anmerkungen: Allesfresser. Kleines Lebend- und Gefrierfutter, aber auch Trockenfutter. Substratbrüter (Höhlen). Friedlich. Paarfisch. Benötigt Verstecke.

Name: *Gymnogeophagus gymnogenys*
Familie: Cichlidae.
Verbreitung: Süd-Brasilien bis Uruguay.
Temp: 20-24°C.   **Max.Länge**: 25 cm.
Wasser: pH 6,5-7,5.   **Aquarium**: 120 cm.
Schwierigkeitsgrad: 3.
Anmerkungen: Allesfresser. Kleines Lebend- und Gefrierfutter, aber auch Trockenfutter. Freilaicher. Teils Maulbrüter. Benötigt Verstecke. Territorial, jedoch relativ friedlich. Benötigt feinen Sand (max. 2mm) auf dem Boden.

Name: *Gymnogeophagus rhabdotus*
Familie: Cichlidae.
Verbreitung: Süd-Brasilien, Uruguay, Argentinien.
Temp: 20-24°C.   **Max.Länge**: 15 cm.
Wasser: pH 6,5-7,5.   **Aquarium**: 100 cm.
Schwierigkeitsgrad: 3.
Anmerkungen: Allesfresser. Kleines Lebend- und Gefrierfutter, aber auch Trockenfutter. Offener Substratbrüter. Benötigt Verstecke. Territorial, jedoch relativ friedlich. Paarfisch. Benötigt feinen Sand (max. 2mm) auf dem Boden

Name: *Heros appendiculatus*
Familie: Cichlidae.
Handelsname: Augenfleckenbuntbarsch.
Verbreitung: Amazonasbecken.
Temp: 24-26°C. **Max.Länge**: 30 cm.
Wasser: pH 5,5-7,5. **Aquarium**: 150 cm.
Schwierigkeitsgrad: 2.
Anmerkungen: Allesfresser. Lebend- und Gefrierfutter, aber auch Trockenfutter mit pflanzlichem Gehalt. Offener Substratbrüter (Pflanzen). Paarfisch. Benötigt Verstecke. Territorial beim Brüten, ansonsten recht friedlich.

Name: *Hypselecara coryphaenoides*
Familie: Cichlidae.
Handelsname: Großkopfbuntbarsch.
Verbreitung: Tropisches Südamerika.
Temp: 25-27°C. **Max.Länge:** 25 cm.
Wasser: pH 5,5-7,5. **Aquarium**: 130 cm.
Schwierigkeitsgrad: 3.
Anmerkungen: Fleischfresser. Fischfresser. Lebend- und Gefrierfutter, aber auch Trockenfutter. Offener Substratbrüter (Pflanzen). Benötigt Verstecke. Territorial beim Brüten, ansonsten recht friedlich.

Name: *Krobia guianensis*
Familie: Cichlidae.
Verbreitung: Guayana, Surinam.
Temp: 24-26°C. **Max.Länge**: 13 cm.
Wasser: pH 6,0-7,0. **Aquarium**: 80 cm.
Schwierigkeitsgrad: 3.
Anmerkungen: Fleischfresser und Allesfresser. Lebend- und Gefrierfutter, aber auch Trockenfutter. Offener Substratbrüter. Benötigt Verstecke. Territorial, aber nicht sehr aggressiv.

Name: *Laetacara curviceps*
Familie: Cichlidae.
Handelsname: *Aequidens curviceps*, Tüpfelbuntbarsch.
Verbreitung: Amazonasregion.
Temp: 24-27°C. **Max.Länge:** 10 cm.
Wasser: pH 6,5-7,5. **Aquarium**: 80 cm.
Schwierigkeitsgrad: 2.
Anmerkungen: Fleischfresser und Allesfresser. Kleines Lebend- und Gefrierfutter, aber auch Trockenfutter. Paarfisch. Freilaicher. Benötigt Verstecke. Paarfisch. Territorial und etwas aggressiv beim Brüten, ansonsten friedlich.

Name: *Mesonauta insignis*
Familie: Cichlidae.
Handelsname: Festivum, Flaggen-Buntbarsch.
Verbreitung: Westguayana, Brasilien.
Temp: 24-28°C.   **Max.Länge**: 20 cm.
Wasser: pH 5,5-7,5.   **Aquarium**: 120 cm.
Schwierigkeitsgrad: 2.
Anmerkungen: Fleischfresser und Allesfresser. Lebend- und Gefrierfutter, aber auch Trockenfutter mit pflanzlichen Anteilen. Offener Substratbrüter (Pflanzen). Benötigt Verstecke. Paarfisch. Territorial, jedoch friedlich.

Name: *Mikrogeophagus altispinosus*
Familie: Cichlidae.
Handelsname: Bolivianischer Schmetterlingsbuntbarsch.
Verbreitung: Bolivien.
Temp: 24-26°C.   **Max.Länge**: 10 cm.
Wasser: pH 6,5-7,5.   **Aquarium**: 80 cm.
Schwierigkeitsgrad: 2.
Anmerkungen: Fleischfresser und Allesfresser. Kleines Lebend- und Gefrierfutter, aber auch Trockenfutter. Offener Substratbrüter. Benötigt Versteckplätze. Paarfisch. Territorial, jedoch friedlich.

Name: *Mikrogeophagus ramirezi*
Familie: Cichlidae.
Handelsname: Schmetterlings-Zwergbuntbarsch.
Verbreitung: Venezuela, Kolumbien.
Temp: 25-27°C.   **Max.Länge**: 7 cm.
Wasser: pH 5,5-6,5.   **Aquarium**: 60 cm.
Schwierigkeitsgrad: 3.
Anmerkungen: Fleischfresser und Allesfresser. Kleines Lebend- und Gefrierfutter, aber auch Trockenfutter. Offener Substratbrüter. Benötigt Versteckplätze. Paarfisch. Territorial, jedoch friedlich. Sehr populärer Aquarienfisch. Empfindlich.

Name: *Nannacara anomala*
Familie: Cichlidae.
Handelsname: Glänzender-Zwergbuntbarsch.
Verbreitung: Guayana, Surinam.
Temp: 24-26°C.   **Max.Länge**: 8 cm.
Wasser: pH 6,0-7,0.   **Aquarium**: 60 cm.
Schwierigkeitsgrad: 2.
Anmerkungen: Fleischfresser. Kleines Lebend- und Gefrierfutter, aber auch Trockenfutter. Substratbrüter (Höhlen). Benötigt Versteckplätze. Paarfisch. Territorial beim Brüten, jedoch recht friedlich.

Name: *Pterophyllum scalare*
Familie: Cichlidae.   **Handelsname:** Segelflosser, Skalar.
Verbreitung: Guayana bis Amazonasbecken.
Temp: 24-26°C.   **Max.Länge:** 16 cm.
Wasser: pH 6,0-7,5.   **Aquarium**: 120 cm.
Schwierigkeitsgrad: 3.
Anmerkungen: Vergleiche *Pt. altum*, aber *Pt. scalare* ist viel leichter zu züchten. Sowohl *Pt. altum* als auch *Pt. scalare* benötigen ein tiefes Becken. Mehrere Aquariumvarianten existieren.

Name: *Pterophyllum altum*
Familie: Cichlidae.
Handelsname: Hoher Skalar.
Verbreitung: Rio Orinoco, Rio Negro.
Temp: 24-26°C.   **Max.Länge:** 18 cm, bis 30 cm hoch.
Wasser: pH 4,5-6,0.   **Aquarium**: 120 cm.
Schwierigkeitsgrad: 3.
Anmerkungen: Fleischfresser. Kleines Lebend- und Gefrierfutter, auch Trockenfutter. Substratbrüter (Pflanzen). Etwas territorial. Schwarmfisch als Jungfisch, adulte Tiere paarbildend. Bepflanztes Aquarium. Extrem schwierig zu züchten.

Name: *Retroculus lapidifer*
Familie: Cichlidae.
Verbreitung: Brasilien.
Temp: 23-28°C.   **Max.Länge:** 25 cm.
Wasser: pH 6,0-7,5.   **Aquarium**: 150 cm.
Schwierigkeitsgrad: 3.
Anmerkungen: Fleischfresser und Allesfresser. Lebend- und Gefrierfutter, aber auch Trockenfutter. Territorial beim Brüten. Hat eine teilweise reduzierte Schwimmblase. Benötigt feinen Sand und kleineren Kies (für den Nestbau) und kräftige Wasserbewegung.

Name: *Satanoperca leucosticta*
Familie: Cichlidae.
Handelsname: *S. jurupari*, Teufelsangel.
Verbreitung: Brasilien, Guayana, Surinam.
Temp: 25-28°C. **Max.Länge:** 20 cm.
Wasser: pH 6,0-7,0. **Aquarium**: 120 cm.
Schwierigkeitsgrad: 3.
Anmerkungen: Fleischfresser und Allesfresser. Lebend- und Gefrierfutter, aber auch Trockenfutter. Teils Maulbrüter. In einer Gruppe halten, brütet in Paaren. Territorial beim Brüten. Friedlich. Benötigt feinen Sand auf dem Boden.

Name: *Uaru amphiacanthoides*
Familie: Cichlidae.
Handelsname: Keilfleckenbuntbarsch.
Verbreitung: Brasilien, Venezuela.
Temp: 24-27°C. **Max.Länge:** 40 cm.
Wasser: pH 5,5-7,0. **Aquarium**: 200 cm.
Schwierigkeitsgrad: 3.
Anmerkungen: Allesfresser. Frißt Pflanzen. Lebend- und Gefrierfutter, aber auch Trockenfutter. Offener Substratbrüter. Schwarmfisch (4-6). Bildet Paare zum Brüten. Männchen sind beim Brüten territorial, ansonsten friedlich. Benötigt Verstecksplätze. Springt.

Name: *Symphysodon aequifasciatus*
Familie: Cichlidae.
Handelsname: Diskus.
Verbreitung: Amazonas.
Temp: 26-29°C. **Max.Länge:** 20 cm.
Wasser: pH 6,0-7,0. **Aquarium**: 120 cm.
Schwierigkeitsgrad: 3.
Anmerkungen: Fleischfresser. Kleines Lebend- und Gefrierfutter, aber auch Trockenfutter. Offener Substratbrüter (Pflanzen). Benötigt Verstecksplätze. Territorial beim Brüten, ansonsten ein Schwarmfisch. Kommt in mehrere natürlichen Farbvarianten, aber auch in zahlreichen Aquariumrassen vor. Sehr populär.

133

Mittelamerikanische Buntbarsche

Die meisten Mittelamerikanischen Buntbarsche sind relativ große Fische und sollten deshalb nur in Spezialaquarien gehalten werden. Ein Aquarium für Mittelamerikanische Buntbarsche sollte Versteckplätze aus Felsen und/oder Holz enthalten, und ein Substrat aus grobem Sand oder feinkörnigem Kies. Am besten beginnt man mit einer Gruppe Jungfische (5-8) und läßt sie zusammen aufwachsen.

Viele Aquarianer glauben, daß das Wasser in Mittelamerika sei, wie vorwiegend in Südamerika, sauer und weich. Das stimmt jedoch in den meisten Fällen nicht. In Mittelamerika hat das Wasser gewöhnlich einen pH zwischen 7 und 9, und die Härte ist über 10 dGH, gelegentlich sogar über 100!! Deshalb muß ein Aquarium für Mittelamerikanische Buntbarsche einen pH von mindestens 7 haben.

Mittelamerikanische Buntbarsche fressen problemlos die meisten Futtersorten und können mit Flockenfutter und/oder Pellets von sehr guter Qualität und Gefrierfutter, wie z.B. Mysis und Garnelen gefüttert werden (vgl. FUTTER).

Alle Mittelamerikanischen Buntbarsche sind Substratbrüter (vgl. NACHZUCHT) und produzieren oft große Bruten (100-1000 Jungfische).

Name: *Amphilophus citrinellus*
Familie: Cichlidae
Handelsname: *Cichlasoma citrinellum*, Zitronenbuntbarsch.
Verbreitung: Mexiko, Nicaragua, Costa Rica, Honduras
Temp: 22-26°C   **Max.Länge**: 30 cm
Wasser: pH 7-8   **Aquarium**: 200 cm
Schwierigkeitsgrad: 3
Anmerkungen: Allesfresser. Frißt alles normale Futter. Offener Substratbrüter. Paarfisch. Territorial. Sehr aggressiv beim Brüten. Gräbt viel. Benötigt feinen Sand als Substrat.

Name: *Archocentrus centrarchus*
Familie: Cichlidae
Handelsname: *Cichlasoma centrarchus*.
Verbreitung: Nicaragua, Costa Rica, Honduras.
Temp: 23-26°C   **Max.Länge**: 20 cm
Wasser: pH 7-8   **Aquarium**: 110 cm
Schwierigkeitsgrad: 3
Anmerkungen: Allesfresser. Frißt alles normale Futter. Offener Substrat(Blätter)brüter. Paarfisch. Territorial. Aggressiv beim Brüten.

Name: *Archocentrus nigrofasciatus*
Familie: Cichlidae
Handelsname: *Cichlasoma nigrofasciatum*, Zebra-Buntbarsch.
Verbreitung: Mittelamerika
Temp: 22-26°C   **Max.Länge:** 15 cm
Wasser: pH 7-8   **Aquarium:** 150 cm
Schwierigkeitsgrad: 3
Anmerkungen: Allesfresser. Frißt alles normale Futter. Substratbrüter (Höhlen). Paarfisch. Territorial und aggressiv. Benötigt Versteckplätze. Die Albinovariante ist eine Aquariumrasse. Manchmal wird durch Inzucht eine schlechte Qualität produziert.

Name: *Archocentrus sajica*
Familie: Cichlidae
Handelsname: *Cichlasoma sajica*.
Verbreitung: Costa Rica
Temp: 22-26°C   **Max.Länge:** 12 cm
Wasser: pH 7-8   **Aquarium:** 100 cm
Schwierigkeitsgrad: 2
Anmerkungen: Allesfresser. Frißt alles normale Futter. Substratbrüter (Höhlen). Paarfisch. Territorial, jedoch relativ friedlich. Gräbt etwas. Benötigt Versteckplätze.

Name: *Archocentrus septemfasciatus*
Familie: Cichlidae
Handelsname: *Cichlasoma septemfasciatum*.
Verbreitung: Costa Rica, Nicaragua, Panama.
Temp: 23-26°C   **Max.Länge:** 10 cm
Wasser: pH 7-8   **Aquarium:** 100 cm
Schwierigkeitsgrad: 3
Anmerkungen: Allesfresser. Frißt alles normale Futter. Substratbrüter (Höhlen). Paarfisch. Territorial, jedoch relativ friedlich. Benötigt Versteckplätze. Kommt in mehreren Farbvarianten vor. Benötigt feinen Sand als Substrat.

Name: *Astatheros alfari*
Familie: Cichlidae
Handelsname: *Cichlasoma alfari*.
Verbreitung: Honduras bis Panama.
Temp: 23-26°C   **Max.Länge:** 20 cm
Wasser: pH 7-8   **Aquarium:** 160 cm
Schwierigkeitsgrad: 3
Anmerkungen: Allesfresser. Frißt alles normale Futter. Offener Substratbrüter. Paarfisch. Territorial und etwas aggressiv. Benötigt Versteckplätze. Gräbt viel. Sehr vielfältige Art bezüglich der Körperform und –Farbe.

Name: *Herichthys cyanoguttatus*
Familie: Cichlidae
Handelsname: *Cichlasoma cyanoguttatum*, Texas-Buntbarsch.
Verbreitung: Mexiko, Texas.
Temp: 20-25°C   **Max.Länge:** 25 cm
Wasser: pH 7-8   **Aquarium**: 200 cm
Schwierigkeitsgrad: 3
Anmerkungen: Allesfresser und Pflanzenfresser. Frißt alles normale Futter, und Pflanzen. Offener Substratbrüter. Paarfisch. Territorial und sehr aggressiv. Benötigt Versteckplätze. Gräbt viel.

Name: *Herotilapia multispinosa*
Familie: Cichlidae
Handelsname: Regenbogencichlide.
Verbreitung: Honduras bis Costa Rica.
Temp: 22-26°C   **Max.Länge:** 17 cm
Wasser: pH 7-8   **Aquarium**: 100 cm
Schwierigkeitsgrad: 2
Anmerkungen: Allesfresser und Fleischfresser. Frißt alles normale Futter. Offener Substratbrüter. Paarfisch. Territorial und etwas aggressiv beim Brüten. Benötigt Versteckplätze. Gräbt etwas.

Name: *Hypsophrys nicaraguensis*
Familie: Cichlidae
Handelsname: *Cichlasoma nicaraguense*, Nicaragua-Buntbarsch.
Verbreitung: Nicaragua, Costa Rica.
Temp: 22-26°C   **Max.Länge:** 25 cm
Wasser: pH 7-8   **Aquarium**: 150 cm
Schwierigkeitsgrad: 2
Anmerkungen: Allesfresser. Frißt alles normale Futter, und weichblättrige Pflanzen. Substrat (Höhlen, Gruben)brüter. Paarfisch. Territorial. Relative friedlich. Gräbt zur Laichzeit. Benötigt Versteckplätze.

Name: *Nandopsis tetracanthus*
Familie: Cichlidae
Handelsname: *Cichlasoma tetracanthus*, Kubabuntbarsch.
Verbreitung: Kuba.
Temp: 22-26°C   **Max.Länge:** 25 cm
Wasser: pH 7-8   **Aquarium**: 200 cm
Schwierigkeitsgrad: 2
Anmerkungen: Allesfresser und Fleischfresser. Frißt alles normale Futter. Offener Substratbrüter. Paarfisch. Territorial, aber nicht so aggressiv. Benötigt Versteckplätze.

Name: *Parachromis managuensis*
Familie: Cichlidae
Handelsname: *Cichlasoma managuensis*, Managua-Buntbarsch.
Verbreitung: Costa Rica bis Honduras.
Temp: 22-26°C **Max.Länge:** 50 cm
Wasser: pH 7-8 **Aquarium**: 300 cm
Schwierigkeitsgrad: 4
Anmerkungen: Allesfresser und Fleischfresser (Fischfresser). Frißt alles normale Futter, und Fische. Offener Substratbrüter. Paarfisch. Sehr territorial und aggressiv. Gräbt viel. Benötigt Versteckplätze.

Name: *Parachromis octofasciatum*
Familie: Cichlidae
Handelsname: *Cichlasoma octofasciatum*, Achtbinden-Buntbarsch.
Verbreitung: Mexiko, Guatemala, Honduras.
Temp: 22-26°C **Max.Länge:** 20 cm
Wasser: pH 6,5-7,5 **Aquarium**: 200 cm
Schwierigkeitsgrad: 3
Anmerkungen: Allesfresser und Fleischfresser (Fischfresser). Frißt alles normale Futter, und kleine Fische. Offener Substratbrüter. Paarfisch. Territorial und aggressiv. Gräbt viel. Benötigt Versteckplätze.

Name: *Parachromis salvini*
Familie: Cichlidae
Handelsname: *Cichlasoma salvini*.
Verbreitung: Mexiko bis Guatemala.
Temp: 22-26°C **Max.Länge:** 25 cm
Wasser: pH 7-8 **Aquarium**: 200 cm
Schwierigkeitsgrad: 2
Anmerkungen: Allesfresser und Fleischfresser. Frißt alles normale Futter. Offener Substratbrüter. Paarfisch. Territorial und aggressiv. Benötigt Versteckplätze.

Name: *Paratheraps synspilum*
Familie: Cichlidae
Handelsname: *Cichlasoma synspilum*, Quetzalbuntbarsch, Feuerkopfbuntbarsch.
Verbreitung: Guatemala, Belize, Mexiko.
Temp: 23-27°C **Max.Länge:** 35 cm
Wasser: pH 7-8 **Aquarium**: 200 cm
Schwierigkeitsgrad: 3
Anmerkungen: Pflanzenfresser. Frißt alles normale Futter, und Pflanzen. Offener Substratbrüter. Paarfisch. Territorial und aggressiv beim Brüten. Gräbt viel. Benötigt Versteckplätze.

Name: *Theraps coeruleus*
Familie: Cichlidae
Verbreitung: Mexiko.
Temp: 23-27°C   **Max.Länge**: 14 cm
Wasser: pH 7-8   **Aquarium**: 120 cm
Schwierigkeitsgrad: 3
Anmerkungen: Fleischfresser. Frißt alles normale Futter. Substratbrüter (Höhlen). Paarfisch. Recht friedlich. Lebt in Stromschnellen, deshalb ist eine kräftige Wasserbewegung/Sauerstoffzufuhr notwendig. Benötigt Versteckplätze.

Name: *Theraps irregularis*
Familie: Cichlidae
Verbreitung: Mexiko, Guatemala.
Temp: 24-27°C   **Max.Länge**: 25 cm
Wasser: pH 7-8   **Aquarium**: 200 cm
Schwierigkeitsgrad: 4
Anmerkungen: Fleischfresser. Frißt alles normale Futter. Substratbrüter (Höhlen). Paarfisch. Recht friedlich. Lebt in Stromschnellen, deshalb ist ein kräftige Wasserbewegung/Sauerstoffzufuhr notwendig. Benötigt Versteckplätze.

Name: *Thorichthys aureus*
Familie: Cichlidae
Verbreitung: Belize, Guatemala.
Temp: 24-27°C   **Max.Länge**: 16 cm
Wasser: pH 7,5-8   **Aquarium**: 110 cm
Schwierigkeitsgrad: 3
Anmerkungen: Fleischfresser. Frißt alles normale Futter. Offener Substratbrüter. In einer kleinen Gruppe pflegen. Paarfisch. Territorial, jedoch relativ friedlich. Benötigt Versteckplätze. Benötigt feinen Sand als Substrat. Kommt in mehreren Farbvarianten vor.

Name: *Thorichthys helleri*
Familie: Cichlidae
Verbreitung: Mexiko, Guatemala.
Temp: 23-26°C   **Max.Länge**: 16 cm
Wasser: pH 7,5-8   **Aquarium**: 100 cm
Schwierigkeitsgrad: 2
Anmerkungen: Fleischfresser und Allesfresser. Frißt alles normale Futter. Offener (und Höhlen) Substratbrüter. In einer kleinen Gruppe pflegen. Paarfisch. Territorial, jedoch relativ friedlich. Benötigt feinen Sand als Substrat. Benötigt Versteckplätze.

Name: *Thorichthys maculipinnis*
Familie: Cichlidae
Handelsname: *Cichlasoma ellioti*.
Verbreitung: Mexiko.
Temp: 24-27°C   **Max.Länge:** 15 cm
Wasser: pH 7,5-8   **Aquarium**: 100 cm
Schwierigkeitsgrad: 3
Anmerkungen: Fleischfresser und Allesfresser. Frißt alles normale Futter. Offener (und Höhlen) Substratbrüter. In einer kleinen Gruppe pflegen. Paarfisch. Territorial und etwas aggressiv. Benötigt feinen Sand als Substrat. Benötigt Versteckplätze.

Name: *Thorichthys meeki*
Familie: Cichlidae
Handelsname: Feuermaul-Buntbarsch.
Verbreitung: Mexiko, Guatemala, Belize.
Temp: 23-25°C   **Max.Länge:** 17 cm
Wasser: pH 7-8   **Aquarium**: 100 cm
Schwierigkeitsgrad: 2
Anmerkungen: Allesfresser. Frißt alles normale Futter. Offener Substratbrüter. In einer kleinen Gruppe pflegen. Paarfisch. Territorial und aggressiv. Gräbt viel. Benötigt feinen Sand als Substrat. Benötigt Versteckplätze.

Name: *Vieja maculicauda*
Familie: Cichlidae
Handelsname: *Cichlasoma maculicauda*, Schwarzgürtelbuntbarsch.
Verbreitung: Belize bis Panama.
Temp: 23-27°C   **Max.Länge:** 30 cm
Wasser: pH 7-8   **Aquarium**: 300 cm
Schwierigkeitsgrad: 4
Anmerkungen: Allesfresser. Frißt alles normale Futter und Pflanzen. Offener Substratbrüter. Paarfisch. Territorial und aggressiv beim Brüten. Gräbt etwas. Benötigt Versteckplätze. Kommt in mehreren Farbvarianten vor.

Name: *Vieja panamensis*
Familie: Cichlidae
Handelsname: *Cichlasoma panamense*.
Verbreitung: Panama.
Temp: 23-27°C   **Max.Länge:** 13 cm
Wasser: pH 7-8   **Aquarium**: 100 cm
Schwierigkeitsgrad: 3
Anmerkungen: Allesfresser. Frißt alles normale Futter. Substratbrüter (Höhlen). Paarfisch. Etwas territorial und aggressiv beim Brüten. Benötigt Versteckplätze. Existiert als mehrere Farbvarianten.

Malawibuntbarsche

Der Malawisee, oder Nyassasee, wie er manchmal genannt wird, ist der neuntgrößte See der Welt und liegt in Ostafrika. Dieser riesige, tiefe (700 m) See beherbergt viele Arten, die in der Aquaristik wegen ihrer herrlichen Farben sehr populär geworden sind, vor allem die Buntbarsche. In der Tat sind bis heute über 650 verschiedene Buntbarscharten im See anerkannt, und die meisten sind im Malawisee endemisch (d.h. sie kommen nur dort vor). Auf den folgenden Seiten werden wir einige der am häufigsten im Handel vorkommenden Arten auflisten.

Das Wasser im Malawisee ist alkalisch (pH 7,7-8,6). Malawibuntbarsche sind recht widerstandsfähige Fische, und sie sind tolerant gegenüber einem weiten pH Spektrum des Aquarienwassers, jedoch sollte er immer über 7,5 sein und die Temperatur immer bei 24-26°C.

Die Buntbarsche des Malawisees sind Maulbrüter, was bedeutet, daß die Weibchen nach dem Ablaichen ihre Eier ins Maul aufnehmen und sie etwa 3-4 Wochen lang bebrüten, bis sie die dann fast vollentwickelten Jungfische freilassen. Sie sind leicht nachzuziehen, und die meisten Jungfische werden gewöhnlich im Aquarium überleben, sofern ihnen Versteckplätze zur Verfügung stehen.

Es gibt im Malawisee nur wenigen Pflanzenarten. Möchten Sie jedoch in einem Malawibecken Pflanzen haben, sind widerstandsfähige Pflanzen, wie *Vallisneria, Anubias, Crinum* und *Ceratophyllum* nötig. Es ist jedoch nicht die Regel, im Malawiaquarium Pflanzen zu haben, statt

dessen sollte das Becken mit Felsen dekoriert sein, die Versteckmöglichkeiten für die Jungen anbieten, und für die Männchen einen Platz zur Revierverteidigung.

Malawibuntbarsche sind recht aggressive Fische (territorial), weshalb sie ein großes Aquarium benötigen (mindestens 150 Liter für die kleinsten Arten). Es wird seltener zu Streitigkeiten kommen, wenn weniger Arten, dafür aber relativ viele Tiere von jeder Art im Becken vorhanden sind. Es ist auch von Vorteil, mehr Weibchen als Männchen im Aquarium zu haben. Normalerweise haben die Männchen die schöneren Farben. Alle Jungfische sind wie die Weibchen gefärbt, weshalb es schwierig ist, das Geschlecht junger Fische zu bestimmen. Deshalb sollte man eine kleine Gruppe erwerben und sie zusammen aufwachsen lassen.

Im See leben die meisten Arten in relativ untiefem Wasser an Felsküsten, wo das Wasser reich an Sauerstoff ist. Deshalb benötigt man einen starken Filter in einem Malawicichlidenaquarium (mit einer Umwälzung von mindestens dreimal dem Aquariumvolumen pro Stunde). Malawibuntbarsche sollten mit einem Futter gefüttert werden, dessen Zusammensetzung der natürlichen Ernährung so nahe wie möglich kommt. Heutzutage gibt es gutes Flockenfutter und Pellets (ohne tierisches Fett) mit Pflanzenbestandteilen. Den meisten Malawicichliden kann man auch kleine Krebstierchen, wie Mysis, *Cyclops* und Krill anbieten. Anderseits eignen sich rote Mückenlarven für Malawibuntbarsche nicht. Schlagen

Sie bitte bezüglich weiterer Informationen im Kapitel über Futter, dem ersten Kapitel dieses Buchs nach.

Name: *Aristochromis christyi*
Familie: Cichlidae.
Verbreitung: Im ganzen Malawisee.
Temp: 23-27°C.   **Max.Länge:** 30 cm.
Wasser: pH 7,5-8,5   **Aquarium**: 200 cm
Schwierigkeitsgrad: 3
Anmerkungen: Fleischfresser. Fischfresser. Frißt alles normale Futter, einschließlich Fische bis zu 8-10 cm Länge. Einzelgänger. Maulbrüter. Territorial. Benötigt mehrere Versteckplätze.

Name: *Aulonocara baenschi*
Familie: Cichlidae.
Handelsname: Benga Kaiserbuntbarsch.
Verbreitung: Malawisee: Nkhomo Reef.
Temp: 23-27°C.   **Max.Länge:** 9 cm.
Wasser: pH 7,5-8,5   **Aquarium**: 110 cm
Schwierigkeitsgrad: 3
Anmerkungen: Fleischfresser. Gefrierfutter, aber auch Trockenfutter. Maulbrüter. Territorial, jedoch friedlich. Benötigt mehrere Versteckplätze. Weibchen sind bräunlich. 9 cm ist ihre maximale Größe in freier Natur, können aber im Aquarium größer werden.

Name: *Aulonocara hueseri*
Familie: Cichlidae.
Handelsname: Likoma Kaiserbuntbarsch.
Verbreitung: Malawisee: Likoma Island.
Temp: 23-27°C.   **Max.Länge:** 9 cm.
Wasser: pH 7,5-8,5   **Aquarium**: 110 cm
Schwierigkeitsgrad: 3
Anmerkungen: Fleischfresser. Gefrierfutter, aber auch Trockenfutter. Maulbrüter. Territorial, jedoch friedlich. Benötigt mehrere Verstecke. Weibchen sind bräunlich. 9 cm ist ihre maximale Größe in freier Natur, können aber im Aquarium größer werden.

Name: *Aulonocara jacobfreibergi*
Familie: Cichlidae.
Handelsname: *Trematocranus jacobfreibergi*, Feen-Kaiserbuntbarsch.
Verbreitung: Malawisee: Vorwiegend Felsbiotop.
Temp: 23-27°C.   **Max.Länge:** 13 cm.
Wasser: pH 7,5-8,5   **Aquarium**: 120 cm
Schwierigkeitsgrad: 3
Anmerkungen: Fleischfresser. Gefrierfutter, aber auch Trockenfutter. Maulbrüter. Territorial (in einer Höhle), jedoch relativ friedlich. Benötigt mehrere Versteckplätze. Weibchen sind bräunlich. Existiert in mehreren Farbvarianten.

Name: *Aulonocara kandeense*
Familie: Cichlidae.
Handelsname: Blaustirn-Kaiserbuntbarsch.
Verbreitung: Malawisee: Kande Island.
Temp: 23-27°C.   **Max.Länge:** 12 cm.
Wasser: pH 7,5-8,5   **Aquarium**: 110 cm
Schwierigkeitsgrad: 3
Anmerkungen: Fleischfresser. Gefrierfutter, aber auch Trockenfutter. Maulbrüter. Territorial, jedoch relativ friedlich. Benötigt mehrere Versteckplätze. Weibchen sind bräunlich.

Name: *Aulonocara stuartgranti*
Familie: Cichlidae.
Handelsname: *A. nyassae*, Kaiserbuntbarsch.
Verbreitung: Malawisee: In der Nähe von Felsen.
Temp: 23-27°C.   **Max.Länge:** 12 cm.
Wasser: pH 7,5-8,5   **Aquarium**: 110 cm
Schwierigkeitsgrad: 3
Anmerkungen: Fleischfresser. Gefrierfutter, aber auch Trockenfutter. Maulbrüter. Territorial, jedoch relativ friedlich. Benötigt mehrere Versteckplätze. Weibchen sind bräunlich. Existiert in mehreren Farbvarianten.

Name: *Cheilochromis euchilus*
Familie: Cichlidae.
Handelsname: *Chilotilapia euchilus*.
Verbreitung: Malawisee: Sandregionen.
Temp: 23-27°C.   **Max.Länge**: 22 cm.
Wasser: pH 7,5-8,5   **Aquarium**: 160 cm
Schwierigkeitsgrad: 3
Anmerkungen: Pflanzenfresser und Allesfresser. Frißt alles normale Futter, benötigt jedoch pflanzliche Nahrung. Maulbrüter. Einzelgänger. Territorial, jedoch relativ friedlich. Benötigt mehrere Versteckplätze. Weibchen sind silbrig mit schwarzen Linien.

Name: *Copadichromis borleyi*
Familie: Cichlidae.
Handelsname: *Haplochromis borleyi*.
Verbreitung: Malawisee: Überall im See.
Temp: 23-27°C.   **Max.Länge**: 15 cm.
Wasser: pH 7,5-8,5   **Aquarium**: 150 cm
Schwierigkeitsgrad: 3
Anmerkungen: Fleischfresser. Gefrierfutter, aber auch Trockenfutter. Maulbrüter. Territorial, jedoch relativ friedlich. Benötigt mehrere Versteckplätze. Weibchen sind silbrig.

Name: *Copadichromis verduyni*
Familie: Cichlidae.
Handelsname: Haplochromis Borleyi Eastern.
Verbreitung: Zwischen Eccles Reef und Gome.
Temp: 23-27°C.   **Max.Länge**: 11 cm.
Wasser: pH 7,5-8,5   **Aquarium**: 120 cm
Schwierigkeitsgrad: 3
Anmerkungen: Fleischfresser. Gefrierfutter, aber auch Trockenfutter. Maulbrüter. Territorial, und etwas aggressiv gegenüber Männchen der eigenen Art. Benötigt mehrere Versteckplätze. Weibchen sind silbrig.

Name: *Cynotilapia afra* "Cobue"
Familie: Cichlidae.
Verbreitung: Malawisee: Felsbiotop, Cobwe.
Temp: 23-27°C.   **Max.Länge**: 9 cm.
Wasser: pH 7,5-8,5   **Aquarium**: 110 cm
Schwierigkeitsgrad: 3
Anmerkungen: Fleischfresser. Gefrierfutter, aber auch Trockenfutter. Maulbrüter. Territorial, und etwas aggressiv gegenüber Männchen der eigenen Art. Benötigt mehrere Versteckplätze.

Name: *Cynotilapia* sp. "Lion".
Familie: Cichlidae.
Verbreitung: Malawisee: Übergangsbiotop.
Temp: 23-27°C.   **Max.Länge:** 9 cm.
Wasser: pH 7,5-8,5   **Aquarium**: 110 cm
Schwierigkeitsgrad: 3
Anmerkungen: Allesfresser. Gefrierfutter, aber auch Trockenfutter. Maulbrüter. Territorial, und etwas aggressiv beim Brüten. Benötigt mehrere Versteckplätze.

Name: *Cynotilapia* sp. "Mbamba".
Familie: Cichlidae.
Verbreitung: Malawisee: Tiefes Felsbiotop.
Temp: 23-27°C.   **Max.Länge:** 10 cm.
Wasser: pH 7,5-8,5   **Aquarium**: 110 cm
Schwierigkeitsgrad: 3
Anmerkungen: Allesfresser. Gefrierfutter, aber auch Trockenfutter. Maulbrüter. Territorial, und etwas aggressiv beim Brüten. Benötigt mehrere Versteckplätze.

Name: *Cyrtocara moorii*
Familie: Cichlidae.
Handelsname: *Haplochromis moorii*, Beulenkopf-Maulbrüter.
Verbreitung: Malawisee, Malombesee.
Temp: 23-27°C.   **Max.Länge:** 20 cm.
Wasser: pH 7,5-8,5   **Aquarium**: 150 cm
Schwierigkeitsgrad: 3
Anmerkungen: Fleischfresser. Gefrierfutter, aber auch Trockenfutter. Maulbrüter. Friedlich. Benötigt mehrere Versteckplätze. Feiner Sand als Substrat. Einer der populärsten Malawicichliden.

Name: *Dimidochromis compressiceps*
Familie: Cichlidae.
Handelsname: *Haplochromis compressiceps*, Messerbuntbarsch.
Verbreitung: Malawisee: flaches Wassers mit Vallisneriabeeten.
Temp: 23-27°C.   **Max.Länge:** 23 cm.
Wasser: pH 7,5-8,5   **Aquarium**: 160 cm
Schwierigkeitsgrad: 4
Anmerkungen: Fischfresser. Frißt kleine Fische, vorwiegend Jungfische. Gefrierfutter, aber auch Trockenfutter. Maulbrüter. Territorial und aggressiv beim Brüten.

Name: *Fossorochromis rostratus*
Familie: Cichlidae.
Handelsname: *Haplochromis rostratus*, Fünffleckmaulbrüter.
Verbreitung: Malawisee: Sandregionen.
Temp: 23-27°C.   **Max.Länge**: 30 cm.
Wasser: pH 7,5-8,5   **Aquarium**: 200 cm
Schwierigkeitsgrad: 3
Anmerkungen: Fleischfresser. Gefrierfutter, aber auch Trockenfutter. Maulbrüter. Territorial und etwas aggressiv beim Brüten. Weibchen silbriggrau mit schwarzer Zeichnung.

Name: *Iodotropheus sprengerae*
Familie: Cichlidae.
Handelsname: Melanochromis Brevis.
Verbreitung: Malawisee: Felsbiotop.
Temp: 23-27°C.   **Max.Länge**: 9 cm.
Wasser: pH 7,5-8,5   **Aquarium**: 100 cm
Schwierigkeitsgrad: 2
Anmerkungen: Allesfresser. Frißt alles normale Futter. Maulbrüter. Männchen sind etwas aggressiv gegenüber Artgenossen. Benötigt mehrere Verstecksplätze.

Name: *Labeotropheus fuelleborni*
Familie: Cichlidae.
Handelsname: Schabemundbuntbarsch.
Verbreitung: Malawisee: oberer Felsbiotop.
Temp: 23-27°C.   **Max.Länge**: 18 cm.
Wasser: pH 7,5-8,5   **Aquarium**: 120 cm
Schwierigkeitsgrad: 3
Anmerkungen: Pflanzenfresser. Frißt alles normale Futter, benötigt aber pflanzliche Nahrung. Maulbrüter. Männchen sind aggressiv beim Brüten. Benötigt mehrere Verstecksplätze. Kommt um den See in mehreren Farbvarianten vor.

Name: *Labeotropheus trewavasae*
 "Thumbi west"
Familie: Cichlidae.
Handelsname: Gestreckter Schabemundbuntbarsch.
Verbreitung: Malawisee: Felsbiotop.
Temp: 23-27°C.   **Max.Länge**: 15 cm.
Wasser: pH 7,5-8,5   **Aquarium**: 120 cm
Schwierigkeitsgrad: 3
Anmerkungen: Pflanzenfresser. Frißt alles normale Futter, benötigt jedoch pflanzliche Nahrung. Maulbrüter. Männchen sind etwas aggressiv beim Brüten. Benötigt mehrere Verstecksplätze. Kommt um den See in mehreren Farbvarianten vor.

Name: *Labeotropheus trewavasae* "Lumbaulo"
Familie: Cichlidae.
Handelsname: Gestreckter Schabemundbuntbarsch.
Verbreitung: Malawisee: Felsbiotop.
Temp: 23-27°C.   **Max.Länge:** 15 cm.
Wasser: pH 7,5-8,5   **Aquarium:** 120 cm
Schwierigkeitsgrad: 3
Anmerkungen: Vergleiche *L. trewavasae* "Thumbi West". *L. trewavasae* (und *L. fuelleborni*) Weibchen können an verschiedenen Stellen in mehreren Farbvarianten vorkommen: bräunlich, orange, und OB (orange blotched).

Name: *Labidochromis caeruleus* "golden"
Familie: Cichlidae.
Handelsname: Gelber Labidochromis.
Verbreitung: Malawisee: Charo bis Lion's Cove
Temp: 23-27°C.   **Max.Länge:** 10 cm.
Wasser: pH 7,5-8,5   **Aquarium:** 80 cm
Schwierigkeitsgrad: 2
Anmerkungen: Fleischfresser und Allesfresser. Gefrierfutter, aber auch Trockenfutter. Maulbrüter. Friedlich. Etwas territorial. Benötigt mehrere Versteckplätze. Populärer Aquarienfisch.

Name: *Lethrinops* sp. "nyassae"
Familie: Cichlidae.
Verbreitung: Malawisee: Sandregionen.
Temp: 23-27°C.   **Max.Länge:** 14 cm.
Wasser: pH 7,5-8,5   **Aquarium:** 100 cm
Schwierigkeitsgrad: 3
Anmerkungen: Fleischfresser. Gefrierfutter, aber auch Trockenfutter. Maulbrüter. Friedlich. Etwas territorial. Feiner Sand als Substrat.

Name: *Melanochromis auratus*
Familie: Cichlidae.
Handelsname: Türkisgoldbarsch.
Verbreitung: Malawisee: Südteil.
Temp: 23-27°C.   **Max.Länge:** 11 cm.
Wasser: pH 7,5-8,5   **Aquarium:** 110 cm
Schwierigkeitsgrad: 3
Anmerkungen: Fleischfresser und Pflanzenfresser. Frißt alles normale Futter. Maulbrüter. Territorial. Männchen sind gegenüber Artgenossen aggressiv. Männchen sind schwarz mit blassen, gelblichweißen Bändern.

Name: *Melanochromis chipokae*
Familie: Cichlidae.
Verbreitung: Malawisee: vorwiegend Chidunga Rocks.
Temp: 23-27°C.   **Max.Länge:** 14 cm.
Wasser: pH 7,5-8,5   **Aquarium**: 120 cm
Schwierigkeitsgrad: 3
Anmerkungen: Fleischfresser und Fischfresser. Frißt alles normale Futter, einschließlich kleinen Fischen. Maulbrüter. Territorial. Männchen sind aggressiv gegenüber Artgenossen. Weibchen sind gelblich mit schwarzen Linien.

Name: *Melanochromis joanjohnsonae*
Familie: Cichlidae.
Handelsname: *Labidochromis joanjohnsonae*, Perle von Likoma.
Verbreitung: Malawisee: Insel Likoma.
Temp: 23-27°C.   **Max.Länge:** 10 cm.
Wasser: pH 7,5-8,5   **Aquarium**: 80 cm
Schwierigkeitsgrad: 2
Anmerkungen: Allesfresser. Gefrierfutter, aber auch Trockenfutter mit pflanzlichen Anteilen. Maulbrüter. Friedlich. Weibchen sind silbrig mit rötlichen Punkten.

Name: *Nimbochromis livingstonii*
Familie: Cichlidae.
Handelsname: *Haplochromis livingstoni*, Schläfer.
Verbreitung: Malawisee: im ganzen See.
Temp: 23-27°C.   **Max.Länge:** 25 cm.
Wasser: pH 7,5-8,5   **Aquarium**: 160 cm
Schwierigkeitsgrad: 3
Anmerkungen: Fleischfresser und Fischfresser. Frißt alles normale Futter, einschließlich kleinen Fischen. Maulbrüter, etwas aggressiv. Männchen in Brutfärbung sind bläulich.

Name: *Nimbochromis venustus*
Familie: Cichlidae.
Handelsname: *Haplochromis venustus*, Pfauenmaulbrüter.
Verbreitung: Malawisee: Sandregionen.
Temp: 23-27°C.   **Max.Länge:** 23 cm.
Wasser: pH 7,5-8,5   **Aquarium**: 160 cm
Schwierigkeitsgrad: 3
Anmerkungen: Fleischfresser und Fischfresser. Frißt alles normale Futter, einschließlich kleinen Fischen. Maulbrüter, etwas aggressiv.

Name: *Metriaclima aurora*
Familie: Cichlidae.
Handelsname: *Pseudotropheus aurora*.
Verbreitung: Malawisee: Insel Likoma usw.
Temp: 23-27°C.   **Max.Länge:** 11 cm.
Wasser: pH 7,5-8,5   **Aquarium**: 100 cm
Schwierigkeitsgrad: 3
Anmerkungen: Allesfresser. Frißt alles normale Futter, benötigt jedoch pflanzliche Nahrung. Maulbrüter. Territorial beim Brüten. Männchen graben Tunnelnester unter Felsen, in denen abgelaicht wird.

Name: *Metriaclima livingstonii*
Familie: Cichlidae.
Handelsname: *Pseudotropheus livingstonii, Ps. lanistocola*.
Verbreitung: Malawisee und Malombesee.
Temp: 23-27°C.   **Max.Länge:** 14 cm.
Wasser: pH 7,5-8,5   **Aquarium**: 100 cm
Schwierigkeitsgrad: 3
Anmerkungen: Allesfresser. Gefrierfutter, aber auch Trockenfutter. Maulbrüter. Territorial beim Brüten. Brutinaktive Tiere leben auf Sand mit leeren Schneckengehäusen, brütet im Felsbiotop.

Name: *Metriaclima estherae*
Familie: Cichlidae.
Handelsname: *Pseudotropheus estherae*, Roter Zebra.
Verbreitung: Malawisee: Ostküste.
Temp: 23-27°C.   **Max.Länge:** 11 cm.
Wasser: pH 7,5-8,5   **Aquarium**: 120 cm
Schwierigkeitsgrad: 3
Anmerkungen: Pflanzenfresser und Allesfresser. Frißt alles normale Futter, benötigt jedoch pflanzliche Nahrung. Maulbrüter. Territorial beim Brüten. Männchen sind normalerweise blau, jedoch kommt auch orange vor.

Name: *Metriaclima estherae*
Familie: Cichlidae.
Handelsname: *Pseudotropheus estherae*, Roter Zebra.
Verbreitung: Malawisee: Ostküste.
Temp: 23-27°C.   **Max.Länge:** 11 cm.
Wasser: pH 7,5-8,5   **Aquarium**: 120 cm
Schwierigkeitsgrad: 3
Anmerkungen: Pflanzenfresser. Frißt alles normale Futter, benötigt jedoch pflanzliche Nahrung. Maulbrüter. Territorial beim Brüten. Weibchen sind normalerweise orangerot, aber auch OB (orange blotched) sind häufig zu finden.

Metriaclima callainos

Metriaclima greshakei

Metriaclima zebra Chilumba

Metriaclima fainzilberi

Metriaclima zebra gold

Metriaclima zebra

Metriaclima zebra

Name: *Metriaclima zebra*
Familie: Cichlidae.
Handelsname: *Pseudotropheus zebra*, Zebra-Buntbarsch.
Verbreitung: Malawisee: Felsbiotop.
Temp: 23-27°C.   **Max.Länge:** 12-14 cm.
Wasser: pH 7,5-8,5   **Aquarium**: 120 cm
Schwierigkeitsgrad: 3
Anmerkungen: Pflanzenfresser und Allesfresser (einige Fleischfresser). Frißt alles normale Futter, benötigt jedoch pflanzliche Nahrung. Maulbrüter. Territorial beim Brüten. Viele verschiedene Formen/Varianten sind werden zur Zeit als "Zebra" bezeichnet.

Name: *Otopharynx hetorodon*
Familie: Cichlidae.
Handelsname: *Haplochromis heterodon.*
Verbreitung: Malawisee: alle Felsküsten.
Temp: 23-27°C.   **Max.Länge:** 15 cm.
Wasser: pH 7,5-8,5   **Aquarium**: 120 cm
Schwierigkeitsgrad: 3
Anmerkungen: Fleischfresser. Gefrierfutter, aber auch Trockenfutter. Maulbrüter. Territorial beim Brüten, jedoch relativ friedlich. Sand als Substrat.

Name: *Placidochromis milomo*
Familie: Cichlidae.
Handelsname: Haplochromis Super VC 10.
Verbreitung: Malawisee: tiefer Felsbiotop.
Temp: 23-27°C.   **Max.Länge:** 25 cm.
Wasser: pH 7,5-8,5   **Aquarium**: 160 cm
Schwierigkeitsgrad: 3
Anmerkungen: Fleischfresser. Gefrierfutter, aber auch Trockenfutter. Maulbrüter. Territorial beim Brüten, jedoch relativ friedlich.

Name: *Protomelas taeniolatus*
Familie: Cichlidae.
Handelsname: Haplochromis Steveni.
Verbreitung: Malawisee: Felsbiotop.
Temp: 23-27°C.   **Max.Länge:** 13-19 cm.
Wasser: pH 7,5-8,5   **Aquarium**: 150 cm
Schwierigkeitsgrad: 3
Anmerkungen: Allesfresser. Gefrierfutter, aber auch Trockenfutter mit pflanzlichen Anteilen. Maulbrüter. Territorial beim Brüten, jedoch relativ friedlich. Viele Varianten existieren um den See.

Name: *Pseudotropheus crabro*
Familie: Cichlidae.
Handelsname: Pseudotropheus Chameleo.
Verbreitung: Malawisee: Felsbiotop.
Temp: 23-27°C.   **Max.Länge:** 12 cm.
Wasser: pH 7,5-8,5   **Aquarium**: 120 cm
Schwierigkeitsgrad: 3
Anmerkungen: Fleischfresser. Gefrierfutter, aber auch Trockenfutter. Maulbrüter. Territorial beim Brüten, jedoch relativ friedlich. Im See reinigt diese Art den Wels *Bagrus meridionalis* von Parasiten.

Name: *Pseudotropheus demasoni*
Familie: Cichlidae.
Verbreitung: Malawisee: Ndumbi Point, Pombo Felsen.
Temp: 23-27°C.   **Max.Länge:** 7 cm.
Wasser: pH 7,5-8,5   **Aquarium**: 110 cm
Schwierigkeitsgrad: 3
Anmerkungen: Pflanzenfresser und Allesfresser. Gefrierfutter, aber auch Trockenfutter mit pflanzlichen Anteilen. Maulbrüter. Friedlich und kaum territoriales Verhalten.

Name: *Pseudotropheus saulosi*
Familie: Cichlidae.
Verbreitung: Malawisee: Taiwan Reef.
Temp: 23-27°C.   **Max.Länge:** 7 cm.
Wasser: pH 7,5-8,5   **Aquarium**: 120 cm
Schwierigkeitsgrad: 3
Anmerkungen: Pflanzenfresser und Allesfresser. Gefrierfutter, aber auch Trockenfutter mit pflanzlichen Anteilen. Maulbrüter. Männchen (bläulich mit schwarzen Bändern) sind recht territorial und aggressiv gegenüber Männchen der eigenen Art.

Name: *Pseudotropheus socolofi*
Familie: Cichlidae.
Handelsname: Pseudotropheus Pindani.
Verbreitung: Malawisee: zentrale Ostküste.
Temp: 23-27°C.   **Max.Länge:** 7 cm.
Wasser: pH 7,5-8,5   **Aquarium**: 80 cm
Schwierigkeitsgrad: 2
Anmerkungen: Fleischfresser und Allesfresser. Gefrierfutter, aber auch Trockenfutter mit pflanzlichen Anteilen. Maulbrüter. Friedlich mit sehr wenig Revierverteidigung.

Name: *Sciaenochromis fryeri*
Familie: Cichlidae.
Handelsname: Haplochromis Ahli, Haplochromis Jacksoni.
Verbreitung: Malawisee: im ganzen See.
Temp: 23-27°C.   **Max.Länge:** 16 cm.
Wasser: pH 7,5-8,5   **Aquarium**: 120 cm
Schwierigkeitsgrad: 3
Anmerkungen: Fleischfresser. Fischfresser, vor allem kleine Mbuna. Gefrierfutter, aber auch Trockenfutter. Maulbrüter. Sehr wenig Revierverteidigung. Weibchen sind bräunlich.

Tanganjikabuntbarsche

Der Tanganjikasee ist der sechstgrößte See der Welt und liegt in Ostafrika. Er ist äußerst tief — 1470 m. Für die Liebhaber sind die Felsküsten der interessanteste Teil, da hier die meisten Arten gefunden werden (vor allem Buntbarsche (Cichliden), aber auch einige Welse), die in Aquarien gehalten werden. Über 200 unterschiedliche Cichlidenarten wurden für die Aquaristik exportiert, und heute werden die meisten davon nachgezüchtet. Wie im Malawisee, sind die meisten Buntbarsche des Tanganjikasees enedmisch (kommen nur dort vor).

Das Wasser im Tanganjikasee ist alkalisch (pH 8,6-9,2), weshalb das Aquarienwasser einen pH von mindestens 7,5 haben sollte, idealerweise jedoch 8,0. Die Wassertemperatur im Aquarium sollte zwischen 24 und 26° C sein. Das Wasser im See ist klar und die oberen 40 Meter sind sauerstoffreich. Der Sauerstoffgehalt im Aquarienwasser ist deshalb sehr wichtig. Sie sollten deshalb auch strikt mit Wasserwechseln sein (etwa 30% jede Woche) und einen kräftigen Filter einsetzen (mit einer Umwälzung von mindestens dreimal das Aquariumvolumen pro Stunde).

Es gibt nur wenigen Pflanzenarten im See, aber man kann Wasserpflanzen, wie *Vallisneria, Anubias, Crinum* und *Ceratophyllum* mit Tanganjikacichliden einsetzen. Jedoch ist es viel geläufiger, ein Tanganjikaaquarium mit Felsen und/oder Felsrückwänden zu dekorieren, indem man die Breite des Beckens vergrößert.

Im Tanganjikasee gibt es sowohl maulbrütende als auch substratbrütende Buntbarsche (vgl. NACH-ZUCHT). Man sollte die maulbrütenden Arten in großen Aquarien halten (mindestens 150 cm lang) und immer eine relativ große Anzahl Tiere von jeder Art (etwa 10-15), wobei es besser ist, mehr Männchen als Weibchen zu haben. Einige der substratbrütenden Arten können entweder als Paar oder in kleinen Gruppen in relativ kleinen Aquarien (von 60 l aufwärts) gepflegt werden. Es kann allerdings Probleme bei der Geschlechtsbestimmung geben, weshalb es besser ist, eine kleine Gruppe (4-6) Jungfische zu kaufen, und diese zusammen aufwachsen zu lassen.

Die meisten Tanganjikacichliden fressen, was ihnen im Aquarium angeboten wird (auch wenn ihr Verdauungssystem an diese Art Nahrung nicht angepaßt ist). Deshalb sollten sie mit einem Futter versorgt werden, dessen Zusammensetzung ihrem natürlichen Futter so ähnlich wie möglich ist. Heutzutage gibt es gutes Flocken- und Körnchenfutter (ohne Tierfette) mit pflanzlichen Anteilen. Den meisten Tanganjikabuntbarschen kann man auch kleine Krebstiere, wie Mysis, Cyclops und Krill anbieten. Andererseits sind rote Mückenlarven nicht für Tanganjikacichliden geeignet. Zwecks zusätzlicher Information schauen Sie bitte im Kapitel über Futter im ersten Teil dieses Buchs nach.

Name: *Altolamprologus compressiceps*
Familie: Cichlidae
Handelsname: *Lamprologus compressiceps.*
Verbreitung: Tanganjikasee: Felsküste.
Temp: 23-26°C   **Max.Länge:** 16 cm.
Wasser: pH 7,8-9   **Aquarium**: 100 cm.
Schwierigkeitsgrad: 3
Anmerkungen: Fleischfresser. Frißt alles normale Futter. Paarfisch. Territorial. Substratbrüter (Höhlen). Brütet in leeren Schneckengehäusen, groß genug für das Weibchen. Benötigt Versteckplätze. Kommt als mehrere Farbvariante vor.

Name: *Chalinochromis brichardi*
Familie: Cichlidae
Verbreitung: Tanganjikasee: Felsküste.
Temp: 23-26°C   **Max.Länge:** 16 cm.
Wasser: pH 7,8-9   **Aquarium**: 100 cm.
Schwierigkeitsgrad: 2
Anmerkungen: Fleischfresser. Frißt alles normale Futter. Paarfisch. Territorial. Substratbrüter (Höhlen). Benötigt Versteckplätze. Mit einer kleinen Gruppe beginnen und daraus sich Paare bilden lassen.

Name: *Cyathopharynx foae*
Familie: Cichlidae
Handelsname: *Cyathopharynx furcifer.*
Verbreitung: Tanganjikasee: Felsküste.
Temp: 23-26°C   **Max.Länge:** 22 cm.
Wasser: pH 7,8-9   **Aquarium**: 200 cm.
Schwierigkeitsgrad: 4
Anmerkungen: Fleischfresser und Allesfresser. Frißt alles normale Futter, bevorzugt jedoch Gefrierfutter. Territorial. Maulbrüter. Benötigt Versteckplätze. Beginne mit einer kleinen Gruppe nachgezogener Tiere. Kommt in mehreren Farbformen vor.

Name: *Cyphotilapia frontosa*
Familie: Cichlidae
Handelsname: Buckelkopf-Buntbarsch.
Verbreitung: Tanganjikasee: Felsküste.
Temp: 23-26°C **Max.Länge:** 40 cm.
Wasser: pH 7,8-9 **Aquarium**: 200 cm.
Schwierigkeitsgrad: 3
Anmerkungen: Fleischfresser. Frißt alles normale Futter, einschließlich Fischen. Friedlich, frißt jedoch kleinere Beckeninsassen Beckeninsassen. Maulbrüter. Benötigt Versteckplätze. Am besten in einer Gruppe von 5-6 Tieren pflegen. Mehrere geographische Variante.

Name: *Cyprichromis leptosoma*
Familie: Cichlidae
Verbreitung: Tanganjikasee.
Temp: 23-26°C **Max.Länge:** 8 cm.
Wasser: pH 7,8-9 **Aquarium**: 150 cm.
Schwierigkeitsgrad: 3
Anmerkungen: Fleischfresser. Gefrier- und Lebendfutter, aber auch Trockenfutter. Maulbrüter. Am besten in einer Gruppe von 10 und mehr halten. Männchen sind aggressiv gegenüber ihren Artgenossen. Mehrere Farbvariante.

Name: *Enantiopus melanogenys*
Familie: Cichlidae
Verbreitung: Tanganjikasee: Sandregionen.
Temp: 23-26°C **Max.Länge:** 15 cm.
Wasser: pH 7,8-9 **Aquarium**: 150 cm.
Schwierigkeitsgrad: 3
Anmerkungen: Fleischfresser. Gefrier- und Lebendfutter, aber auch Trockenfutter. Maulbrüter. Am besten in einer Gruppe von 10 oder mehr. Männchen sind aggressiv gegenüber ihren Artgenossen. Benötigt feinen Sand.

Name: *Eretmodus cyanostictus*
Familie: Cichlidae
Handelsname: Tanganjikaclown.
Verbreitung: Tanganjikasee: seichtes Wasser.
Temp: 23-26°C **Max.Länge:** 8 cm.
Wasser: pH 7,8-9 **Aquarium**: 120 cm.
Schwierigkeitsgrad: 3
Anmerkungen: Fleischfresser und Pflanzenfresser. Frißt alles normale Futter. Maulbrüter (sowohl Männchen als auch Weibchen bebrüten die Eier). Am besten in einer Gruppe von 6 oder mehr pflegen. Männchen sind territorial. Benötigt Versteckplätze und sauerstoffreiches Wasser.

Name: *Julidochromis dickfeldi*
Familie: Cichlidae
Handelsname: Dickfelds Schlankcichlide.
Verbreitung: Tanganjikasee.
Temp: 23-26°C   **Max.Länge:** 10 cm.
Wasser: pH 7,8-9   **Aquarium**: 60 cm.
Schwierigkeitsgrad: 3
Anmerkungen: Fleischfresser. Frißt alles normale Futter. Substratbrüter (Höhlen). Paarfisch. Benötigt Versteckplätze. Beginne mit einer kleinen Gruppe und lasse sich Paare bilden. Territorial.

Name: *Julidochromis marlieri*
Familie: Cichlidae
Handelsname: Schachbrett-Schlankcichlide.
Verbreitung: Tanganjikasee: Felsküste.
Temp: 23-26°C   **Max.Länge:** 13 cm.
Wasser: pH 7,8-9   **Aquarium**: 80 cm.
Schwierigkeitsgrad: 3
Anmerkungen: Fleischfresser. Frißt alles normale Futter. Substratbrüter (Höhlen). Paarfisch. Benötigt Versteckplätze. Beginne mit einer kleinen Gruppe und lasse sich Paare bilden. Territorial.

Name: *Julidochromis ornatus*
Familie: Cichlidae
Handelsname: Gelber Schlankcichlide.
Verbreitung: Tanganjikasee: Felsküste.
Temp: 23-26°C   **Max.Länge:** 9 cm.
Wasser: pH 7,8-9   **Aquarium**: 60 cm.
Schwierigkeitsgrad: 3
Anmerkungen: Fleischfresser. Frißt alles normale Futter. Substratbrüter (Höhlen). Paarfisch. Benötigt Versteckplätze. Beginne mit einer kleinen Gruppe und lasse sich Paare bilden. Territorial. Nicht zusammen mit *J. transcriptus* pflegen.

Name: *Julidochromis regani*
Familie: Cichlidae
Handelsname: Vierstreifen-Schlankcichlide.
Verbreitung: Tanganjikasee.
Temp: 23-26°C   **Max.Länge:** 13 cm.
Wasser: pH 7,8-9   **Aquarium**: 70 cm.
Schwierigkeitsgrad: 3
Anmerkungen: Fleischfresser. Frißt alles normale Futter. Substratbrüter (Höhlen). Paarfisch. Benötigt Versteckplätze. Beginne mit einer kleinen Gruppe und lasse sich Paare bilden. Territorial.

Name: *Julidochromis transcriptus*
Familie: Cichlidae
Handelsname: Schwarzweißer-Schlankcichlide.
Verbreitung: Nordwest-Tanganjikasee.
Temp: 23-26°C   **Max.Länge:** 7 cm.
Wasser: pH 7,8-9   **Aquarium**: 50 cm.
Schwierigkeitsgrad: 3
Anmerkungen: Fleischfresser. Frißt alles normale Futter. Substratbrüter (Höhlen). Paarfisch. Benötigt Versteckplätze. Beginne mit einer kleinen Gruppe und lasse sich Paare bilden. Territorial. Nicht zusammen mit *J. ornatus* pflegen.

Name: *Lamprologus ocellatus*
Familie: Cichlidae
Handelsname: Schneckenbarsch.
Verbreitung: Tanganjikasee.
Temp: 23-26°C   **Max.Länge:** 6 cm.
Wasser: pH 7,8-9   **Aquarium**: 50 cm.
Schwierigkeitsgrad: 3
Anmerkungen: Fleischfresser. Frißt alles normale Futter. Substratbrüter. Brütet in leeren Schneckengehäusen. Am besten in Gruppen von 6 oder mehr halten. Benötigt feinen Sand. Recht friedlich.

Name: *Neolamprologus brichardi.*
Familie: Cichlidae
Handelsname: Gabelschwanzbuntbarsch, Feenbarsch.
Verbreitung: Überall im Tanganjikasee.
Temp: 23-26°C   **Max.Länge:** 10 cm.
Wasser: pH 7,8-9   **Aquarium**: 80 cm.
Schwierigkeitsgrad: 2
Anmerkungen: Fleischfresser. Frißt alles normale Futter. Substratbrüter (Höhlen). Paarfisch. Benötigt mehrere Versteckplätze (Höhlen). Am besten in Gruppen von 6 oder mehr halten. Jungfische bis zu 2,5 cm helfen bei der Brutpflege mit. Territorial.

Name: *Neolamprologus leleupi*
Familie: Cichlidae
Handelsname: *Lamprologus longior*, Tanganjika-Goldcichlide.
Verbreitung: Überall im Tanganjikasee.
Temp: 23-26°C   **Max.Länge:** 11 cm.
Wasser: pH 7,8-9   **Aquarium**: 100 cm.
Schwierigkeitsgrad: 4
Anmerkungen: Fleischfresser. Frißt alles normale Futter. Substratbrüter (Höhlen). Benötigt mehrere Versteckplätze. Beginne mit einer kleinen Gruppe und lasse sich Paare bilden. Territorial und sehr aggressiv gegenüber Artgenossen.

Name: *Neolamprologus multifasciatus*.
Familie: Cichlidae
Verbreitung: Tanganjikasee: Sambisches Wasser.
Temp: 23-26°C **Max.Länge**: 4 cm.
Wasser: pH 7,8-9 **Aquarium**: 60 cm.
Schwierigkeitsgrad: 2
Anmerkungen: Fleischfresser. Frißt alles normale Futter. Substratbrüter. Brütet in leeren Schneckengehäusen. Am besten in kleinen Gruppen von 8 und mehr halten. Benötigt feinen Sand. Gräbt viel.

Name: *Ophthalmotilapia ventralis*
Familie: Cichlidae
Verbreitung: Tanganjikasee: Felsküste.
Temp: 23-26°C **Max.Länge**: 4 cm.
Wasser: pH 7,8-9 **Aquarium**: 160 cm.
Schwierigkeitsgrad: 3
Anmerkungen: Pflanzenfresser und Fleischfresser. Lebend- und Gefrierfutter, aber auch Trockenfutter. Maulbrüter. Territorial. Rather aggressiv gegenüber Artgenossen. Benötigt feinen Sand .

Name: *Petrochromis trewavasae*
Familie: Cichlidae
Verbreitung: Tanganjikasee: Felsküste.
Temp: 23-26°C **Max.Länge**: 17 cm.
Wasser: pH 7,8-9 **Aquarium**: 200 cm.
Schwierigkeitsgrad: 4
Anmerkungen: Pflanzenfresser. Pflanzliche Nahrung. Maulbrüter. Benötigt mehrere Versteckplätze. Territorial. Sehr aggressiv gegenüber Artgenossen. Max. 1 Männchen pro Aquarium.

Name: *Spathodus erythrodon*
Familie: Cichlidae
Handelsname: Blaupunkt-Grundelbuntbarsch.
Verbreitung: Tanganjikasee: seichtes Wasser.
Temp: 23-26°C **Max.Länge**: 8 cm.
Wasser: pH 7,8-9 **Aquarium**: 100 cm.
Schwierigkeitsgrad: 3
Anmerkungen: Allesfresser. Frißt alles normale Futter. Maulbrüter (sowohl Männchen als auch Weibchen bebrüten die Eier). Am besten in kleinen Gruppen von 6 und mehr halten. Männchen sind territorial. Benötigt Versteckplätze und sauerstoffreiches Wasser.

Name: *Tanganicodus irsacae*
Familie: Cichlidae
Verbreitung: Tanganjikasee: seichtes Wasser.
Temp: 23-26°C   **Max.Länge:** 6,5 cm.
Wasser: pH 7,8-9   **Aquarium**: 100 cm.
Schwierigkeitsgrad: 3
Anmerkungen: Fleischfresser und Pflanzenfresser. Frißt alles normale Futter. Maulbrüter (sowohl Männchen als auch Weibchen bebrüten die Eier). Am besten in kleinen Gruppen von 6 und mehr halten. Männchen sind territorial. Benötigt Verstecke und sauerstoffreiches Wasser.

Name: *Tropheus annectens*
Familie: Cichlidae
Handelsname: *Tropheus polli*.
Verbreitung: Tanganjikasee: oberer Felsbiotop.
Temp: 23-26°C   **Max.Länge:** 14 cm.
Wasser: pH 7,8-9   **Aquarium**: 160 cm.
Schwierigkeitsgrad: 3
Anmerkungen: Am besten in kleinen Gruppen von 10 und mehr halten. Territorial. Benötigt mehrere Versteckplätze.

Name: *Tropheus brichardi* Kavala
Familie: Cichlidae
Verbreitung: Tanganjikasee: oberer Felsbiotop.
Temp: 23-26°C   **Max.Länge:** 13 cm.
Wasser: pH 7,8-9   **Aquarium**: 200 cm.
Schwierigkeitsgrad: 3
Anmerkungen: Pflanzenfresser. Pflanzliche Nahrung. Maulbrüter. Am besten in kleinen Gruppen von 10 und mehr halten. Territorial. Benötigt mehrere Versteckplätze. Mehrere Farbvarianten. Vergleiche folgende Seite, unten rechts.

Name: *Tropheus duboisi*
Familie: Cichlidae
Handelsname: Weißpunkt-Buntbarsch, Duby.
Verbreitung: Tanganjikasee: oberer Felsbiotop.
Temp: 23-26°C   **Max.Länge:** 13 cm.
Wasser: pH 7,8-9   **Aquarium**: 160 cm.
Schwierigkeitsgrad: 3
Anmerkungen: Pflanzenfresser. Pflanzliche Nahrung. Maulbrüter. Am besten in kleinen Gruppen von 8 und mehr halten. Territorial. Benötigt mehrere Versteckplätze. Jungfische sind gepunktet, adulte Tiere tragen einen Streifen. Siehe folgende Seite, unten rechts.

Tropheus sp. "black" Kiriza

Tropheus sp. "black" Kirschfleck

Tropheus sp. "black" Magara

Tropheus sp. "black" Pemba

Tropheus sp. "ikola"

Tropheus duboisi Maswa

Tropheus brichardi Ulwile

Name: *Tropheus* sp. "black"
Familie: Cichlidae
Verbreitung: Tanganjika: oberer Felsbiotop.
Temp 23-26°C   **Max.Länge**: 13 cm.
Wasser: pH 7,8-9   **Aquarium**: 200 cm.
Schwierigkeitsgrad: 3
Anmerkungen: Pflanzenfresser. Pflanzliche Nahrung. Maulbrüter. Am besten in kleinen Gruppen von 10 und mehr halten. Territorial. Benötigt mehrere Versteckplätze. Viele Farbvarianten überall im See; einige sind hier abgebildet.

Tropheus moorii Chaitika

Tropheus moorii Mpulungu

Tropheus moorii Kasanga

Tropheus moorii Lufubu

Tropheus moorii Murago

Tropheus sp. "red" Chimba

Name: *Tropheus* sp. "red" und *Tropheus moorii*.
Familie: Cichlidae
Verbreitung: Tanganjika: oberer Felsbiotop.
Temp: 23-26°C   **Max.Länge**: 14 cm.
Wasser: pH 7,8-9   **Aquarium**: 200 cm.
Schwierigkeitsgrad: 3   **Anmerkungen**: Pflanzenfresser. Pflanzliche Nahrung. Maulbrüter. Am besten in kleinen Gruppen von 10 und mehr halten. Territorial. Benötigt mehrere Verstecksplätze. *T.* sp "red" und *T. moorii* kommen als viele Farbvarianten überall im See vor; einige sind hier abgebildet.

Tropheus sp. "red" Kachese

Sonstige Buntbarsche

Buntbarsche sind fast über den gesamten afrikanischen Kontinent zu finden. Ein Großteil der Buntbarsche, die im Handel vorkommen, stammen aus Westafrika, wo sie in Flüssen, Strömen und Seen leben. In diesen Gegenden variiert das Wasser stark, ist aber relativ weich und der pH normalerweise zwischen 6,5-7,5, mit einer Temperatur von etwa 24-26°C.

Das Wasser in den großen Seen (Viktoria, Tanganjika und Malawi) ist alkalisch und der pH schwankt je nach Saison zwischen 7 und 9, die Temperatur zwischen 23 und 29°C. Die Flüsse auf Madagaskar haben relativ weiches Wasser.

Sie sollten diese Fische mit Futter versorgen, das der Zusammensetzung ihrer natürlichen Nahrung so nahe wie möglich kommt. Heutzutage sind gutes Flockenfutter und Pellets mit einem pflanzlichen Zusatz erhältlich (und ohne Tierfette). Zwecks zusätzlicher Information schlagen Sie bitte im Kapitel FUTTER im ersten Teil diese Buchs nach.

Es ist selbstverständlich, daß diese Cichliden eine große Variabilität aufweisen, wenn man solch große Regionen mit solch unterschiedlichen Bedingungen berücksichtigt. Die rheophilen Buntbarsche (aus schnellfließenden Gewässer, z.B. Stromschnellen), zum Beispiel, haben eine verkümmerte Schwimmblase, die nur minimalen Auftrieb liefert, was ihnen erlaubt, am Boden zu bleiben. In den Gegenden, in denen Buntbarsche vorkommen, gibt es auch viele andere Fische (z.B. Salmler und Welse), die sich meistens leicht im Aquarium vergesellschaften lassen.

Viktoriacichliden sollten niemals in Paaren gehalten werden, sondern immer in Gruppen und in relativ großen Aquarien (mindestens 150 l). Diese Buntbarsche sind Maulbrüter (vgl. AUFZUCHT). Geeignete pH/Temperatur-Werte im Aquarium sind jeweils 7-8 und 24-26 °C, auch wenn diese Fische relativ anpassungsfähig sind.

Name: *Anomalochromis thomasi*
Familie: Cichlidae
Handelsname: Afrikanischer-Schmetterlingsbuntbarsch.
Verbreitung: Sierra Leone, Guinea, Liberia.
Temp: 24-26°C   **Max.Länge**: 8 cm
Wasser: pH 6,0-7,5   **Aquarium**: 80 cm.
Schwierigkeitsgrad: 1
Anmerkungen: Allesfresser. Frißt alles normale Futter. Offener Substratbrüter. Paarfisch. Etwas territorial. Friedlich. Benötigt Versteckplätze.

Name: *Astatotilapia latifasciata*
Familie: Cichlidae
Handelsname: *Haplochromis "zebra obliquidens"*.
Verbreitung: Kiogaseebecken.
Temp: 23-26°C **Max.Länge:** 12 cm
Wasser: pH 7,0-8,0 **Aquarium**: 100 cm
Schwierigkeitsgrad: 2
Anmerkungen: Allesfresser. Frißt alles normale Futter. Das Männchen ist territorial und aggressiv. Maulbrüter. Benötigt mehrere Versteckplätze.

Name: *Astatotilapia nubila*
Familie: Cichlidae
Handelsname: *Haplochromis nubilus.*
Verbreitung: Viktoriasee, Nabugado usw.
Temp: 23-26°C **Max.Länge:** 15 cm
Wasser: pH 7,0-8,0 **Aquarium**: 100 cm
Schwierigkeitsgrad: 2
Anmerkungen: Fleischfresser. Frißt alles normale Futter. Etwas territorial und aggressiv. Maulbrüter. Benötigt mehrere Versteckplätze. Produktiver und frühreifer Brüter.

Name: *Chromidotilapia guentheri*
Familie: Cichlidae
Handelsname: Günthers Prachtbuntbarsch.
Verbreitung: Sierra Leone bis Kamerun, Gabun.
Temp: 24-26°C **Max.Länge:** 18 cm
Wasser: 6,0-7,5 **Aquarium**: 100 cm.
Schwierigkeitsgrad: 3
Anmerkungen: Allesfresser. Frißt alles normale Futter. Paarfisch. Maulbrüter. Beim Brüten territorial und aggressiv gegenüber Artgenossen. Benötigt Versteckplätze.

Name: *Etroplus maculatus*
Familie: Cichlidae
Handelsname: Punktierter Indischer Buntbarsch.
Verbreitung: Indien, Sri Lanka.
Temp: 24-27°C **Max.Länge:** 10 cm
Wasser: pH 7,5-8,5 **Aquarium**: 70 cm
Schwierigkeitsgrad: 3
Anmerkungen: Allesfresser. Frißt alles normale Futter, auch Fischjungen. Freilaicher. Paarfisch. Friedlich. Akzeptiert Süßwasser, bevorzugen jedoch Brackwasser. Dies ist einer der sehr wenigen asiatischen Cichliden.

Name: *Haplochromis* sp. "Flameback"
Familie: Cichlidae
Verbreitung: Viktoriasee.
Temp: 23-26°C   **Max.Länge:** 10 cm
Wasser: pH 7,0-8,0   **Aquarium**: 110 cm
Schwierigkeitsgrad: 2
Anmerkungen: Allesfresser. Frißt alles normale Futter. Das Männchen ist territorial und aggressiv. Maulbrüter. Benötigt mehrere Versteckplätze. Weibchen sind silbriggrau. Springt.

Name: *Haplochromist nyererei*
Familie: Cichlidae
Verbreitung: Viktoriasee.
Temp: 23-26°C   **Max.Länge:** 12 cm
Wasser: pH 7,0-8,0   **Aquarium**: 120 cm
Schwierigkeitsgrad: 2
Anmerkungen: Fleischfresser. Frißt alles normale Futter. Das Männchen ist territorial und aggressiv. Maulbrüter. Benötigt mehrere Versteckplätze. Weibchen bräunlich.

Name: *Hemichromus lifalili*
Familie: Cichlidae
Handelsname: Roter Cichlide.
Verbreitung: Westafrika.
Temp: 23-25°C   **Max.Länge:** 11 cm
Wasser: 6,5-7,5   **Aquarium**: 100 cm.
Schwierigkeitsgrad: 3
Anmerkungen: Allesfresser. Frißt alles normale Futter. Paarfisch. Offener Substratbrüter. Beim Brüten extrem territorial und aggressiv. Benötigt Versteckplätze.

Name: *Lamprologus congoensis*
Familie: Cichlidae
Handelsname: Kongo-Grundcichlide.
Verbreitung: Stromschnellen im unteren Kongobecken.
Temp: 23-26°C   **Max.Länge:** 11 cm
Wasser: 6,5-7,5   **Aquarium**: 90 cm.
Schwierigkeitsgrad: 3
Anmerkungen: Allesfresser. Frißt alles normale Futter. Paarbildend oder in Harems brütender Fisch. Substratbrüter (Höhlen). Territorial gegenüber Artgenossen. Verkleinerte Schwimmblase. Benötigt Versteckplätze. Springt. Benötigt hohen Sauerstoffgehalt.

Name: *Nanochromis parilus*
Familie: Cichlidae
Handelsname: Nanochromis Nudiceps, Blauer Kongocichlide.
Verbreitung: Unteres Kongobecken.
Temp: 23-26°C   **Max.Länge:** 9 cm
Wasser: 6,0-7,0   **Aquarium:** 120 cm.
Schwierigkeitsgrad: 3
Anmerkungen: Allesfresser. Benötigt Lebend- und Gefrierfutter. Paarfisch. Substratbrüter (Höhlen). Etwas territorial gegenüber Artgenossen. Benötigt Versteckplätze.

Name: *Paratilapia polleni*
Familie: Cichlidae
Handelsname: Madagaskar-Glitterbuntbarsch.
Verbreitung: Madagaskar.
Temp: 23-27°C   **Max.Länge:** 30 cm
Wasser: pH 6,5-8,0   **Aquarium:** 200 cm
Schwierigkeitsgrad: 4
Anmerkungen: Allesfresser. Frißt alles normale Futter. Offener Substratbrüter. Männchen sind aggressiv gegenüber ihren Artgenossen. Nur für große Aquarien geeignet.

Name: *Pelvicachromis pulcher*
Familie: Cichlidae
Handelsname: Königscichlide.
Verbreitung: Nigeria, Kamerun.
Temp: 23-26°C   **Max.Länge:** 11 cm
Wasser: 6,0-7,5   **Aquarium:** 60 cm.
Schwierigkeitsgrad: 2
Anmerkungen: Allesfresser. Frißt alles normale Futter. Etwas territorial beim Brüten. Paarfisch. Substratbrüter (Höhlen). Benötigt Versteckplätze. Guter Cichlide für Anfänger.

Name: *Pelvicachromis subocellatus*
Familie: Cichlidae
Verbreitung: Gabun bis Mündung des Kongo.
Temp: 23-26°C   **Max.Länge:** 9 cm
Wasser: 6,0-7,5   **Aquarium:** 80 cm.
Schwierigkeitsgrad: 3
Anmerkungen: Allesfresser. Lebend- und Gefrierfutter, etwas Flockenfutter. Territorial beim Brüten. Paarfisch. Substratbrüter (Höhlen). Benötigt Versteckplätze.

Name: *Pelvicachromist taeniatus* "rot"
Familie: Cichlidae
Verbreitung: Nigeria, Kamerun.
Temp: 23-26°C **Max.Länge:** 9 cm
Wasser: 6,0-7,0 **Aquarium**: 80 cm.
Schwierigkeitsgrad: 3
Anmerkungen: Allesfresser. Lebend- und Gefrierfutter, etwas Trockenfutter. Territorial beim Brüten. Paarfisch. Substratbrüter (Höhlen). Benötigt Versteckplätze. *P. taeniatus* kommt als mehrere geographische Variante vor.

Name: *Pelvicachromist taeniatus*, Weibchen.
Familie: Cichlidae
Verbreitung: Kamerun: Kumba Funge.
Temp: 23-26°C **Max.Länge:** 9 cm
Wasser: 6,0-7,0 **Aquarium**: 80 cm.
Schwierigkeitsgrad: 3
Anmerkungen: Allesfresser. Lebend- und Gefrierfutter, etwas Trockenfutter. Territorial beim Brüten. Paarfisch. Substratbrüter (Höhlen). Benötigt Versteckplätze. *P. taeniatus* kommt in mehreren geographischen Varianten vor.

Name: *Pseudocrenilabrus philander*
Familie: Cichlidae
Verbreitung: Afrika.
Temp: 22-25°C **Max.Länge:** 10 cm
Wasser: 6,5-7,5 **Aquarium:** 90 cm.
Schwierigkeitsgrad: 3
Anmerkungen: Allesfresser. Frißt alles normale Futter. Territorial. Etwas aggressiv beim Brüten. Maulbrüter. Benötigt Versteckplätze.

Name: *Steatocranus casuarius*
Familie: Cichlidae
Handelsname: Buckelkopf-Buntbarsch.
Verbreitung: Stromschnellen des unteren Kongo, Malebo Pool.
Temp: 23-26°C **Max.Länge:** 13 cm
Wasser: 6,5-7,5 **Aquarium**: 90 cm.
Schwierigkeitsgrad: 2
Anmerkungen: Allesfresser. Frißt alles normale Futter. Paarfisch. Territorial. Etwas aggressiv beim Brüten. Substratbrüter (Höhlen). Reduzierte Schwimmblase. Benötigt Versteckplätze. Springt.

Name: *Teleogramma brichardi*
Familie: Cichlidae
Verbreitung: Stromschnellen des unteren Kongo, Malebo Pool.
Temp: 23-26°C   **Max.Länge:** 12 cm
Wasser: 6,5-7,5   **Aquarium**: 90 cm.
Schwierigkeitsgrad: 3
Anmerkungen: Fleischfresser. Frißt alles normale Futter. Territorial: Sehr aggressiv beim Brüten. Substratbrüter (Höhlen). Reduzierte Schwimmblase. Benötigt Versteckplätze. Springt.

Name: *Tilapia buttikoferi*
Familie: Cichlidae
Handelsname: Zebratilapie.
Verbreitung: Guinea-Bissau bis West-Liberia.
Temp: 22-25°C   **Max.Länge:** 30 cm
Wasser: 6,0-7,0   **Aquarium**: 150 cm.
Schwierigkeitsgrad: 3
Anmerkungen: Allesfresser. Frißt alles normale Futter. Ausgewachsene Fische sind Fischfresser. Fressen auch Pflanzen. Freilaicher. Sehr territorial und aggressiv. Benötigt Versteckplätze.

Name: *Tilapia joka*
Familie: Cichlidae
Verbreitung: Sierra Leone, Liberia.
Temp: 22-25°C   **Max.Länge:** 20 cm
Wasser: 6,5-7,5   **Aquarium**: 100 cm.
Schwierigkeitsgrad: 3
Anmerkungen: Allesfresser, vorwiegend Pflanzenfresser. Pflanzliche Nahrung, frißt jedoch alle normale Nahrung. Guter Büschel-Algenfresser. Substratbrüter (Höhlen). Territorial, jedoch relativ friedlich. Benötigt Versteckplätze.

Name: *Tilapia mariae*
Familie: Cichlidae
Handelsname: Marien-Buntbarsch.
Verbreitung: Elfenbeinküste bis Kamerun.
Temp: 22-25°C   **Max.Länge:** 30 cm
Wasser: 6,0-7,5   **Aquarium**: 150 cm.
Schwierigkeitsgrad: 3
Anmerkungen: Allesfresser, vorwiegend Pflanzenfresser. Frißt Pflanzen, aber auch Trockenfutter. Paarfisch. Substratbrüter. Territorial und aggressiv. Gräbt viel. Benötigt Versteckplätze.

Sonstige Fische

Es gibt eine Anzahl Aquarienfische, die nicht leicht einer bestimmten Gruppe zugeordnet werden können, und dies in einem nicht-Spezialistenbuch wie diesem zu versuchen, wäre nutzlos. Deshalb habe ich absichtlich eine Anzahl Fische aus dieser Kategorie weggelassen. Diese "Gruppe" umfaßt Fische, die so verschieden sind wie die Riesenarowanas (*Osteoglossum*), unterschiedliche Brackwasserfische, der Sterlet (*Acipenser ruthenus*), usw. Diese Fische sind natürlich sehr divers und haben bezüglich ihrer Lebensbedingungen sehr wenig gemeinsam, weshalb der Leser den Text zu jedem Fisch durchsehen sollte, und zusätzlich den allgemeinen Text im ersten Teil des Buchs.

Name: *Acipenser ruthenus*
Familie: Acipenseridae.
Handelsname: Sterlet.
Verbreitung: Europa, Siberien.
Temp: 10-20°C.   **Max.Länge:** 125 cm.
Wasser: pH 7-8   **Aquarium**: 500 cm.
Schwierigkeitsgrad: 5
Anmerkungen: Fleischfresser. Lebend- und Gefrierfutter. Friedlich. Kann nicht im Aquarium nachgezogen werden. Zu groß für ein Aquarium und ist auch ein Kaltwasserfisch. Gut für Teiche. Akzeptiert Brackwasser.

Name: *Aethiomastacembelus ellipsifer*
Familie: Mastacembelidae.
Verbreitung: Tanganjikasee.
Temp: 23-26°C.   **Max.Länge:** 45 cm.
Wasser: pH 7,5-9.   **Aquarium**: 150 cm.
Schwierigkeitsgrad: 3.
Anmerkungen: Fleischfresser (Fischfresser). Frißt kleine Fische. Lebendfutter. Einzelgänger. Höhlen- und nachtaktiv. Empfindlich. Benötigt feinen Sand und mehrere Versteckeplätze.

Name: *Allenbatrachus grunniens*
Familie: Batrachoididae
Handelsname: *Batrachus grunniens*, Froschfisch.
Verbreitung: Indo-West-Pazifik.
Temp: 23-27°C.   **Max.Länge:** 30 cm.
Wasser: pH 7,5-8,5   **Aquarium**: 130 cm.
Schwierigkeitsgrad: 5
Anmerkungen: Fischfresser. Frißt kleine Fische. Benötigt Lebendfutter. Am Boden lebend. Benötigt Brackwasser (2-3%). Macht Quäkgeräusche.

Name: *Apteronotus albifrons*
Familie: Apteronotidae.
Handelsname: Amerikanischer Weißstirn Messerfisch.
Verbreitung: Südamerika.
Temp: 22-27°C.   **Max.Länge:** 50 cm.
Wasser: pH 6-7,5   **Aquarium**: 150 cm.
Schwierigkeitsgrad: 4
Anmerkungen: Fleischfresser. Lebendfutter. Nachtaktiv. Scheu. Sehr aggressiv gegenüber Artgenossen. Benötigt mehrere Verstecke. Dichte Bepflanzung. Empfindlich.

Name: *Badis badis*
Familie: Nandidae
Handelsname: Blaubarsch.
Verbreitung: Südostasien.
Temp: 23-26°C.   **Max.Länge:** 8 cm.
Wasser: pH 6-7,5   **Aquarium**: 100 cm.
Schwierigkeitsgrad: 3
Anmerkungen: Fleischfresser. Lebend- oder Gefrierfutter. Substratbrüter (Höhlen). Etwas territorial gegenüber Artgenossen. Benötigt mehrere Verstecke und Sandsubstrat. Kann seine Farbe schnell verändern.

Name: *Campylomormyrus elephas*
Familie: Mormyridae
Verbreitung: Kongobecken.
Temp: 25-28°C.   **Max.Länge:** 40 cm.
Wasser: pH 6,5-7,5   **Aquarium**: 150 cm.
Schwierigkeitsgrad: 4
Anmerkungen: Fleischfresser. Lebendfutter. Höhlen- und nachtaktiv. Feiner Sand (max. 2 mm) im Aquarium. Sehr gute Wasserqualität. Bepflanztes Aquarium mit offenem Schwimmraum. Benötigt mehrere Versteckplätze.

Name: *Channa asiatica*
Familie: Channidae.
Verbreitung: Japan, Taiwan, China, Sri Lanka.
Temp: 22-28°C.   **Max.Länge:** 25 cm.
Wasser: pH 6,5-7,5   **Aquarium**: 150 cm.
Schwierigkeitsgrad: 3
Anmerkungen: Fleischfresser (Fischfresser). Nur mit großen Fischen vergesellschaften. Lebend- und Gefrierfutter. Substratbrüter (Schwimmnest). Aggressiv gegenüber Artgenossen. Einzelgänger. Verträgt kein Salz im Wasser.

Name: *Channa micropeltes*
Familie: Channidae.
Handelsname: Riesen-Schlangenkopffisch.
Verbreitung: Südostasien.
Temp: 24-28°C.   **Max.Länge:** 100 cm.
Wasser: pH 6,5-7,5   **Aquarium**: 400 cm.
Schwierigkeitsgrad: 5
Anmerkungen: Fischfresser. Nur mit großen Fischen vergesellschaften. Lebend- und Gefrierfutter. Substratbrüter. Aggressiv gegenüber Artgenossen. Einzelgänger. Verträgt kein Salz im Wasser. Zu groß für ein Aquarium.

Name: *Coius quadrifasciatus*
Familie: Coiidae.
Handelsname: Vielgestreifter Tigerfisch.
Verbreitung: Asien und Ozeanien.
Temp: 22-26°C.   **Max.Länge:** 35 cm.
Wasser: pH 6,5-7,5   **Aquarium**: 200 cm.
Schwierigkeitsgrad: 4
Anmerkungen: Fleischfresser (Fischfresser). Nur mit großen Fischen vergesellschaften. Frißt lebende Fische und Fleisch. Bevorzugt Brackwasser. Benötigt eine dichte Bepflanzung (salzverträgliche Pflanzen) und mehrere Versteckplätze.

Name: *Ctenogobius duospilus*
Familie: Gobiidae.
Handelsname: *Rhinogobius wui*.
Verbreitung: Ostasien.
Temp: 15-25°C.   **Max.Länge:** 4,5 cm.
Wasser: pH 6,5-7,5.   **Aquarium**: 60 cm.
Schwierigkeitsgrad: 3.
Anmerkungen: Fleischfresser. Benötigt kleines Lebend- und Gefrierfutter. Substratbrüter (Höhlen). Luftatmer. Territorial zur Laichzeit. Benötigt feinen Sand, mehrere Versteckplätze (Steine) und eine starke Strömung im Wasser.

Name: *Dormitator maculatus*
Familie: Eleotridae.
Handelsname: Gefleckte Schläfergrundel.
Verbreitung: Nord-Carolina (USA) bis Südost-Brasilien.
Temp: 22-28°C.   **Max.Länge:** 50 cm.
Wasser: pH 6,5-8   **Aquarium**: 250 cm.
Schwierigkeitsgrad: 4
Anmerkungen: Fleischfresser (Fischfresser). Frißt kleine Fische. Lebend- und Gefrierfutter. Benötigt Brackwasser. Etwas territorial. Benötigt feinen Sand und mehrere Verstecke. Zu groß für die meisten Aquarien.

Name: *Eigenmannia virescens*
Familie: Sternopygidae.
Handelsname: Grüner Messerfisch.
Verbreitung: Südamerika.
Temp: 22-28°C.   **Max.Länge:** 45 cm.
Wasser: pH 6-7   **Aquarium**: 120 cm.
Schwierigkeitsgrad: 4
Anmerkungen: Fleischfresser. Lebend- und Gefrierfutter. Substratlaicher (Schwimmpflanzen). Nachtaktiv. Scheu. Benötigt Schwimmpflanzen und mehrere Versteckplätze.

Name: *Erpetoichthys calabaricus*
Familie: Polypteridae.
Handelsname: Flösselaal.
Verbreitung: West-Afrika.
Temp: 23-28°C.   **Max.Länge:** 70 cm.
Wasser: pH 6-7,5   **Aquarium**: 200 cm.
Schwierigkeitsgrad: 4
Anmerkungen: Fleischfresser (Fischfresser). Frißt kleine Fische. Lebend- und Gefrierfutter. Höhlen- und nachtaktiv. Scheu. Friedlich. Benötigt feinen Sand, dichte Bepflanzung und Versteckplätze. Springt.

Name: *Gnathonemus petersii*
Familie: Mormyridae.
Handelsname: Tapirfisch.
Verbreitung: West-Afrika.
Temp: 23-28°C.   **Max.Länge:** 35 cm.
Wasser: pH 6-7,5   **Aquarium**: 150 cm.
Schwierigkeitsgrad: 3
Anmerkungen: Allesfresser. Frißt alles normale Futter, bevorzugt jedoch Lebend- und Gefrierfutter. Höhlen- und nachtaktiv. Scheu. Friedlich, jedoch aggressiv gegenüber Artgenossen. Territorial. Benötigt Versteckplätze. Springt.

Name: *Gobioides broussoneti*
Familie: Gobiidae.
Handelsname: Lila Aalgrundel.
Verbreitung: Süd-Carolina (USA) bis Brasilien.
Temp: 23-26°C.   **Max.Länge**: 55 cm.
Wasser: pH 6-7   **Aquarium**: 200 cm.
Schwierigkeitsgrad: 5
Anmerkungen: Fleischfresser. Lebendfutter. Nachtaktiv. Scheu. Friedlich, jedoch sehr aggressiv gegenüber Artgenossen. Einzelgänger. Territorial. Benötigt feinen Sand und Verstecke. Brackwasser (1%).

Name: *Gymnarchus niloticus*
Familie: Gymnarchidae.
Handelsname: Nilhecht.
Verbreitung: Nil, Niger, Gambiabecken usw.
Temp: 23-26°C.   **Max.Länge**: 170 cm.
Wasser: pH 6,5-7,5   **Aquarium**: 300 cm.
Schwierigkeitsgrad: 5
Anmerkungen: Fleischfresser. Fischfresser. Frißt Fische und jede normale Nahrung. Höhlen- und nachtaktiv. Scheu. Kein Aquarienfisch.

Name: *Hypogymnogobius xanthozona*
Familie: Gobiidae.
Handelsname: Goldringelgrundel.
Verbreitung: Java, Sumatra, Borneo.
Temp: 25-28°C.   **Max.Länge**: 4.5 cm.
Wasser: pH 6-7.   **Aquarium**: 60 cm.
Schwierigkeitsgrad: 3
Anmerkungen: Fleischfresser. Lebend- und Gefrierfutter. Substratbrüter (Höhlen). Friedlich, jedoch territorial gegenüber Artgenossen. Benötigt mehrere Verstecke und feinen, dunklen Sand. Brackwasser (etwa 2.5 %).

Name: *Mastacembelus erythrotaenia*
Familie: Mastacembelidae.
Handelsname: Feueraal, Rotstreifen-Stachelaal.
Verbreitung: Südostasien.
Temp: 24-28°C.   **Max.Länge**: 100 cm.
Wasser: pH 6-8.   **Aquarium**: 200 cm.
Schwierigkeitsgrad: 4.
Anmerkungen: Fleischfresser (Fischfresser). Frißt kleine Fische. Lebendfutter. Einzelgänger. Höhlen- und nachtaktiv. Brackwasser (etwa 1%). Sehr empfindlich. Benötigt feinen Sand, Schwimmpflanzen und mehrere Verstecke.

Name: *Monocirrhus polyacanthus*
Familie: Nandidae.
Handelsname: Blattfisch.
Verbreitung: Guayana bis Brasilien.
Temp: 24-26°C.   **Max.Länge:** 8 cm.
Wasser: pH 5-6,5.   **Aquarium**: 100 cm.
Schwierigkeitsgrad: 4.
Anmerkungen: Fleischfresser (Fischfresser). Frißt Fische, Überraschungsjäger. Nur Lebendfutter, sehr neidisch. Substrat(Blätter, Steine)brüter. Benötigt eine dichte Bepflanzung und einen offenen Schwimmraum und mehrere Versteckplätze (Wurzeln, große Pflanzen).

Name: *Monodactylus argenteus*
Familie: Monodactylidae.
Handelsname: Silberflossenblatt.
Verbreitung: Indischer Westpazifik.
Temp: 24-27°C.   **Max.Länge:** 25 cm.
Wasser: pH 7-8.   **Aquarium**: 120 cm.
Schwierigkeitsgrad: 4.
Anmerkungen: Allesfresser. Frißt kleine Fische. Frißt alles normale Futter. Friedlich. Schwarmfisch, jedoch etwas scheu. Nur in Meer- oder Brackwasser.

Name: *Oryzias melastigmus*
Familie: Adrianichthyidae.
Handelsname: *Oryzias javanicus*, Javakärpfling.
Verbreitung: Tropisches Asien.
Temp: 22-26°C.   **Max.Länge:** 7 cm.
Wasser: pH 6-7,5.   **Aquarium**: 80 cm.
Schwierigkeitsgrad: 2.
Anmerkungen: Fleischfresser und Allesfresser. Frißt alles normale Futter. Substratlaicher (Pflanzen). Recht friedlich. Benötigt feinen Sand und dichte Bepflanzung, Schwimmpflanzen, und einen offenen Schwimmraum.

Name: *Osteoglossum bicirrhosum*
Familie: Osteoglossidae.
Handelsname: Arowana, Gabelbart, Knochenzüngler.
Verbreitung: Amazonasflußsystem.
Temp: 24-28°C.   **Max.Länge:** 120 cm.
Wasser: pH 6-7.   **Aquarium**: 300 cm.
Schwierigkeitsgrad: 4.
Anmerkungen: Fleischfresser (Fischfresser). Frißt Fische und jede normale Nahrung. Nur mit sehr großen Fischen vergesellschaften. Aggressiv gegenüber Artgenossen. Maulbrüter. Wächst schnell. Springt. Jungfische (bis zu zwei Jahren) in einem 200 cm Aquarium.

Name: *Osteoglossum ferreirai*
Familie: Osteoglossidae.
Handelsname: Schwarzer Knochenzüngler.
Verbreitung: Amazonasbecken.
Temp: 24-28°C.   **Max.Länge**: 100 cm.
Wasser: pH 6-7.   **Aquarium**: 300 cm.
Schwierigkeitsgrad: 4.
Anmerkungen: Fleischfresser (Fischfresser). Frißt Fische und jede normale Nahrung. Nur mit sehr großen Fischen vergesellschaften. Aggressiv gegenüber Artgenossen. Maulbrüter. Wächst schnell. Springt. Jungfische (bis zu zwei Jahre) in einem 200 cm Aquarium.

Name: *Pantodon buchholzi*
Familie: Pantodontidae.
Handelsname: Afrikanischer Schmetterlingsfisch.
Verbreitung: Nigeria, Kamerun, Kongo.
Temp: 25-28°C.   **Max.Länge**: 10 cm.
Wasser: pH 6-7.   **Aquarium**: 100 cm.
Schwierigkeitsgrad: 3.
Anmerkungen: Fleischfresser (Fischfresser). Frißt kleine Fische. Benötigt Lebendfutter, akzeptiert jedoch auch Trockenfutter. Eierstreuer. Oberflächenschwimmer. Benötigt Schwimmpflanzen. Springt.

Name: *Papyrocranus afer*
Familie: Notopteridae.
Handelsname: Afrikanischer Fähnchen-Messerfisch.
Verbreitung: West-Afrika.
Temp: 23-28°C.   **Max.Länge**: 80 cm.
Wasser: pH 6-7.   **Aquarium**: 200 cm.
Schwierigkeitsgrad: 4.
Anmerkungen: Fleischfresser. Lebendfutter, einschließlich Fischen. Höhlen- und nachtaktiv. Maulbrüter. Aggressiv gegenüber Artgenossen. Benötigt eine dichte Bepflanzung, einen offenen Schwimmraum, Schwimmpflanzen und Versteckplätze.

Name: *Parambassis ranga*
Familie: Ambassidae.
Handelsname: *Chanda ranga*, Indischer Glasbarsch.
Verbreitung: Tropisches Asien.
Temp: 22-28°C.   **Max.Länge**: 8 cm.
Wasser: pH 7-8   **Aquarium**: 80 cm.
Schwierigkeitsgrad: 3
Anmerkungen: Fleischfresser. Frißt alles normale Futter. Friedlich. Schwarmfisch. Manchmal importiert aus Asien mit injizierte Farbe — vermeiden Sie solche Zuchten, unterstützen Sie keine Grausamkeit. Benötigt eine dichte Bepflanzung und Versteckplätze.

Name: *Periophthalmus barbarus*
Familie: Gobiidae.
Handelsname: Schlammspringer.
Verbreitung: Mangrovensümpfe, auf der ganzen Welt.
Temp: 25-29°C.   **Max.Länge:** 25 cm.
Wasser: pH 7,5-8,5.   **Aquarium:** 150 cm.
Schwierigkeitsgrad: 3.
Anmerkungen: Fleischfresser. Frißt alles normale Futter, bevorzugt jedoch Lebendfutter. Amphibisch, kann Luft atmen. Territorial. Benötigt feinen Sand, große Bodenregionen und Unterwasser-"bänke". Empfindlich. Territorial. Brackwasser.

Name: *Polycentrus schomburgki*
Familie: Nandidae.
Handelsname: *Polycentrus punctatus*, Schomburgks Vielstachler.
Verbreitung: Mittelamerika, Nordöstliches Südamerika.
Temp: 22-26°C.   **Max.Länge:** 10 cm.
Wasser: pH 6-7.   **Aquarium:** 100 cm.
Schwierigkeitsgrad: 3.
Anmerkungen: Fischfresser. Frißt kleine Fische. Lebendfutter. Substratbrüter (Höhlen oder Blätter). Höhlen- und nachtaktiv. Einzelgänger. Scheu. Benötigt feinen Sand und mehrere Verstecksplätze. Akzeptiert Brackwasser.

Name: *Polypterus delhezi*
Familie: Polypteridae.
Handelsname: Kongo-Flösselhecht.
Verbreitung: Kongobecken.
Temp: 24-28°C.   **Max.Länge:** 35 cm.
Wasser: pH 6,5-7,5.   **Aquarium:** 120 cm.
Schwierigkeitsgrad: 3.
Anmerkungen: Fleischfresser (Fischfresser). Frißt Fische. Lebendfutter. Eiverstreuer. Aggressiv gegenüber Artgenossen. Benötigt seichtes Wasser, einen offenen Schwimmraum und mehrere Verstecksplätze.

Name: *Polypterus retropinnis*
Familie: Polypteridae.
Handelsname: Westafrikanischer Flösselhecht.
Verbreitung: Liberia bis Kamerun, Kongobecken und Ogouéfluß.
Temp: 24-28°C.   **Max.Länge:** 33 cm.
Wasser: pH 6,5-7,5.   **Aquarium:** 150 cm.
Schwierigkeitsgrad: 4.
Anmerkungen: Fleischfresser (Fischfresser). Frißt Fische. Lebendfutter. Eiverstreuer. Aggressiv gegenüber Artgenossen. Benötigt einen offenen Schwimmraum, und mehrere Versteckplätze.

Name: *Potamotrygon laticeps*
Familie: Potamotrygonidae.
Handelsname: Gemeiner Stechrochen.
Verbreitung: Tropisches Südamerika.
Temp: 23-26°C. **Max.Länge:** 60 cm.
Wasser: pH 6,5-7. **Aquarium**: 200 cm.
Schwierigkeitsgrad: 4.
Anmerkungen: Fleischfresser. Lebend- und Gefrierfutter. Friedlich kann jedoch kleine bodenbewohnende Fische fressen. Lebendgebärend. Aquarien mit großer Bodenfläche und mit feinem Sand (max. 2 mm). Empfindlich. Achten Sie auf die giftigen Stacheln.

Name: *Protopterus annectens annectens*
Familie: Protopteridae.
Handelsname: Afrikanischer Lungenfisch.
Verbreitung: Von Senegal bis Nigeria.
Temp: 25-30°C. **Max.Länge:** 100 cm.
Wasser: pH 6,5-7,5. **Aquarium**: 200 cm.
Schwierigkeitsgrad: 4.
Anmerkungen: Fleischfresser. Fischfresser. Lebendfutter, z.B. Fische. Luftatmer. Aggressiv. Substratbrüter. Nur Jungtiere sind für ein Aquarium geeignet. Kann sechs Monate im Schlamm die Trockenzeit überleben. Springt.

Name: *Scatophagus argus*
Familie: Scatophagidae.
Handelsname: Grüner Argusfisch.
Verbreitung: Tropischer Indo-Pazifik.
Temp: 20-26°C. **Max.Länge:** 35 cm.
Wasser: pH 7-8,5. **Aquarium**: 130 cm.
Schwierigkeitsgrad: 4.
Anmerkungen: Allesfresser. Frißt alles normale Futter, einschließlich Pflanzen. Friedlich. Schwarmfisch. Brackwasser (0.5%). Adulte Tiere benötigen mehr Salz im Wasser. Benötigt Verstecksplätze und einige Pflanzen.

Name: *Scatophagus multifasciatus*
Familie: Scatophagidae.
Handelsname: *Selenotoca multifasciata*.
Verbreitung: Papua New Guinea bis Australien.
Temp: 22-28°C. **Max.Länge:** 45 cm.
Wasser: pH 7-8,5. **Aquarium**: 200 cm.
Schwierigkeitsgrad: 4.
Anmerkungen: Allesfresser und Pflanzenfresser. Frißt alles normale Futter, einschließlich Pflanzen. Friedlich. Schwarmfisch. Brackwasser (0.5%). Adulte Tiere benötigen mehr Salz im Wasser.

Name: *Scleropages formosus*
Familie: Osteoglossidae.
Handelsname: Asiatischer Knochenzüngler.
Verbreitung: Südostasien.
Temp: 23-28°C. **Max.Länge:** 100 cm.
Wasser: pH 7-8. **Aquarium:** 300 cm.
Schwierigkeitsgrad: 4.
Anmerkungen: Vergleiche *Osteoglossum* für mehr Information. Populärer Aquarienfisch in Asien und in mehreren Farbformen nachgezogen. Dieser Fisch ist geschützt (aufgelistet), weshalb nur nachgezogene Fische im Handel zu finden sind.

Name: *Syngnathus abaster*
Familie: Syngnathidae.
Handelsname: *Syngnathus nigrolineatus*, Schwarzmeer-Seenadel.
Verbreitung: Europa und Asien.
Temp: 10-26°C. **Max.Länge:** 21 cm.
Wasser: pH 7-8. **Aquarium:** 130 cm.
Schwierigkeitsgrad: 4.
Anmerkungen: Fleischfresser. Frißt nur Lebendfutter. Friedlich. Meer- und Steinsalz im Wasser (0.1%). Benötigt eine dichte Bepflanzung und Versteckplätze.

Name: *Tetraodon fluviatilis*
Familie: Tetraodontidae.
Handelsname: Grüner Kugelfisch.
Verbreitung: Tropisches Asien.
Temp: 23-27°C. **Max.Länge:** 15 cm.
Wasser: pH 7-8. **Aquarium:** 100 cm.
Schwierigkeitsgrad: 4.
Anmerkungen: Fleischfresser. Lebendfutter; frißt Schnecken und pflanzliche Nahrung. Substratbrüter. Adulte Tiere sind sehr aggressiv. Einzelgänger. Benötigt mehrere Versteckplätze. Kann in Süßwasser leben, bevorzugt jedoch Brackwasser.

Name: *Tetraodon mbu*
Familie: Tetraodontidae.
Handelsname: Goldringel-Kugelfisch.
Verbreitung: Ost- und West-Afrika.
Temp: 23-26°C. **Max.Länge:** 65 cm.
Wasser: pH 6,5-7,5. **Aquarium:** 250 cm.
Schwierigkeitsgrad: 5.
Anmerkungen: Fleischfresser. Lebendfutter, Schnecken, und Schneckenhausfische. Jungfische sind friedlich. Adulte sind extrem aggressiv. Einzelgänger. Benötigt mehrere Versteckplätze. Zu groß für die meisten Aquarien.

Name: *Tetraodon miurus*
Familie: Tetraodontiae.
Handelsname: Brauer Kugelfisch.
Verbreitung: Kongobecken.
Temp: 23-28°C. **Max.Länge**: 15 cm.
Wasser: pH 6,5-7,5. **Aquarium**: 120 cm.
Schwierigkeitsgrad: 4.
Anmerkungen: Fleischfresser (Fischfresser). Frißt kleine Fische. Lebendfutter. Jungfische sind recht friedlich. Adulte Tiere sind sehr aggressiv. Einzelgänger. Benötigt feinen Sand und mehrere Verstecksplätze.

Name: *Toxotes jaculator*
Familie: Toxotidae.
Handelsname: T. jaculatrix, Schützenfisch.
Verbreitung: Südostasien und Ozeanien.
Temp: 25-30°C. **Max.Länge**: 30 cm.
Wasser: pH 7-8. **Aquarium**: 120 cm.
Schwierigkeitsgrad: 4.
Anmerkungen: Fleischfresser. Lebendfutter. Bevorzugt Insekten auf der Wasseroberfläche. Kann mit einem Wasserstrahl Insekten abschießen, aus über 150 cm über der Wasseroberfläche. Friedlich, jedoch können ältere Exemplare aggressiv werden. Schwarmfisch.

Name: *Xenentodon cancila*
Familie: Belonidae.
Handelsname: Süßwasser-Hornhecht.
Verbreitung: Tropisches Asien.
Temp: 23-26°C. **Max.Länge**: 40 cm.
Wasser: pH 7-7,5. **Aquarium**: 200 cm.
Schwierigkeitsgrad: 5.
Anmerkungen: Fleischfresser (Fischfresser). Lebendfutter, aber auch Gefrierfutter. Nicht mit kleinen Fischen vergesellschaften. Schwarmfisch. Benötigt feinen Sand und einen offenen Schwimmraum. Springt.

Name: *Xenomystus nigri*
Familie: Notopteridae.
Handelsname: Afrikanischer Messerfisch.
Verbreitung: West-Afrika.
Temp: 23-26°C. **Max.Länge**: 20 cm.
Wasser: pH 6-7,5. **Aquarium**: 120 cm.
Schwierigkeitsgrad: 3.
Anmerkungen: Fleischfresser. Lebend- und Gefrierfutter. Jungtiere sind Schwarmfische. Ältere Fische sind Einzelgänger. Höhlen- und nachtaktiv. Benötigt Verstecksplätze.

Planzenarten

Auf den folgenden Seiten sind ein kleines Sortiment von Pflanzen, die im Handel zu haben sind, aufgelistet. Für jede Pflanze werden folgenden Details geliefert: wo sie vorkommt, die maximale Höhe, wie viel sie sich ausbreitet, Lichtansprüche, Temperatur, pH-Wert, wie schnell sie wächst, und wie schwierig/leicht sie zu pflegen ist.

Wenn Sie Pflanzen für Ihr Aquarium kaufen, müssen Sie berücksichtigen, wie die verschiedenen Pflanzen zusammenpassen und ob sie dieselben Ansprüche an den pH und die Temperatur stellen. Anderseits sind die Lichtansprüche nicht so wichtig, da man die Pflanzen an verschiedenen Stellen im Aquarium anbringen kann, mit unterschiedlichem Abstand zur Lichtquelle. Wenn Sie Ihre Pflanzen kaufen, sollten Sie bereits einen Plan für ihre Anordnung im Aquarium haben. Oft wird über Hintergrund und Vordergrundpflanzen gesprochen. Beispiele für gute Hintergrundpflanzen sind einige Arten der Gattungen *Crinum, Sagittaria, Echinodorus, Vallisneria* und *Hygrophila*. Diesen Pflanzen ist gemeinsam, daß sie recht hoch werden, weshalb es ausgezeichnete Pflanzen für den Hintergrund des Aquariums und die Seiten sind. Beispiele für Pflanzen im Vordergrund und Mittelteil des Aquariums (Vordergrundpflanzen) sind einige Arten der Gattungen *Anubias, Cryptocoryne, Echinodorus* und *Eleocharis*. Sie sollten jedoch wissen, daß diese Gattungen auch einige Arten umfassen, die hoch wachsen (über 30 cm). Lesen Sie deshalb die Information zu jeder Pflanze auf den folgenden Seiten.

Wie bereits früher in diesem Buch erwähnt (vgl. DEKORATION), ist es leichter, das Aquarium zu bepflanzen, wenn die Kiesschicht im hinteren Teil des Aquariums höher ist und nach vorne, zur Vorderscheibe hin, schräg abfällt. Um dem Kies Halt zu geben,

kann man Terrassen mit Hilfe von Steinen und Holz bauen. Heutzutage gibt es auch Pflanzen zu kaufen, die schon verwendungsfertig an einem Stück Holz und Fels befestigt sind. Einigen Stücke Holz und Felsen im Aufbau machen das bepflanzte Aquarium attraktiver.

Einleitung zum Kapitel Pflanzen

Auf den folgenden Seiten werden wir kurz die am häufigsten vorkommenden Aquarienpflanzen einführen. Die Liste ist bei weitem nicht vollständig und umfaßt nur die Pflanzen, die am häufigsten in Aquaristikgeschäften gefunden werden. Aquarianern, die sich speziell für Pflanzen und bepflanzte Aquarien interessieren, empfehle ich ein Buch über dieses spezielle Thema zu lesen.

Es folgt eine kurze Erklärung des Texts, der jedes Foto begleitet.

Name: Der wissenschaftliche Name oder Handelsname.

Familie: Die Pflanzenfamilie, zu der sie gehört.

Ursprung: Aus welchem Teil der Welt oder von welchem Land die Pflanze stammt.

Höhe: Die Höhe der Pflanze im Aquarium nach etwa 2 Monaten unter richtigen Bedingungen. Die untere Zahl steht für das Wachstum bei minimalen "Lichtbedingugen", die obere Zahl für das Wachstum bei maximalen "Lichtbedingungen".

Lichtbedingugen: Auf einer Skala von 1 bis 5: 1 = sehr wenig Lichtbedürfnisse; 2 = geringe Lichtbedürfnisse; 3 = normale Lichtan-

sprüche; 4 = hohe Lichtansprüche; 5 = sehr hohe Lichtansprüche. Zwei Zahlen sind erwähnt: Die untere steht für minimale Lichtansprüche, die obere für maximale Ansprüche.

Temperatur: Angemessene Temperaturspanne. Die optimale Temperatur ist die im Mittelbereich.

Wasser: Der pH Wert des Wassers (vgl. WASSER).

Wuchs: Auf einer Skala von 1-5: 1 = wächst sehr langsam; 2 = wächst langsam; 3 = durchschnittliches Wachstum; 4 = wächst schnell; 5 = wächst sehr schnell.

Schwierigkeit: Auf einer Skala von 1-5: 1 = sehr leicht. Wächst sehr gut in allen Aquarien. Äußerst widerstandsfähig. 2 = Leicht. Wächst und gedeiht gut in den meisten Aquarien. 3 = Durchschnittlich. Gedeiht unter den richtigen Bedingungen. 4 = Schwierig. Hohe Ansprüche an die Bedingugen (z.B. viel Licht), damit sie gedeihen. 5 = Sehr schwierig. Extrem hohe Anforderungen an, zum Beispiel, Licht- und/oder Wasserbedingugen.

Bemerkungen: In einigen Fällen wird eine kurze Bemerkung über die Pflanze gegeben.

Ole Pedersen

Ole Pedersen

Kjell Fohrman

Name: *Alternanthera reineckii* "lilacina"
Familie: Amaranthaceae
Ursprung: Südamerika.
Höhe: 15-40 cm.
Licht: 4-5.
Temp: 17-28°C.
Wasser: pH 5-7.
Wuchs: 2.
Schwierigkeitsgrad: 4.
Anmerkungen: In Gruppen anpflanzen. Benötigt CO_2.

Name: *Anubias barteri* var. *barteri*
Familie: Araceae.
Ursprung: West-Afrika.
Höhe: 25-40 cm.
Licht: 1-3.
Temp: 20-30°C.
Wasser: pH 5,5-9.
Wuchs: 1.
Schwierigkeitsgrad: 1.
Anmerkungen: An einer schattigen Stelle anpflanzen, um Algenwuchs auf den Blättern zu vermeiden.

Name: *Anubias barteri* var. *nana*
Familie: Araceae.
Ursprung: Cameron.
Höhe: 5-15 cm.
Licht: 1-3.
Temp: 20-30°C.
Wasser: pH 5,5-9.
Wuchs: 1.
Schwierigkeitsgrad: 1.
Anmerkungen: An einer schattigen Stelle anpflanzen, um Algenwuchs auf den Blättern zu vermeiden.

Ole Pedersen

Jouni Jaakkola

Ole Pedersen

Name: *Aponogeton boivinianus*
Familie: Aponogetonaceae.
Ursprung: Madagaskar.
Höhe: 30-70 cm.
Licht: 3-5.
Temp: 16-26°C.
Wasser: pH 6-8.
Wuchs: 4.
Schwierigkeitsgrad: 4.
Anmerkungen: Nur in einem großen Aquarium. Benötigt Ruhepausen.

Name: *Aponogeton ulvaceus*
Familie: Aponogetonaceae.
Ursprung: Madagaskar.
Höhe: 30-60 cm.
Licht: 3-5.
Temp: 20-27°C.
Wasser: pH 5,5-8.
Wuchs: 4.
Schwierigkeitsgrad: 3.
Anmerkungen: Nur in einem großen Aquarium. Benötigt Ruhepausen.

Name: *Bacopa caroliniana*
Familie: Scrophulariaceae.
Ursprung: USA.
Höhe: 30-50 cm.
Licht: 3-5.
Temp: 15-28°C.
Wasser: pH 5-8.
Wuchs: 2.
Schwierigkeitsgrad: 3.
Anmerkungen: In Gruppen anpflanzen.

Ole Pedersen

Ole Pedersen

Ole Pedersen

Name: *Barclaya longifolia*
Familie: Nymphaeceae.
Ursprung: Südostasien.
Höhe: 30-80 cm.
Licht: 3-5.
Temp: 23-32°C.
Wasser: pH 5-8.
Wuchs: 3.
Schwierigkeitsgrad: 3.
Anmerkungen: Verschiedene Farbvarianten vorhanden.

Name: *Blyxa aubertii*
Familie: Hydrocharitaceae.
Ursprung: Asien.
Höhe: 10-15 cm.
Licht: 3-5.
Temp: 22-28°C.
Wasser: pH 5,5-7,5.
Wuchs: 3.
Schwierigkeitsgrad: 4.
Anmerkungen: In Gruppen anpflanzen. CO_2 und weiches Wasser.

Name: *Bolbitist heudelotii*
Familie: Lomariopsidaceae.
Ursprung: West-Afrika.
Höhe: 15-40 cm.
Licht: 1-4.
Temp: 20-28°C.
Wasser: pH 5-7.
Wuchs: 2.
Schwierigkeitsgrad: 4.
Anmerkungen: Am besten an einer Wurzel oder einem Stein anpflanzen. Weiches und etwas saures Wasser.

Kjell Fohrman

Jouni Jaakkola

Ole Pedersen

Name: *Cabomba aquatica*
Familie: Cabombaceae.
Ursprung: Amerika.
Höhe: 30-70 cm.
Licht: 3-5.
Temp: 24-30°C.
Wasser: pH 5-7.
Wuchs: 4.
Schwierigkeitsgrad: 4.
Anmerkungen: Benötigt sehr starkes Licht und klares Wasser.

Name: *Cardamine lyrata*
Familie: Brassicaceae.
Ursprung: Japan.
Höhe: 20-50 cm.
Licht: 3-5.
Temp: 15-24°C.
Wasser: pH 6-8.
Wuchs: 4.
Schwierigkeitsgrad: 2.
Anmerkungen: In Gruppen anpflanzen.

Name: *Ceratophyllum demersum*
Familie: Ceratophyllaceae.
Ursprung: Überall.
Höhe: 5-100 cm.
Licht: 1-5. **Temp:** 10-28°C
Wasser: pH 6-9.
Wuchs: 4.
Schwierigkeitsgrad: 1.
Anmerkungen: Bietet Verstecke für Jungfische. Wächst schnell wodurch Algenwuchs vermieden wird.

Ole Pedersen

Ole Pedersen

Ole Pedersen

Name: *Ceratopterist cornuta*
Familie: Pteridaceae.
Ursprung: Tropen.
Höhe: 25-50 cm.
Licht: 3-5.
Temp: 15-28°C.
Wasser: pH 5-8,5.
Wuchs: 4.
Schwierigkeitsgrad: 2.
Anmerkungen: Sowohl Schwimmpflanzen als auch Unterwasserpflanzen. Wächst schnell, was Algenwuchs verhindert.

Name: *Crinum thaianum*
Familie: Amaryllidaceae.
Ursprung: Thailand.
Höhe: 10-30 cm.
Licht: 3-5.
Temp: 20-28°C.
Wasser: pH 5,5-9.
Wuchs: 3.
Schwierigkeitsgrad: 2.
Anmerkungen: Voluminöse Pflanzen. Beim Einpflanzen muß 2/3 der Zwiebel über dem Kies sichtbar sein.

Name: *Cryptocoryne cristpatula* var. *balansae*
Familie: Araceae.
Ursprung: Thailand.
Höhe: 20-70 cm.
Licht: 2-5.
Temp: 20-28°C.
Wasser: pH 5-9.
Wuchs: 3.
Schwierigkeitsgrad: 2.
Anmerkungen: Muß sich erst akklimatisieren bevor sie wächst.

Ole Pedersen

Ole Pedersen

Ole Pedersen

Name: *Cryptocoryne wendtii* "Brown"
Familie: Araceae.
Ursprung: Sri Lanka.
Höhe: 15-25 cm.
Licht: 2-4.
Temp: 20-30°C.
Wasser: pH 5,5-9.
Wuchs: 3.
Schwierigkeitsgrad: 2.
Anmerkungen: Wächst in fast allen Wassertypen.

Name: *Dracaena Sand eriana*
Familie: Araceae.
Ursprung: Bolivien.
Höhe: 20-30 cm.
Licht: 3-5.
Temp: 20-28°C.
Wasser: pH 6-8.
Wuchs: 1.
Schwierigkeitsgrad: 5.
Anmerkungen: Keine Aquariumpflanze. Kann einige Monate in einem Aquarium überleben.

Name: *Echinodorus bleheri*
Familie: Alistmataceae.
Ursprung: Südamerika.
Höhe: 20-50 cm.
Licht: 1-5.
Temp: 20-30°C.
Wasser: pH 5,5-9.
Wuchs: 4.
Schwierigkeitsgrad: 2.
Anmerkungen: Sehr populärere Aquariumpflanze. Wächst besser mit Dünger im Kies.

Ole Pedersen

Ole Pedersen

Kjell Fohrman

Name: *Echinodorus* "Ozelot"
Familie: Alistmataceae.
Ursprung: Kommt in freier Natur nicht vor.
Höhe: 20-50 cm.
Licht: 2-5.
Temp: 15-30°C.
Wasser: pH 6-9.
Wuchs: 4.
Schwierigkeitsgrad: 2.
Anmerkungen: Hybride zwischen zwei anderen *Echinodorus* Arten.

Name: *Echinodorus tenellus*
Familie: Alistmataceae.
Ursprung: Amerika.
Höhe: 5-10 cm.
Licht: 3-5.
Temp: 19-30°C.
Wasser: pH 5,5-8.
Wuchs: 3.
Schwierigkeitsgrad: 3.
Anmerkungen: Geeignete Pflanze für den Vordergrund. Wächst besser mit Dünger im Kies.

Name: *Egeria densa*
Familie: Hydrocharitaceae.
Ursprung: Überall.
Höhe: 40-100 cm.
Licht: 3-5.
Temp: 10-26°C.
Wasser: pH 5-10.
Wuchs: 5.
Schwierigkeitsgrad: 2.
Anmerkungen: Wächst schnell was Algenwachstum verhindert.

Jouni Jaakkola

Ole Pedersen

Ole Pedersen

Name: *Eustralist stellata*
Familie: Lamiaceae.
Ursprung: Asien.
Höhe: 15-25 cm.
Licht: 4-5.
Temp: 22-28°C.
Wasser: pH 5-7.
Wuchs: 3.
Schwierigkeitsgrad: 5.
Anmerkungen: Viel Licht und CO_2.

Name: *Glossostigma elatinoides*
Familie: Scrophulariaceae.
Ursprung: Neuseeland.
Höhe: 2-4 cm.
Licht: 4-5.
Temp: 15-26°C.
Wasser: pH 5-7,5.
Wuchs: 4.
Schwierigkeitsgrad: 5.
Anmerkungen: Viel Licht und CO_2. Nützliche Pflanze für the Vordergrund.

Name: *Hemigraphist colorata*
Familie: Acanthaceae.
Ursprung: Südostasien.
Höhe: 12-25 cm.
Licht: 3
Temp: 18-28°C.
Wasser: pH 6-8.
Wuchs: 2-4.
Schwierigkeitsgrad: 5.
Anmerkungen: Keine Aquariumpflanze. Kann einige Monate in einem Aquarium überleben.

Ole Pedersen

Ole Pedersen

Ole Pedersen

Name: *Heteranthera zosterifolia*
Familie: Pontederiaceae.
Ursprung: Südamerika.
Höhe: 10-15 cm.
Licht: 3-5.
Temp: 18-30°C.
Wasser: pH 5,5-8.
Wuchs: 4.
Schwierigkeitsgrad: 2.
Anmerkungen: Sehr widerstandsfähige Pflanze, wenn ausreichend Licht vorhanden ist.

Name: *Hydrocotyle leucocephala*
Familie: Apiaceae.
Ursprung: Südamerika.
Höhe: 10-20 cm.
Licht: 2-5.
Temp: 15-28°C.
Wasser: pH 5-9.
Wuchs: 4.
Schwierigkeitsgrad: 2.
Anmerkungen: Kann angepflanzt werden, aber auch als Schwimmpflanze benutzt werden.

Name: *Hygrophila corymbosa* "Siamensist
Familie: Acanthaceae.
Ursprung: Südostasien.
Höhe: 15-40 cm.
Licht: 2-5.
Temp: 20-28°C.
Wasser: pH 5,5-8.
Wuchs: 4.
Schwierigkeitsgrad: 2.
Anmerkungen: Kann über den Wasserspiegel wachsen.

Ole Pedersen

Kjell Fohrman

Ole Pedersen

Name: *Hygrophila diffürmist*
Familie: Acanthaceae.
Ursprung: Südostasien.
Höhe: 20-50 cm.
Licht: 3-5.
Temp: 22-30°C.
Wasser: pH 5-9.
Wuchs: 4.
Schwierigkeitsgrad: 2.
Anmerkungen: Geeignete Pflanze für den Anfang. Wächst schnell was Algenwachstum verhindert.

Name: *Hygrophila polysperma*
Familie: Acanthaceae.
Ursprung: Südostasien.
Höhe: 25-40 cm.
Licht: 2-5.
Temp: 18-30°C.
Wasser: pH 5-9.
Wuchs: 5.
Schwierigkeitsgrad: 1.
Anmerkungen: Eine der besten Pflanzen für den Anfang. Gut gegen Algen.

Name: *Lilaeopsist brasiliensist*
Familie: Apiaceae.
Ursprung: Südamerika.
Höhe: 4-7 cm.
Licht: 4-5.
Temp: 15-26°C.
Wasser: pH 6-8.
Wuchs: 2.
Schwierigkeitsgrad: 4.
Anmerkungen: Benötigt sehr starke Belichtung. Kann in Brackwasser leben.

Ole Pedersen

Ole Pedersen

Ole Pedersen

Name: *Limnophila sessiliflora*
Familie: Scrophulariaceae.
Ursprung: Südostasien.
Höhe: 15-40 cm.
Licht: 3-5.
Temp: 20-30°C.
Wasser: pH 5-8.
Wuchs: 4.
Schwierigkeitsgrad: 3.
Anmerkungen: In Gruppen anpflanzen. Benötigt CO_2. Erinnert an *Cabomba*, beansprucht jedoch nicht so viel Licht.

Name: *Microsorum pteropus*
Familie: Polypodiaeceae.
Ursprung: Südostasien.
Höhe: 15-30 cm.
Licht: 1-4.
Temp: 18-30°C.
Wasser: pH 5-8.
Wuchs: 2.
Schwierigkeitsgrad: 1.
Anmerkungen: Sollte an einem Stein oder einer Wurzel angebracht werden. Akzeptiert Brackwasser.

Name: *Microsorum pteropus* "Windeløv"
Familie: Polypodiaeceae.
Ursprung: Kommt in freier Natur nicht vor. **Höhe:** 10-20 cm.
Licht: 1-4. **Temp:** 18-30°C
Wasser: pH 5-8.
Wuchs: 2.
Schwierigkeitsgrad: 1.
Anmerkungen: Zuchtvariante von *M. pteropus*. Sollte an einem Stein oder einer Wurzel angebracht werden.

Jouni Jaakkola

Ole Pedersen

Ole Pedersen

Name: *Myriophyllum aquaticum*
Familie: Haloragaceae.
Ursprung: Südamerika.
Höhe: 40-60 cm.
Licht: 4 **Temp:** 18-29°C
Wasser: pH 5,5-9.
Wuchs: 4-5. **Schwierigkeitsgrad:** 4.
Anmerkungen: Benötigt viel Licht, CO_2 und Dünger. In Gruppen anpflanzen.

Name: *Myriophyllum tuberculatum*
Familie: Haloragaceae.
Ursprung: Südamerika.
Höhe: 40-60 cm.
Licht: 5. **Temp:** 18-29°C
Wasser: pH 5-7.
Wuchs: 4. **Schwierigkeitsgrad:** 5.
Anmerkungen: Benötigt viel Licht, CO_2 und Dünger. In Gruppen anpflanzen.

Name: *Pisttia stratiotes*
Familie: Araceae.
Ursprung: Tropen.
Höhe: 5-25 cm.
Licht: 4-5.
Temp: 17-30°C.
Wasser: pH 5-8.
Wuchs: 4.
Schwierigkeitsgrad: 3.
Anmerkungen: Nützliche Schwimmpflanze.

Ole Pedersen

Ole Pedersen

Ole Pedersen

Name: *Riccia fluitans*
Familie: Ricciaceae.
Ursprung: Überall.
Höhe: 0.5-1.5 cm.
Licht: 2-5.
Temp: 10-28°C.
Wasser: pH 5-8.
Wuchs: 3.
Schwierigkeitsgrad: 3.
Anmerkungen: An Steinen anpflanzen. Benötigt CO_2.

Name: *Rotala* sp. "Nanjenshan"
Familie: Lythraceae.
Ursprung: Südostasien.
Höhe: 10-15 cm.
Licht: 4-5.
Temp: 20-30°C.
Wasser: pH 5,5-8.
Wuchs: 4.
Schwierigkeitsgrad: 3.
Anmerkungen: In Gruppen anpflanzen. Benötigt CO_2.

Name: *Sagittaria subulata*
Familie: Alistmataceae.
Ursprung: Amerika
Höhe: 5-35 cm.
Licht: 2-5.
Temp: 16-28°C.
Wasser: pH 6-9.
Wuchs: 4.
Schwierigkeitsgrad: 2.
Anmerkungen: Geeignete Vordergrundpflanze, kann aber manchmal 50 cm groß werden.

Kjell Fohrman

Ole Pedersen

Ole Pedersen

Name: *Spathiphyllum wallistii*
Familie: Araceae.
Ursprung: Südamerika
Höhe: 15-25 cm.
Licht: 2-4.
Temp: 22-25°C.
Wasser: pH 5-7.
Wuchs: 1.
Schwierigkeitsgrad: 5.
Anmerkungen: Keine Aquariumpflanze. Kann einige Monate im Aquarium überleben.

Name: *Vallistneria americana* var. *biwaensist*
Familie: Hydrocharitaceae.
Ursprung: Südostasien
Höhe: 20-80 cm.
Licht: 3-5. **Temp**: 20-28°C
Wasser: pH 6-8,5.
Wuchs: 3.
Schwierigkeitsgrad: 3.
Anmerkungen: Vallistneria sp. sind populäre Aquariumpflanzen, vor allem für Cichlidenaquarien.

Name: *Vesicularia dubyana*
Familie: Hydrocharitaceae.
Ursprung: Südostasien
Höhe: 20-80 cm.
Licht: 1-5. **Temp**: 20-28°C
Wasser: pH 6-8,5.
Wuchs: 3.
Schwierigkeitsgrad: 3.
Anmerkungen: Java moos genannt. Bietet Verstecke für Jungfische. Sollte an einem Stein oder einer Wurzel angebracht werden.

Weiterführende Literatur

AD KONINGS, Tanganjika Buntbarsche, Back to Nature Handbuch, ISBN 3-921684-78-1

AD KONINGS, Malawi-Buntbarsche, Back to Nature Handbuch, ISBN 3-921684-80-3

DICK AU, Diskus, Back to Nature Handbuch, ISBN 3-921684-81-1

DAVID SANDS, Welse, Back to Nature Handbuch, ISBN 3-921684-79-X

BERNHARD TEICHFISCHER, Aquarien dekorativ bepflanzen, Mit Wasserpflanzen-Lexikon, ISBN 3-921684-38-2

DANIEL KNOP, Aquarienfotos, Tips und Tricks für Einsteiger und Fortgeschrittene, ISBN 3-921684-57-9

DANIEL KNOP, Aquarienbeleuchtung, Süßwasser- und Meerwasserbiotope im richtigen Licht, ISBN 3-921684-63-3

WERNER SEUß, Corydoras, Die beliebtesten Panzerwelse Südamerikas, ISBN 3-921684-14-5

HANS J. MAYLAND, Blauaugen und Regenbogenfische, Farbenprächtige Fische aus Australien und Neuguinea, ISBN 3-921684-82-X

HANS-JOACHIM HERRMANN, Aqualex-catalog, Tanganjikasee-Cichliden, ISBN 3-921684-28-5

ANDREAS SPREINAT, Aqualex-catalog, Malawisee-Cichliden, ISBN 3-921684-29-3

ANDREAS SPREINAT, Malawisee-Cichliden aus Tansania, ISBN 3-921684-56-0

HANS JOACHIM HERRMANN, Tropheus, Verbreitung, Arten, Haltung, ISBN 3-921684-62-5

AD KONINGS/H.-W. DIECKHOFF, Geheimnisse des Tanganjikasees, ISBN 3-921684-74-9

AD KONINGS (Hrsg.),Cichliden artgerecht gepflegt, ISBN 3-921684-76-5

AD KONINGS, Malawi-Cichliden in ihrem natürlichen Lebensraum, ISBN 3-921684-75-7

JULIAN SPRUNG / CHARLES DELBEEK, Das Riffaquarium, Ein umfangreiches Handbuch zur Bestimmung und Aquarienhaltung tropischer wirbelloser Meerestiere, Band 1: ISBN 3-921684-44-7, Band 2: ISBN 3-921684-45-5

DANIEL KNOP, Riffaquaristik für Einsteiger, Preiswerte Einrichtung - pflegeleichte Tiere, 2. Auflage. ISBN 3-921684-46-3

JOACHIM GROßKOPF, Korallenriffe im Wohnzimmer, 5. Auflage, ISBN 3-921684-48-X

Aqualex CD-ROM, LUTZ DÖRING, Das Zierfischlexikon für den PC, 800 Zierfischarten, 1000 Bilder, 33 Video-Filme. ISBN 3-921684-34-x

Aqualex CD-ROM, HANS-JOACHIM HERRMANN, Tanganjikasee-Cichliden, 1000 Fotos, Videofilme und ausführliche Textbeschreibungen. ISBN 3-921684-26-9

Aqualex CD-ROM, ANDREAS SPREINAT, Malawisee-Cichliden, 2000 Fotos, Videofilme und ausführliche Textbeschreibungen. ISBN 3-921684-27-7

Das Magazin für Aquarianer aus dem Dähne Verlag:

Aquaristik aktuell, 6x jährlich Aquaristik pur, Bilder, Berichte, Faszination. Fordern Sie beim Verlag ein Probeheft an.

Weitere Literatur finden Sie bei Ihrem Aquaristik-Fachhändler. Literaturprospekt auf Anfrage von: Dähne Verlag, Postfach 250, 76256 Ettlingen, www.AQUARISTIK-online.de, e-mail: info@daehne.de

Index

Aalstrich-Prachtschmerle 57
Acanthopsis choirorhynchus 53
Acanthopsis dialuzona 32, 53
Acarichthys heckelii 121
Achtbinden-Buntbarsch 137
Acipenser ruthenus 167
Adolfos Panzerwels 104
Aequidens curviceps 129
Aequidens latifrons 121
Aequidens pulcher 121
Aequidens rivulatus 122
Aethiomastacembelus ellipsifer
   167
Afrikanischer Einstreifensalmler
   81
Afrikanischer Fähnchen-
   Messerfisch 173
Afrikanischer Lungenfisch 175
Afrikanischer Messerfisch 177
Afrikanischer Mondsalmler 68
Afrikanischer Schmetterlingsfisch
   173
Afrikanischer-Schmetterlings-
   buntbarsch 161
Agamyxis pectinifrons 101
Algenfresser 60
Allenbatrachus grunniens 168
Alternanthera reineckii 180
Altolamprologus compressiceps
   153
Amerikanischer Weißstirn
   Messerfisch 168
Amphilophus citrinellus 134
Anabas testudineus 91
Anableps anableps 48
Ancistrus dolichopterus 102
Ancistrus ranunculus 101
Ancistrus sp. L174 108
Anomalochromis thomasi 161
Anostomus anostomus 67
Anostomus ternetzi 67
Anubias barteri var. barteri 180
Anubias barteri var. nana 180
Aphyocharax anisitsi 67
Aphyocharax paraguayensis 67
Aphyocharax rathbuni 68
Aphyosemion australe 87
Aphyosemion bivittatum 34
Aphyosemion gardneri 87
Aphyosemion sjoestedti 87
Apistogramma agassizii 122
Apistogramma bitaeniata 122
Apistogramma borelli 122
Apistogramma cacatuoides 123
Apistogramma hongsloi 123
Apistogramma nijsseni 123
Apistogramma panduro 123
Apistogramma pertensis 124
Apistogramma viejita 124
Aplocheilichthys pumilus 87
Aplocheilus dovii 89
Aponogeton boivinianus 180
Aponogeton ulvaceus 180
Apteronotus albifrons 168

Araguaia-Panzerwels 104
Archocentrus centrarchus 134
Archocentrus nigrofasciatus 135
Archocentrus sajica 135
Archoc. septemfasciatus 135
Aristochromis christyi 141
Arius seemanni 102
Arnoldichthys spilopterus 68
Arnolds Rotaugensalmler 68
Asiatischer Knochenzüngler 176
Astatheros alfari 135
Astatotilapia latifasciata 162
Astatotilapia nubila 162
Astronotus ocellatus 124
Astyanax fasciatus 68
Astyanax mexicanus 37
Auchenoglanis occidentalis 102
Augenfleckbärbling 64
Augenfleckenbuntbarsch 129
Augenflecksalmler 67
Augenfleckwels 102
Aulonocara baenschi 141
Aulonocara hueseri 142
Aulonocara jacobfreibergi 142
Aulonocara kandeense 142
Aulonocara nyassae 142
Aulonocara stuartgranti 142
Bacopa caroliniana 180
Badis badis 168
Balantiocheilus melanopterus 53
Barbus arulius 54
Barbus conchonius 54
Barbus cumingi 54
Barbus everetti 54
Barbus filamentosus 55
Barbus nigrofasciatus 55
Barbus rhomboocellatus 30
Barbus schwanenfeldii 55
Barbus semifasciolatus 55
Barbus tetrazona 56
Barbus titteya 56
Barclaya longifolia 181
Baryancistrus sp. L85 102
Bathyaethiops caudomaculatus
   68
Batrachus grunniens 168
Beaufortia leveretti 56
Bebänderter Zwergschilderwels
   113
Bedotia geayi 96
Belonophago tinanti 69
Belontia signata 91
Benga Kaiserbuntbarsch 141
Betta imbellis 91
Betta splendens 10, 92
Beulenkopf-Maulbrüter 144
Biotodoma cupido 125
Biotodoma wavrini 125
Bitterlingsbarbe 56
Blattfisch 172
Blauaugen Harnischwels 113
Blaubarsch 168
Blauer Antennenwels 102
Blauer Gurami 95

Blauer Kongocichlide 164
Blauer Kongosalmler 84
Blauer Neon 84
Blauer Perusalmler 69
Blauer Prachtkärpfling 87
Blauer Schmuck Antennenwels
   114
Blaupunkt-Buntbarsch 121
Blaupunkt-Grundelbuntbarsch
   157
Blaustirn-Kaiserbuntbarsch 142
Blinder Höhlensalmler 68
Blutsalmler 75
Blyxa aubertii 181
Boehlkea fredcochui 69
Boeseman's rainbow 97
Bolbitis heudelotii 181
Bolivianischer Schmetterlings-
   buntbarsch 130
Botia dario 56
Botia helodes 57
Botia macracanthus 57
Botia modesta 57
Botia morleti 57
Botia robusta 58
Botia rubripinnis 57
Botia sidthimunki 58
Boulengerella lateristriga 69
Boulengerella maculata 69
Brachydanio albolineatus 58
Brachydanio rerio 58
Brassenbarbe 55
Brauer Kugelfisch 177
Brauner Mühlsteinsalmler 80
Brillantsalmler 80
Brochis britskii 103
Brochis splendens 103
Brycon melanopterus 70
Buckelkopf-Buntbarsch 154, 165
Cabomba aquatica 181
Callichthys callichthys 103
Campylomormyrus elephas 168
Carassius auratus auratus 59
Cardamine lyrata 181
Carnegiella marthae 70
Carnegiella strigata 70
Catoprion mento 25
Celebes Sonnenstrahlfisch 97
Ceratophyllum demersum 181
Ceratopteris cornuta 182
Ceylon-Makropode 91
Ceylonbarbe 54
Chaca chaca 103
Chalceus erythrurus 70
Chalinochromis brichardi 153
Chanda ranga 173
Channa asiatica 169
Channa micropeltes 169
Cheilochromis euchilus 143
Chela cachius 59
Chilodus punctatus 71
Chilotilapia euchilus 143
Chromidotilapia guentheri 162
Cichla ocellaris 125

188

Cichlasoma alfari 135
Cichlasoma centrarchus 134
Cichlasoma citrinellum 134
Cichlasoma cyanoguttatum 136
Cichlasoma ellioti 139
Cichlasoma festae 125
Cichlasoma maculicauda 139
Cichlasoma managuensis 137
Cichlasoma nicaraguense 136
Cichlasoma nigrofasciatum 135
Cichlasoma octofasciatum 137
Cichlasoma panamense 139
Cichlasoma sajica 135
Cichlasoma salvini 137
Cichl. septemfasciatum 135
Cichlasoma synspilum 137
Cichlasoma tetracanthus 136
Cleithracara maronii 126
Clown-Prachtschmerle 57
Clownbarbe 54
Coius quadrifasciatus 169
Colisa chuna 37, 91
Colisa fasciata 92
Colisa labiosa 28, 93
Colisa lalia 15, 93
Colisa sota 91
Colossoma brachypomus 71
Colossoma macropomum 71
Copadichromis borleyi 143
Copadichromis verduyni 143
Copella arnoldi 71
Copella nattereri 72
Copora nicaraguensis 136
Corydoras adolfoi 104
Corydoras aeneus 104
Corydoras araguaiaensis 104
Corydoras barbatus 104
Corydoras elegans 105
Corydoras ellisae 43
Corydoras habrosus 105
Corydoras julii 105
Corydoras metae 105
Corydoras paleatus 106
Corydoras panda 106
Corydoras pygmaeus 106
Corydoras rabauti 106
Corydoras reticulatus 107
Corydoras robineae 107
Corydoras schwartzii 13
Corydoras sterbai 107
Crenicara filamentosa 127
Crenicichla compressiceps 126
Crenicichla regani 126
Crenicichla sp. Xingu I 126
Crinum thaianum 182
Crossocheilus siamensis 60
Cryptocoryne crispatula182
Cryptocoryne wendtii 182
Ctenogobius duospilus 169
Ctenopoma acutirostre 93
Ctenops nobilis 35
Cyathopharynx foae 153
Cyathopharynx furcifer 153
Cynotilapia afra "Cobue" 143
Cynotilapia sp. "Lion". 144
Cynotilapia sp. "Mbamba". 144
Cyphotilapia frontosa 31, 154
Cyprichromis leptosoma 154

Cyprinus cachius 59
Cyprinus carpio var. 60
Cyrtocara moorii 144
Danio aequipinnatus 61
Deissners Prachtzwerggurami 94
Dermogenys pusillus 19
Dickfelds Schlankcichlide 155
Dicrossus filamentosus 127
Dimidochromis compressiceps 144
Diskus 132
Distichodus fasciolatus 27
Distichodus sexfasciatus 72
Dormitator maculatus 170
Dracaena sanderiana 182
Drachenflosser 84
Dreibandsalmler 77
Duby 158
Dysichthys coracoideus 107
Echinodorus bleheri 182
Echinodorus "Ozelot" 183
Echinodorus tenellus 183
Egeria densa 183
Eigenmannia virescens 170
Einbinden Ziersalmler 81
Einpunkt-Fiederbartwels 119
Enantiopus melanogenys 154
Engel-Antennenwels 115
Epalzeorhynchos bicolor 61
Epalzeorhynchos frenatum 61
Epalzeorhynchos kalopterus 61
Epiplatys annulatus 88
Epiplatys sexfasciatus 88
Eretmodus cyanostictus 154
Erpetoichthys calabaricus 170
Etroplus maculatus 38, 162
Eustralis stellata 183
Exodon paradoxus 72
Farlowella gracilis 108
Feen-Kaiserbuntbarsch 142
Feenbarsch 156
Festivum 130
Feueraal 171
Feuerkopfbuntbarsch 137
Feuermaul-Buntbarsch 139
Feuerschwanz-Fransenlipper 61
Filament-Störwels 110
Flaggen-Buntbarsch 130
Flaggensalmler 75
Flaggenschwanz-Panzerwels 107
Flagtail Corydoras 107
Floridakärpfling 88
Flösselaal 170
Fossorochromis rostratus 145
Froschfisch 168
Fünffleckmaulbrüter 145
Gabelbart 172
Gabelschwanz-Regenbogenfisch 99
Gabelschwanz-Schachbrett-cichlide 127
Gabelschwanzbuntbarsch 156
Gardners Prachtkärpfling 87
Garra pingi pingi 62
Gasteropelecus sternicla 72
Gebänderter Leporinus 79
Gebänderter Ziersalmler 82
Gefleckte Schläfergrundel 170

Gefleckter Hechtsalmler 69
Gelbbinden-Fiederbartwels 117
Gelber Labidochromis 146
Gelber Schlankcichlide 155
Gelber Zwergbuntbarsch 122
Gelbhauben-Erdfresser 127
Gemeiner Stechrochen 175
Gemeines Dornauge 63
Geophagus brasiliensis 127
Geophagus hondae 127
Geophagus pellegrini 127
Geophagus steindachneri 127
Geophagus surinamensis 128
Gerundeter Kropfsalmler 85
Gestreckter Schabemundbunt-barsch 145, 146
Gestreifte Hechtsalmler 69
Gestreifter Fadenfisch 92
Glänzender-Zwergbuntbarsch 130
Glanzsalmler 70
Glasrasbora 65
Glossolepis incisus 97
Glossostigma elatinoides 183
Glühlichtsalmler 74
Glyptoperichthys gibbiceps 108
Gnathonemus petersii 170
Gobioides broussoneti 171
Goldsaum 122
Goldbartwels 116
Goldbinden Ziersalmler 82
Goldfisch 59
Goldringel-Kugelfisch 176
Goldringelgrundel 171
Goldsaum-Buntbarsch 122
Goldstreifen Kopfsteher 67
Großkopfbuntbarsch 129
Großmaulwels 103
Grüne Bänderschmerle 56
Grüne Schmerle 57
Grüner Argusfisch 175
Grüner Augenfleck-Kammbarsch 125
Grüner Kugelfisch 176
Grüner Messerfisch 170
Grüner Neon 74
Grüner-Fransenlipper 61
Guianacara cf. geayi 128
Günthers Prachtbuntbarsch 162
Günthers Prachtgrundkärpfling 89
Guppy 13, 49
Gymnarchus niloticus 171
Gymnocorymbus ternetzi 73
Gymnogeophagus gymnogenys 128
Gymnogeoph. rhabdotus 128
Gyrinocheilus aymonieri 62
Haibarbe 53
Haiwels 113
Hakenscheibensalmler 81
Haplochromis Ahli 151
Haplochromis borleyi 143
Hapl. Borleyi Eastern 143
Hapl. compressiceps 144
Haplochromis "Fire Blue" 150
Haplochromis heterodon 150
Haplochromis Jacksoni 151

189

Haplochromis livingstoni 147
Haplochromis moorii 144
Haplochromis nubilus 162
Haplochromis nyererei 163
Haplochromis rostratus 145
Haplochromis sp.'Flameback' 163
Haplochromis Steveni 150
Haplochromis Super VC 10 150
Haplochromis venustus 147
Haplochr. "zebra obliquidens" 162
Hara hara 108
Hasemania nana 73
Heckels Buntbarsch 121
Helostoma temminckii 93
Hemiancistrus sp. L174 108
Hemichromis lifalili 163
Hemigrammus bleheri 73
Hemigrammus caudovittatus 73
Hemigrammus erythrozonus 74
Hemigrammus hyanuary 74
Hemigrammus ocellifer 74
Hemigrammus pulcher 74
Hemigrammus rodwayi 75
Hemigrammus ulreyi 75
Hemigraphis colorata 183
Herichthys cyanoguttatus 136
Heros appendiculatus 129
Herotilapia multispinosa 136
Heteranthera zosterifolia 184
Hoher Panzerwels 103
Hoher Skalar 131
Homaloptera orthogoniata 62
Honigfadenfisch 91
Hoplosternum littorale 109
Hubschrauber-Wels 119
Hummelwels 112
Hydrocotyle leucocephala 184
Hygrophila corymbosa
   "Siamensis" 184
Hygrophila difformis 184
Hygrophila polysperma 184
Hypancistrus zebra 109
Hyphessobrycon callistus 75
Hyphessobrycon erythrostigma
   75
Hyphessobrycon flammeus 76
Hyphessobrycon griemi 76
Hyphessobr. haraldschultzi 76
Hyphessobr. herbertaxelrodi 76
Hyphessobr. heterorhabdus 77
Hyphessobrycon loretoensis 77
Hyphessobr. paraguayensis 67
Hyphessobr. pulchripinnis 77
Hyphessobrycon pyrrhonotus 77
Hyphessobrycon rosaceus 78
Hyphessobrycon socolofi 78
Hypogymnogobius xanthozona
   171
Hypoptopoma species 43
Hypostomus margaritifer 109
Hypostomus plecostomus 109
Hypostomus sp. L200 110
Hypselecara coryphaenoides
   129
Hypsophrys nicaraguensis 136
Indischer Glasbarsch 173
Indischer Glaswels 110
Inpaichthys kerri 78

Iodotropheus sprengerae 145
Isorineloricaria festae 110
Isorineloricaria spinosissima 110
Jaguarwels 111
Javakärpfling 172
Jordanella floridae 88
Julidochromis dickfeldi 155
Julidochromis marlieri 155
Julidochromis ornatus 155
Julidochromis regani 155
Julidochromis transcriptus 156
Julipanzerwels 105
Juwelen-Regenbogenfisch 99
Kaiserbuntbarsch 142
Kaisertetra 82
Kakadu-Zwergbuntbarsch 123
Kalingono 147
Kammdornwels 101
Kap Lopez 87
Kardinalfisch 65
Karfunkelsalmler 74
Keilfleckbärbling 64
Keilfleckenbuntbarsch 132
Keilstrichsalmler 70
Kirks Prachtgrundkärpfling 89
Kleiner Kampffisch 91
Kleiner Nadelwels 108
Kletterfisch 91
Knochenzüngler 172
Knurrender Zwerggurami 95
Koi 60
Kongo-Flösselhecht 174
Kongo-Grundcichlide 163
Königscichlide 164
Königssalmler 78
Korallen-Regenbogenfisch 97
Krobia guianensis 129
Kryptopterus bicirrhis 110
Kryptopterus minor 110
Kubabuntbarsch 136
Kupfersalmler 73
Küssender Gurami 93
L14 116
L24 115
L25 115
L34 101
L46 109
L66 114
L85 102
L113 111
L114 115
L172 111
L174 108
L200 110
Labeo bicolor 61
Labeo frenatus 61
Labeotropheus fuelleborni 145
Labeotropheus trewavasae
   145, 146
Labidochromis caeruleus 146
Labidochromis joanjohnsonae
   147
Lachsroter Regenbogenfisch 97
Laetacara curviceps 129
Lamontichthys filamentosus 110
Lamprichthys tanganicanus 88
Lamprologus compressiceps 153
Lamprologus congoensis 163

Lamprologus longior 156
Lamprologus ocellatus 156
Längsstreifen-Ohrgitter-
   Harnischwels 112
Lebistes reticulatus 49
Lehmpanzerwels 109
Leiarius pictus 116
Leopardbuschfisch 93
Leporacanthicus galaxias 111
Leporacanthicus heterodon 111
Leporinus arcus 78
Leporinus desmotes 79
Leporinus fasciatus 79
Leptobarbus hoevenii 62
Lethrinops sp. "nyassae" 146
Leuchtbaken Fiederbartwels 118
Likoma Kaiserbuntbarsch 142
Lila Aalgrundel 171
Lilaeopsis brasiliensis 184
Limnophila sessiliflora 185
Linien-Dornwels 115
Liosomadoras oncinus 111
Loretosalmler 77
Luciosoma setigerum 63
Luciosoma spilopleura 63
Macropodus opercularis 94
Madagaskar-Glitterbuntbarsch
   164
Malabarbärbling 61
Malawi Fiederbartwels 118
Managua-Buntbarsch 137
Marien-Buntbarsch 166
Marmor-Antennenwels 112
Marmorierter Beilbauchfisch 70
Marmorierter Panzerwels 106
Marosatherina ladigesi 97
Mastacembelus erythrotaenia
   171
Megalamphodus megalopterus
   79
Megalamphodus sweglesi 79
Megalancistrus gigas 111
Megalodoras irwini 112
Melanochromis auratus 146
Melanochromis Brevis 145
Melanochromis chipokae 147
Melanochr. joanjohnsonae 147
Melanotaenia affinis 97
Melanotaenia boesemani 97
Melanotaenia kamaka 98
Melanotaenia lacustris 98
Melanotaenia maccullochi 98
Melanotaenia parkinsoni 98
Melanotaenia praecox 99
Melanotaenia pygmaea 99
Melanotaenia trifasciata 99
Mesonauta insignis 130
Messerbuntbarsch 144
Messingbarbe 55
Messingsalmler 75
Metall-Panzerwels 104
Metriaclima aurora 148
Metriaclima estherae 148
Metriaclima livingstonii 148
Metriaclima zebra 149
Metynnis argenteus 80
Microglanis iheringi 112
Microsorium pteropus 23, 134

190

Microsorium pteropus "Windelöw"
  21, 185
Mikrogeophagus altispinosus 130
Mikrogeophagus ramirezi 130
Misgurnus anguillicaudatus 63
Moenkhausia pittieri 80
Moenkhausia sanctaefilomenae
  80
Mondschein-Fadenfisch 95
Monocirrhus polyacanthus 172
Monodactylus argenteus 172
Mosaikfadenfisch 94
Myleus pacu 80
Myleus rubripinnis 81
Myriophyllum aquaticum 185
Myriophyllum tuberculatum 185
Nadel-Flossenfresser 69
Nandopsis tetracanthus 136
Nannacara anomala 130
Nannaethiops unitaeniatus 81
Nannobrycon eques 81
Nannobrycon unifasciatus 81
Nannostomus espei 82
Nannostomus harrisoni 82
Nannostomus marginatus 82
Nanochromis Nudiceps 164
Nanochromis nudiceps 164
Nematobrycon palmeri 82
Neolamprologus brichardi. 156
Neolamprologus leleupi 156
Neolamprologus multifasciatus
  157
Neolebias ansorgii 83
Neolebias trewavasae 83
Neon Regenbogenfisch 99
Neonsalmler 83
Netz-Panzerwels 107
Nicaragua-Buntbarsch 136
Nilhecht 171
Nimbochromis livingstonii 147
Nimbochromis venustus 147
Nothobranchius guentheri 89
Nothobranchius kirkii 89
Nothobranchius palmqvisti 89
Notobranchius foerschi 38
Nudiceps 164
Nymphea lotus 18, 21
Onca 111
Ophthalmotilapia ventralis 157
Orangestachel-Panzerwels 107
Oryzias javanicus 172
Oryzias melastigmus 172
Ostasiatischer Schlammpeitzger
  63
Osteoglossum bicirrhosum 172
Osteoglossum ferreirai 173
Otocinclus vittatus 112
Otopharynx hetorodon 150
Oxyzygonectes dovii 89
Palmqvists Prachtgrundkärpfling
  89
Panaque nigrolineatus 112
Panaque suttoni 113
Panaque suttonorum 113
Panda Panzerwels 106
Panda Zwergbuntbarsch 123
Pandurini Zwergbuntbarsch 123
Pangasius hypophthalmus 113

Pangasius sutchii 113
Pangio kuhlii 63
Pantodon buchholzi 173
Papyrocranus afer 173
Paracheirodon axelrodi 42, 83
Paracheirodon innesi 46, 83
Paracheirodon simulans 84
Parachromis managuensis 137
Parachromis octofasciatum 137
Parachromis salvini 137
Paradiesfisch. 94
Parambassis ranga 173
Parancistrus aurantiacus 113
Paratheraps synspilum 137
Paratilapia polleni 164
Parosphromenus deissneri 94
Peckoltia pulcher 113
Peckoltia pulchra 113
Peckoltia sp. L66 114
Peckoltia vittata 114
Pelvicachromis pulcher 164
Pelvicachromis subocellatus 164
Pelvicachromis taeniatus, 165
Pelvicachromis taeniatus "red"
  165
Perez Salmler 75
Periophthalmus barbarus 174
Perle von Likoma 147
Perlhuhnwels 117
Perlmutter-Erdfresser 127
Petrochromis trewavasae 157
Pfauenaugen-Buntbarsch 124
Pfauenmaulbrüter 147
Phenacogrammus interruptus 84
Phractocephalus hemioliopterus
  114
Pimelodus ornatus 114
Pimelodus pictus 115
Pings Saugbarbe 62
Pinguinsalmler 85
Piranha 85
Pistia stratiotes 185
Placidochromis milomo 150
Platy 52
Platydoras costatus 115
Plecostomus 109
Poecilia reticulata 49
Poecilia sphenops 43, 50
Poecilia velifera 38, 50
Polls Fiederbartwels 119
Polycentrus punctatus 174
Polycentrus schomburgki 174
Polypterus delhezi 174
Polypterus retropinnis 174
Potamotrygon laticeps 175
Prachtbarbe 54
Prachtglanzbarbe 54
Prachtkopfsteher 67
Pristella maxillaris 84
Protomelas taeniolatus 150
Protopterus annectens
  annectens 175
Pseudacanthicus leopardus
  31, 115
Pseudacanthicus serratus 115
Pseudocorynopoma doriae 84
Pseudocrenilabrus philander 165
Pseudomugil furcatus 99

Pseudotropheus aurora 148
Pseudotropheus Chameleo 150
Pseudotropheus crabro 150
Pseudotropheus demasoni 151
Pseudotropheus estherae 148
Pseudotropheus lanistocola 148
Pseudotropheus livingstonii 148
Pseudotropheus Pindani 151
Pseudotropheus saulosi 151
Pseudotropheus socolofi 151
Pseudotropheus zebra 149
Pterophyllum altum 131
Pterophyllum scalare 131
Pterygoplichthys gibbiceps 108
Punktierter fadenfisch 95
Punktierter Indischer Buntbarsch
  162
Punktierter Kopfsteher 71
Purpurkopfbarbe 55
Pygocentrus nattereri 85
Quetzalbuntbarsch 137
Rasbora borapetensis 63
Rasbora dorsiocellata 64
Rasbora espei 64
Rasbora heteromorpha 64
Rasbora kalochroma 64
Rasbora pauciperforata 65
Rasbora trilineata 65
Rautenflecksalmler 73
Regans Hechtcichlide 126
Regenbogencichlide 136
Retroculus lapidifer 131
Rhadinocentrus ornatus 25
Rhinogobius wui 169
Riccia fluitans 186
Riesen-Schlangenkopffisch 169
Riesenpacu 71
Ringelhechtling 88
Rostpanzerwels 106
Rotala sp. "Nanjenshan" 186
Rotaugen Moenkhausia 80
Rotbacken-Guianacara 128
Roter Cichlide 163
Roter Ecuador-Buntbarsch 125
Roter Neon 83
Roter Phantomsalmler 79
Roter von Rio 76
Roter Zebra 148
Rotflossensalmler 67
Rothauben-Erdfresser 127
Rotkopfsalmler 73
Rotrücken-Kirschflecksalmler 77
Rotschwanz Antennenwels 114
Rotschwanz- Ährenfisch 96
Rotschwanzbärbling 63
Rotstreifen-Stachelaal 171
Rotstreifenbärbling 65
Rotstrich-Zwergbuntbarsch 123
Rubinsalmler 68
Rückenschwimmender
  Kongowels 118
Rüssel-Leporinus 79
Rüsselschmerle 53
Rüsselzahnwels 111
Sagittaria subulata 186
Sarcocheilichthys sinensis 65
Satanoperca jurupari 132
Satanoperca leucosticta 12, 132

191

Sattelfleckschmerle 62
Saugmaulwels 109
Scatophagus argus 33, 175
Scatophagus multifasciatus 175
Schabemundbuntbarsch 145
Schabrackenpanzerwels 104
Schachbrett-Schlankcichlide 155
Schaufelfadenfisch 95
Schillerbärbling 58
Schläfer 147
Schlammspringer 174
Schlüsselloch-Buntbarsch 126
Schlußlichtsalmler 74
Schmetterlings-Zwergbuntbarsch 130
Schmuck-Fiederbartwels 117
Schmucksalmler 78
Schneckenbarsch 156
Schokoladengurami 94
Schomburgks Vielstachler 174
Schönflossen-Rüsselbarbe 61
Schönflossenbärbling 64
Schraffierter Panzerwels 105
Schrägschwimmer 85
Schrägsteher 81
Schultz' Signalsalmler 76
Schützenfisch 177
Schwanzstreifenbuntbarsch 125
Schwarzer Knochenzüngler 173
Schwarzer Neon 76
Schwarzer Pacu 71
Schwarzer Phantomsalmler 79
Schwarzfleckbarbe 55
Schwarzgürtelbuntbarsch 139
Schwarzkehl-Zwergbuntbarsch 124
Schwarzmeer-Seenadel 176
Schwarzrücken-Panzerwels 105
Schwarzschwingen Beilbauch-fisch 70
Schwarzstreifen Harnischwels 112
Schwarzweißer-Schlankcichlide 156
Schwertträger 51
Schwielenwels 103
Sciades pictus 116
Sciaenochromis fryeri 151
Scissortail rasbora 65
Scleropages formosus 176
Scobiancistrus aureatus 15
Scobinancistrus aureatus 116
Sechsbandhechtling 88
Segelflosser 131
Segelkärpfling 50
Segelschilderwels 108
Selenotoca multifasciata 175
Serrasalmus nattereri 85
Severum 129
Siambarbe 62
Siamesische Rüsselbarbe 60
Siamesische Saugschmerle 62
Siamesischer Kampffisch 92
Silber Beilbauchfisch 72
Silberdollar 80
Silberflossenblatt 172
Sixbanded panchax 88

Sixbarred Distichodus 72
Skalar 131
Smaragd-Panzerwels 103
Socolofs Kirschsalmler 78
Sorubim lima 116
Spatelwels 116
Spathiphyllum wallisii 23, 186
Spathodus erythrodon 157
Sphaerichthys osphromenoides. 94
Spilotum 136
Spitzmaul-Ziersalmler 81
Spritzsalmler 71
Stachelharnischwels 110
Steatocranus casuarius 165
Sterlet 167
Stieglitzsalmler 84
Sturisoma aureum 116
Sumatrabarbe 56
Surinam-Perlfisch 128
Süßwasser-Hornhecht 177
Symphysodon aequifasciatus 132
Syngnathus abaster 176
Syngnathus nigrolineatus 176
Synodontis angelicus 117
Synodontis brichardi 117
Synodontis decorus 117
Synodontis flavitaeniatus 117
Synodontis granulosus 118
Synodontis longirostris 30
Synodontis multipunctatus 118
Synodontis nigriventris 118
Synodontis njassae 118
Synodontis notatus 119
Synodontis polli 119
Synspilum 137
Tanganicodus irsacae 158
Tanganjika Kärpfling 87
Tanganjika Killi 88
Tanganjika-Goldcichlide 156
Tanganjikaclown 154
Tanichthys albonubes 65
Tapirfisch 170
Tatia perugiae 119
Teleogramma brichardi 166
Telmatherina ladigesi 97
Tetraodon fluviatilis 176
Tetraodon mbu 176
Tetraodon miurus 177
Teufelsangel 132
Texas-Buntbarsch 136
Thayeria boehlkei 85
Thayeria obliqua 85
Theraps coeruleus 138
Theraps irregularis 138
Theraps synspilum 137
Thorichthys aureus 138
Thorichthys helleri 138
Thorichthys maculipinnis 139
Thorichthys meeki 139
Tigerprachtschmerle 57
Tilapia joka 166
Tilapia mariae 166
Toxotes jaculator 177
Trauermantelsalmler 73
Trematocranus jacobfreibergi 142

Trichogaster leeri 94
Trichogaster microlepis 95
Trichogaster pectoralis 95
Trichogaster trichopterus 95
Trichogaster trichoptherus 33
Trichopsis pumila 95
Triportheus rotundatus 85
Tropheus annectens 158
Tropheus brichardi Kavala 158
Tropheus duboisi 158
Tropheus moorii. 160
Tropheus polli 158
Tropheus sp. "black" 159
Tropheus sp. "red" 160
Tüpfelbuntbarsch 129
Türkisgoldbarsch 146
Uaru amphiacanthoides 132
Vallisneria americana var. biwaensis 186
Vesicularia dubyana 186
Vieja maculicauda 139
Vieja panamensis 139
Vielgestreifter Tigerfisch 169
Vielpunkt-Fiederbartwels 118
Vierauge 48
Vierstreifen-Schlankcichlide 155
Wallago attu 119
Wavrins Buntbarsch 125
Weißpunkt-Buntbarsch 158
Westafrikanischer Flösselhecht 174
Westamerikanische Kreuzwels 102
Wulstlippiger Fadenfisch 93
Xenentodon cancila 177
Xenomystus nigri 177
Xingu Baryancistrus 102
Xiphophorus hellerii 51
Xiphophorus maculatus 19, 52
Zebra Geradsalmler 72
Zebra Harnischwels 109
Zebra-Buntbarsch 135, 149
Zebrabärbling 58
Zebratilapie 166
Ziegelsalmler 76
Zierbinden Zwergschilderwels 114
Zitronenbuntbarsch 134
Zitronensalmler 77
Zweifarbiger Bratpfannenwels 107
Zweistreifen-Zwergbuntbarsch 122
Zweitupfen-Raubsalmler 72
Zwergfadenfisch 93
Zwergpanzerwels 106
Zwergregenbogenfisch 98
Zwergschmerle 58
Zwergziersalmler 82